Kohlhammer
Kunst- und
Reiseführer

George E. Bean

Kleinasien

4 Lykien

Ein Kunst- und Reiseführer
zu den klassischen Stätten

Übersetzt und bearbeitet
von Dr. Ursula Pause-Dreyer

Mit 95 Fotos auf 56 Kunstdrucktafeln
und 24 Abbildungen und Plänen im Text

Zweite Auflage

Verlag W. Kohlhammer
Stuttgart Berlin Köln Mainz

CIP-Kurztitelaufnahme der Deutschen Bibliothek

Bean, George E.:
Kleinasien : e. Kunst- u. Reiseführer zu d. klass. Stätten / George E. Bean. Übers. u. bearb. von Ursula Pause-Dreyer. – Stuttgart ; Berlin ; Köln ; Mainz : Kohlhammer,
(Kohlhammer-Kunst- und Reiseführer)
Bis Bd. 3 übers. u. bearb. von Joseph Wiesner. –
Bd. 1–3, 1. Aufl. im Verl. Günther, Stuttgart
NE: Wiesner, Joseph [Bearb.]; Pause-Dreyer, Ursula [Bearb.]
4. Lykien. – 2. Aufl. – 1986.
Orig.-Ausg. u. d. T.: Bean, George E.: Lycien Turkey
ISBN 3-17-009506-4 Kunststoff : DM 39,80

Titel der Originalausgabe: Lycian Turkey
1. Auflage 1978 by Ernest Benn.
Now published by John Murray (Publishers)

Zweite Auflage 1986

Stuttgart Berlin Köln Mainz
Verlagsort: Stuttgart
Einband: hace
Gesamtherstellung:
W. Kohlhammer Druckerei GmbH + Co. Stuttgart
Printed in Germany

Inhalt

Vorwort

Der vorliegende Band schließt die Lücke, die meine drei vorausgegangenen Bücher »Die ägäische Türkei von Pergamon bis Didyma«, »Türkische Südküste von Antalya bis Alanya« und »Jenseits des Mäander. Karien mit dem Vilayet Mugla« gelassen haben. Mit den vier Bänden ist jetzt die gesamte Südwest-Türkei von Pergamon bis Alanya erfaßt.
Lykien ist von diesen Gebieten noch am schwierigsten zugänglich, und deshalb kommen auch erst wenige Touristen dorthin. Allerdings hat sich in letzter Zeit viel geändert. Als ich 1946 zum ersten Mal das Xanthostal besuchte, war das Land völlig abgeschieden. Traktoren waren unbekannt, jeder baute auf seinem Stückchen Land gerade so viel an, daß er seine Familie ernähren konnte. Niemand machte sich die Mühe, seine Erzeugnisse auf dem Markt in Fethiye anzubieten. Da Hin- und Rückweg mit dem Esel jeweils zwei Tage dauerten, lohnte sich der Aufwand nicht. Als ich fragte: »Was tun Sie im Winter?« kam die Antwort: »Wir sitzen da«. Jetzt hat sich das geändert. Bus- und Lastwagenverkehr sowie moderne Landmaschinen haben einen Wandel herbeigeführt. Früher wurde nur mit Holz und den Orangen von Finike gehandelt. Jetzt blüht das Geschäft mit Tomaten der Demre-Ebene. Straßen und Hotels sind manchmal rückständig. Gute Unterkunft findet man in Fethiye, erheblich schlechter kommt man in Finike, Kaş und Elmalı unter. Die staubigen Fahrwege sind von sehr unterschiedlicher Qualität. Die gesamte Strecke von Fethiye zur Ostküste ist jedoch mit dem Auto befahrbar, und per Jeep kommt man zu vielen weiteren Orten. Wenn ich auf meine 25 Jahre langen Forschungen in Anatolien zurückblicke, denke ich am liebsten an meine Reisen in Lykien. Oft genug waren sie bis zur völligen Erschöpfung anstrengend, aber das Land hat mich wie kein anderes fasziniert. Die Landschaft ist beeindruckend, oft atemberaubend, bei Mondlicht erscheint sie geradezu unwirklich. Die antiken Denkmäler und davon insbesondere die Gräber sprechen ihre eigene Sprache.
Seit Sir Charles Fellows die Marmorskulpturen von Xanthos in das Britische Museum gebracht hat, wurde eineinviertel Jahrhunderte

lang in Lykien nicht ausgegraben. Die meisten antiken Stätten sind noch unberührt, abgesehen von Raubgrabungen der Dorfbewohner. 1962 begannen die Franzosen mit der systematischen Ausgrabung von Xanthos und dem Letoon, die noch im Gang ist. Neuerdings wird auch in Myra, Limyra und Arykanda gearbeitet. Seit ich vor jetzt sieben Jahren die Türkei verlassen habe, wird sich wohl wenig geändert haben. Die Beschreibungen der Stätten in diesem Buch stammen alle aus erster Hand mit Ausnahme von Arneai, wohin ich niemals gekommen bin.

Ich halte es für wichtig, Reisende auf das neue strenge Antikengesetz in der Türkei aufmerksam zu machen. Seit 1973 müssen alle Funde vom Besitzer des Grundstückes dem zuständigen Museum abgeliefert werden, sie dürfen nicht gekauft, verkauft oder aus dem Land gebracht werden. Wird ein Ausländer im Besitz eines von ihm erworbenen oder gefundenen antiken Gegenstandes angetroffen, gerät er sofort in den Verdacht, ihn außer Landes bringen zu wollen. Erfährt die Polizei davon, kann es dem Ausländer passieren, daß er inhaftiert wird und eine Gefängnisstrafe bekommt. Die Jagd nach antiken Andenken ist also illegal, und man kann nur nachdrücklich davon abraten.

Ich habe hier wiederum in erster Linie für den Reisenden geschrieben, bei dem ich Interesse für Altertümer, aber keine Spezialkenntnisse voraussetze. Daher habe ich bisher keine Nachweise für die einzelnen Angaben aufgeführt. Mir wurde aber gesagt, daß Wissenschaftler die Bücher gelegentlich nützlich finden und solche Nachweise deshalb begrüßen würden. Daher habe ich diesesmal ein Verzeichnis der Textstellen aus den antiken Quellen hinzugefügt. In der Bibliographie sind neuere Untersuchungen aufgeführt.

Auch für diesen Band habe ich die Fotos selbst aufgenommen, die Textzeichnungen stammen von meiner Frau. Mr. Robert S. Carter aus Melina, Washington, USA, unterstützte mich bei meinen Nachforschungen über Aperlai. Er hat mir freundlicherweise erlaubt, seine Aufzeichnungen über diesen Ort zu benutzen. Für Ratschläge danke ich Professor Oliver Gurney und Professor Martin Harrison.

Vielleicht ist es ganz nützlich, noch einmal die Ausspracheregeln für türkische Namen zu wiederholen. Vokale und Konsonanten werden wie im Deutschen ausgesprochen. Doch gelten folgende Ausnahmen: c = dsch wie in »Dschungel« (stimmhaft), ç = tsch, ş = sch, ğ wie g in der Berliner Dialektform von »sagen«. Das dem Türkischen eigene punktlose ı wird nicht als i sondern mehr nach e hin gesprochen. Der Buchstabe ğ wird im Grunde nicht ausgesprochen. Y ist immer ein Konsonant, h wird stets ausgesprochen. Bei der Aussprache türkischer Namen muß die Betonung stärker gleichmäßig über die Silben gedehnt werden als im Englischen und Deutschen.

Anmerkung der Herausgeber

Professor Bean starb, bevor dieses sein letztes Werk in Druck ging. Die Herausgeber danken Mrs. Jane Bean, Professor Martin Harrison und Mr. Alan Hall für ihre freundliche Hilfe bei der Drucklegung.
Professor Harrison übersetzte auch den Artikel von W. Wurster über Tlos, Apollonia und Kandyba, »Antike Siedlungen in Lykien«, mit dessen Hilfe die Berichterstattung über diese drei Orte auf den neuesten Stand gebracht werden konnte. Mr. Hall gab Auskunft über die neuesten Ausgrabungen in Oinoanda. Das Stichwortverzeichnis erstellte Mr. Douglas Gardner.

1. Historisches

Lykien umfaßt in etwa das Gebiet südlich einer gedachten Linie von Köyceğiz nach Antalya. Die wichtigsten Berge und Flüsse des Landes sind symmetrisch angeordnet. Am bedeutendsten sind die beiden gewaltigen Massive des Akdağ, des antiken Massikytos im Westen, und des Bey Dağ, des antiken Solyma im Osten. Beide haben eine Höhe von über 3000 m. Westlich des Akdağ erstreckt sich das Xanthostal, jenseits davon die weniger hohen Bergzüge Kragos und Antikragos. Östlich des Bey Dağ liegt das Alâkırtal (der antike Name ist unbekannt), auf dessen anderer Seite der Tahtalı Dağı, eine Bergkette von ebenfalls geringerer Höhe. Xanthos und Alâkır sind die größten Flüsse des Landes. Der Dalaman Çayı im Nordwesten ist zwar noch länger, gehört aber eigentlich nicht zu Lykien. Der nördliche Landesteil besteht aus einem ziemlich eben verlaufenden, durchwegs über 1000 m hohen Plateau.
Ein derartig gebirgiges Land konnte nur dünn und ungleichmäßig besiedelt sein. Die Gesamtbevölkerung in der Antike hat man auf nur 200000 Menschen geschätzt. Alle bedeutenderen Städte liegen an der Küste oder im Xanthostal, dem einstigen Kerngebiet Lykiens. Im Sommer herrscht dort regelmäßig eine Temperatur von über 30 Grad Celsius. Wenn die Arbeit es den heutigen Bewohnern erlaubt, verlassen sie ihre Dörfer, sobald die Ernte im Juni eingebracht ist, und machen sich auf den Weg zur Hochebene im Norden. Wahrscheinlich haben die antiken Bewohner das gleiche getan (s. S. 47). Zwischen Mai und September regnet es kaum. Da es im mittleren Landesteil keine Flüsse oder Bäche gibt, sind die Leute auf Brunnen angewiesen. Diese Brunnen trocknen aber häufig schon aus, bevor die Bewohner im Sommer fortgehen können. Alles in allem ist Lykien ein Land mit harten Lebensbedingungen und einer entsprechend abgehärteten Bevölkerung.
Die Lykier nahmen von jeher eine Sonderstellung unter den einzelnen Bevölkerungsgruppen Anatoliens ein. Bedingt durch die Abgeschlossenheit in einem gebirgigen Land hatte sich bei ihnen ein unbändiges Verlangen nach Freiheit und Unabhängigkeit entwickelt, und sie widersetzten sich heftig allen Versuchen einer

Fremdherrschaft. In Kleinasien wurde ihr Land zuletzt als Provinz dem römischen Reich einverleibt. Da ihre Sprache in einer Schrift mit vielen eigenen Buchstaben abgefaßt ist, versteht man sie noch immer unvollständig. Mit ihrem Sinn für Einheit und Zusammenhalt bildeten die Lykier eine Nation, als sich die griechischen Stadtstaaten ständig untereinander bekämpften. Sie hatten ihre eigenen Gebräuche und eine ganz einmalige Grabarchitektur. Woher kamen sie und wann? Herodot hat die griechische Überlieferung festgehalten, nach der sie aus Kreta kamen. Minos war als Sieger aus dem Kampf mit seinem Bruder Sarpedon um die Herrschaft hervorgegangen. Daraufhin setzte Sarpedon mit seinen Gefolgsleuten nach Asien über, wo sie sich dann in Lykien ansiedelten, das damals den Namen Milyas hatte und von den Solymern bewohnt war. Nach deren Vertreibung hießen die neuen Siedler eine Zeitlang Termilen (ihre Nachbarn nennen sie immer noch so). Als Lykos, der Sohn des Königs Pandion von Athen, von seinem Bruder Aigeus vertrieben wurde und sich daraufhin Sarpedon anschloß, übernahmen die Lykier seinen Namen. Nach der parischen Marmorinschrift – einer Inschrift auf der Insel Paros, in der Daten von der frühesten mythologischen Zeit bis 264 aufgezeichnet sind – soll Pandion im frühen 13. Jahrhundert gelebt haben. Minos und Sarpedon dagegen in der zweiten Hälfte des 15. Jahrhunderts. Diese Daten sind natürlich ganz unzuverlässig, und ein späterer Minos aus der Zeit des Lykos und Aigeus, sowie ein späterer Sarpedon aus der Zeit des Trojanischen Krieges (spätes 13. Jahrhundert) bringen die Chronologie noch mehr durcheinander. Hethitische Quellen bieten eine erheblich zuverlässigere zeitliche Grundlage. Darin ist mehrfach von einem Staat der Lukki die Rede, mit denen nur die Lykier gemeint sein können. Aus diesen Quellen erfahren wir, daß die Gebiete der Lukki während der Regierungszeit des Suppiluliumas Mitte des 14. Jahrhunderts von den Hethitern erobert wurden. Die Lykier nahmen ihre Lage jedoch nicht einfach hin, sondern rebellierten häufig. Die Tafeln aus Tell-el-Amarna in Ägypten geben ein weiteres Zeugnis ab. Darin werden etwa zur gleichen Zeit Lukki unter den »Völkern des Meeres« erwähnt. Die Angaben zur Lage der Gebiete der Lukki sind äußerst vage. Irgendwo im Westen oder Südwesten der hethitischen Hauptstadt Ḫattuša lebten sie anscheinend in enger Nachbarschaft mit den

Abb. 1 Die Landschaften Kleinasiens

Arzawa. Aufgrund dieser Angabe und ihrer Beschreibung als »Volk des Meeres« müßten sie in Karien und/oder in Lykien ansässig gewesen sein. Ein präziseres Zeugnis ist die Nachricht, daß sich eine Stadt namens Dalawa im Gebiet der Lukki befinde. Wenn es sich hier, was mit Sicherheit anzunehmen ist, um das lykische Tlawa, d. h. Tlos im Xanthostal handelt, dann ist die Ansiedlung der Lukki in Lykien im 14. Jahrhundert v. Chr. erwiesen. In den Quellen wird Dalawa außerdem in Verbindung mit der Stadt Hinduwa gebracht, die wahrscheinlich mit dem klassischen Kandyba gleichzusetzen ist. Also können wir annehmen, daß Lykien von Kretern unter Sarpedon gegen 1400 v. Chr. besiedelt wurde. Dem Historiker Ephoros zufolge kamen sie zuerst nach Karien, wo sie die Stadt Milet gründeten, die sie nach einer kretischen Stadt gleichen Namens benannten. In einer anderen Überlieferung heißt es, die karische Stadt Idrias, das spätere Stratonikeia, sei die erste lykische Gründung gewesen. Falls diese Nachricht auf einer historischen Grundlage beruht, dürfte Stratonikeia ein Markstein auf dem Weg der Lykier von Milet nach Süden zur ihrer endgültigen Heimat sein. Herodots Geschichte von der Übernahme des Namens der Lykier von dem Athener Lykos ist absolut unglaubhaft.

Dagegen wird seine Behauptung, die Lykier seien ursprünglich Termilen genannt worden, von anderen antiken Autoren und insbesondere durch die Inschriften in der einheimischen Sprache bestätigt. Darin ist immer von den TRM̃MILI, niemals von den Lykiern die Rede. Andererseits verwenden die griechischen Inschriften niemals den Namen Termilen. Selbst im griechischen Teil der Inschrift auf dem Obelisk von Xanthos (s. S. 55f.) wird nur von Lykiern gesprochen. Die lykischen Inschriften gehören in das späte 5. und 4. Jahrhundert, d.h. in die Zeit unmittelbar nach Herodots Tod. Also gebrauchten nicht nur die Nachbarn, sondern auch die Lykier selbst den Namen Termilen. Ein Volk bezeichnet sich zwar öfter mit einem Namen, den andere nicht verwenden; Beispiele dafür sind die Griechen und die Deutschen der Neuzeit. Möglicherweise sind aber die Termilen späte Einwanderer, die man von den Lukki oder Lykiern trennen muß. Falls dies zutrifft, müßte die Sprache in den Inschriften richtiger termilisch heißen.
Diese lykische Sprache (so soll sie hier genannt werden) ist nur von den Inschriften und den Münzlegenden her bekannt. Auf den Münzen werden allerdings nur die Namen von Dynasten angegeben. Zu den 153 bereits früher bekannten Inschriften kommen mehrere neue Inschriften aus den Ausgrabungen im Letoon, die noch nicht veröffentlicht sind. Das Alphabet der lykischen Inschriften umfaßt 29 Buchstaben, darunter 19 griechische (einige davon mit abweichender Aussprache), die übrigen sind überwiegend dem Lykischen eigene Buchstaben. Die Lykier haben sie anscheinend zur Darstellung von Lauten erfunden, die nicht in der griechischen Sprache, wohl aber im Lykischen benötigt wurden. Die genaue Bedeutung der Laute ist nicht mit Sicherheit zu bestimmen. Übereinstimmend wird aber angenommen, daß zwei nasale Vokale ã und ẽ, sowie die beiden stimmhaften Laute m̃ und ñ vorkommen. Die Worttrennung erfolgt fast immer durch einen Doppelpunkt (:). Die Buchstaben auf den Steinen waren im allgemeinen farbig, oft abwechselnd rot und blau, doch ist davon jetzt meist nichts mehr zu sehen.

Bei den Texten handelt es sich überwiegend um Grabinschriften. Die wichtigsten Inschriften mit anderem Inhalt sind die des Obelisken von Xanthos, wo von historischen Begebenheiten und anderem die Rede ist, ferner eine neue dreisprachige Inschrift aus dem

Letoon, die von der Einrichtung eines religiösen Kultes handelt. In den ziemlich einfachen Grabinschriften kehren bestimmte Formeln immer wieder: Dieser und jener errichtete dieses Grab für seine Frau und Söhne und / oder Töchter. Wer das Grab schändet, soll eine festgesetzte Geldbuße bezahlen. Im Gegensatz zu solch leicht verständlichen Inschriften konnten die längeren Texte bis vor einiger Zeit nicht entziffert werden. Eines der vielen indogermanischen Merkmale der Sprache ist die Flexion der Substantive und Verben (Deklination und Konjugation). Dabei bleibt jedoch der Stamm unverändert, nur die Endungen werden flektiert. Unregelmäßige Verben gibt es nicht. Am engsten ist die Verwandtschaft mit dem Etruskischen, einer Sprache, die ursprünglich aus Westkleinasien kam.

Mehrere bilingue Inschriften erleichterten das Verständnis der Sprache, und die neue Trilingue aus dem Letoon wird sicher noch weiter helfen. Mittlerweile haben Wissenschaftler, insbesondere Professor Hans Stoltenberg, für die meisten Worte sichere oder mutmaßliche Deutungen gegeben. Jetzt ist die ungefähre Bedeutung der lykischen Inschrift zum großen Teil verständlich.

Abb. 2 Lykische Grabinschrift
ebẽñnẽ prñnawu mẽn. e prñnawatẽ hanadaza hrppi ladi ehbi setideime
›Hanadaza baute dieses Haus für seine Frau und seine Söhne‹

Herodot zufolge hatten die Lykier teils kretische, teils karische Gebräuche. Einen ihrer Bräuche bezeichnet er als einmalig auf der ganzen Welt und beschreibt ihn folgendermaßen: »Sie zählen ihre Vorfahren nicht vom Vater, sondern von der Mutter ausgehend auf. Fragt man einen Lykier nach seiner Herkunft, so nennt er den Namen seiner Mutter und die der weiblichen Vorfahren seiner Mutter. Außerdem gelten die Kinder einer Bürgerin als freigeboren, auch wenn der Vater Sklave ist. Kinder eines Bürgers sind dagegen unfrei, wenn er sie von einer Frau aus der Fremde oder einer Konkubine hat.« In der gesamten griechischen Welt wurde der Name des Vaters als Familienname verwendet, und da die Lykier wie die Griechen nur einen Namen hatten, sollte man annehmen, daß die matriarchalische Ordnung der Lykier auch in den Inschriften zutagetritt. Wider Erwarten bezeichnet sich aber in den lykischen Inschriften ein Mann genau wie in den griechischen Inschriften als Sohn des Vaters. In späterer Zeit wird allerdings auch der Name der Mutter verwendet, doch muß man hier davon ausgehen, daß der Name des Vaters unbekannt war. Das Geschlecht eines lykischen Namens kann man nicht immer mit Sicherheit bestimmen. Steht es aber für ein Elternteil fest, dann ist es immer männlich. Wie ist dieser Widerspruch zu erklären? Für Herodots Behauptung muß es eine historische Grundlage geben. Aus seiner Zeit gegen Ende des 5. Jahrhunderts stammen die frühesten lykischen Inschriften. Hat er einen in früherer Zeit in Lykien geübten Brauch beschrieben in der irrigen Annahme, er bestehe immer noch? Oder hat er den Brauch eines anderen Volkes auf die Lykier übertragen? Sollen wir uns etwa vorstellen, die Lykier hätten im Privatleben nach der matriarchalischen Ordnung gelebt, seien aber auf ihren öffentlichen Grabmalen dem sonst allseits üblichen Brauch gefolgt? Dieses Rätsel konnte bisher nicht gelöst werden.

In der griechischen Literatur kommen die Lykier zum ersten Mal in Homers Ilias vor. Dort kämpfen sie als Verbündete der Trojaner, vom »fernen Lykien und dem wirbelnden Xanthos« kommend. Unter den weniger berühmten Helden spielen die Anführer Sarpedon und Glaukos eine herausragende Rolle. Nach jetzt allgemeiner Auffassung hat Homer gegen 700 v. Chr. seine Werke verfaßt. Bis zum 6. Jahrhundert hatten die lydischen Könige ganz Kleinasien westlich des Flusses Halys mit Ausnahme der Lykier und Kilikier erobert. Kroisos, der letzte König Lydiens, wurde von den Persern 546 v. Chr. besiegt. Sein Königreich ging auf sie über. Die Perser waren nicht gewillt, den Lykiern ihre Freiheit zu belassen und schickten deshalb zu ihrer Unterwerfung eine Armee unter dem Heerführer Harpagos. Nach verzweifeltem Widerstand mußten sich die Lykier der Übermacht ergeben (s. S. 47). Die persische Herrschaft war jedoch milde, sie beschränkte sich weitgehend auf Tributforderungen. Einheimische Dynasten durften das Land weiterhin regieren. Gegen Ende des Jahrhunderts prägten sie Silbermünzen in ihrem Namen.

Zur gewaltigen Streitmacht, die Xerxes 480 v. Chr. für die Eroberung Griechenlands sammelte, steuerten die Lykier fünfzig Schiffe bei. Nach Herodots Aussage trugen die Männer Panzer und Beinschienen, hatten Bogen aus Kornelkirschholz, ungefiederte Rohrpfeile und Wurfspeere. Um die Schultern hatten sie ein Ziegenfell geschlungen und auf dem Kopf einen federbekränzten Hut gesetzt. Sie führten auch Dolche und Sichelmesser mit sich. Über ihre Taten im Krieg hören wir nichts.

Nach der Niederlage der Perser bei Salamis und Plataä gründeten die Athener ihren Seebund, den Delischen Bund. Darin waren die Städte der Westküste Kleinasiens einbezogen. Jede Stadt war tributpflichtig. Diese Beitragszahlungen begannen 454 v. Chr. und sind weitgehend überliefert. Lykien ist kaum vertreten. Phaselis bezahlte regelmäßig, war zu dieser Zeit aber eigentlich keine lykische Stadt. Telmessos leistete im Jahr 446 einmal einen Beitrag. Für das gleiche Jahr ist eine Zahlung von »Lykiern und ebenfalls Tributpflichtigen« verzeichnet. Die Summe betrug zehn Talente. Wer diese ebenfalls Tributpflichtigen waren, ist unklar. Vielleicht bedeutet »Lykier« in Wirklichkeit »Xanthier« (wie bei Herodot; s. S. 46). Die anderen lykischen Städte könnten die ebenfalls Tributpflichtigen sein. Die lykische Beteiligung am Delischen Bund kann jedenfalls nur von kurzer Dauer gewesen sein. Sie ging wohl auf die Expedition des athenischen Heerführers Kimon im Jahr 469 zurück. Er soll an der Küste die persischen Garnisonen aufgelöst haben, die die Perser zu dieser Zeit immer noch besetzt hielten.

Der Ausgang des Peloponnesischen Krieges mit der völligen Niederlage Athens durch Sparta bedeutete das Ende für den Delischen Bund. Sparta übernahm ihn zwar, konnte aber ein überseeisches Gebiet nicht im Griff halten. Lykien geriet wieder unter persische Herrschaft. Während der ganzen Zeit hatten die lykischen Dynasten weiter Silbermünzen geprägt. Im frühen 4. Jahrhundert war Maussolos, ein tatkräftiger und ehrgeiziger Mann, persischer Satrap von Karien. Er nutzte die lasche persische Herrschaft aus, um sich zum unabhängigen Herrscher zu machen. Außer ganz Karien beanspruchte er auch Lykien. Die Lykier leisteten unter ihrem Dynasten Perikles Widerstand. Nur Phaselis, das immer noch keine eigentlich lykische Stadt war, erkannte Maussolos an. Es kam sogar ein Vertrag zwischen Maussolos und Phaselis zustande. Da Perikles Phaselis als Feind betrachtete, belagerte er die Stadt (s. Türkische Südküste, S. 141).

Die Ankunft Alexanders im Jahr 333 setzte allen Ansprüchen von Maussolos' Nachfolgern auf die Herrschaft über Lykien ein Ende. Nach der Unterwerfung von Halikarnassos zog Alexander weiter nach Lykien. Dort schloß er einen Vertrag mit Telmessos. Nach der Überquerung des Xanthos nahm er die Unterwerfung von Pinara, Xanthos und etwa 30 kleineren Städten entgegen. Phaselis zeigte sich besonders freundlich gesinnt: Mit der Unterwerfung überreichte ihm die Stadt auch eine goldene Krone. Alexander verbrachte dort einige Zeit und stellte Phaselis seine Truppen zur Unterwerfung einiger unbequemer Nachbarn zur Verfügung. Danach setzte er seinen Marsch nach Pamphylien fort.

Nach Alexanders Tod geriet Lykien unter die Herrschaft seines Generals Ptolemaios, der sich zum König von Ägypten ernannt hatte. Die Herrschaft der Ptolemäer dauerte etwa hundert Jahre. Während dieser Zeit starb die lykische Sprache aus und wurde durch das Griechische ersetzt. Mit Perikles war die Regierung durch die Dynasten zu Ende gegangen, die Städte nahmen griechische Verfassungen an. Im Jahr 197 v.Chr. entriß Antiochos III., König von Syrien, das Land den Ptolemäern. Als seine Eroberungen werden die Städte Phaselis, Limyra, Andriake, Patara und Xanthos ausdrücklich erwähnt (zu Xanthos s. S. 48).

Kurz darauf wurde er in der Schlacht bei Magnesia von den Römern besiegt. Da die Rhodier Rom unterstützt hatten, wurde ihnen in dem anschließenden Abkommen im Jahr 189 Lykien mit Ausnahme von Telmessos zugesprochen. Die Lykier lehnten sich, wie immer, gegen die Fremdherrschaft auf und leisteten erbitterten Widerstand. Sie behaupteten, den Rhodiern nicht als Untertanen, sondern als Verbündete zugeordnet worden zu sein. Da die Rhodier völlige Oberhoheit verlangten, herrschten zehn Jahre lang heftige Kämpfe. Als sich die Lykier im Jahr 177 nicht mehr länger halten konnten, schickten sie eine Abordnung nach Rom, um sich über die Härte der rhodischen Herrschaft zu beklagen. Die Beziehungen zwischen Rom und Rhodos hatten sich zu dieser Zeit abgekühlt. Deshalb fiel die Antwort des Senats für die Lykier positiv aus. Sie sollten nur als Freunde und Verbündete der Rhodier gelten. Dadurch ermutigt, griffen die Lykier erneut zu den Waffen. Die Feindseligkeiten dauerten weitere sechs Jahre an, und im Jahr 171 waren die Lykier wieder am Ende. 167 beschloß der Senat, der rhodischen Oberhoheit über Karien und Lykien ein Ende zu setzen und erklärte diese Gebiete für frei. Die rhodische Herrschaft in Lykien hatte nur eine dauerhafte Auswirkung: Die ursprünglich rhodische Kolonie Phaselis wurde schließlich zusammen mit ihren westlichen Nachbarn Lykien zugeschlagen.

Irgendwann im 2. Jahrhundert, möglicherweise gegen Anfang, rissen zwei Männer namens Lysanias und Eudemos die Herrschaft über die Stadt Xanthos an sich, führten Hinrichtungen durch und versuchten, eine Tyrannis zu errichten. Die Bundestruppen mußten einschreiten, um sie niederzuschlagen und die Lage wiederherzustellen. Kurz darauf machte Eudemos einen zweiten Versuch in Tlos, und deshalb mußten die Bundestruppen wiederum herbeigerufen werden. Offensichtlich war der Lykische Bund zur Zeit dieser Ereignisse äußerst tatkräftig und bereit, bei der Verteidigung der Freiheit in Aktion zu treten.

In der langen Friedenszeit nach 167 v. Chr. rückte der Lykische Bund in den Vordergrund. Dies war eigentlich nichts Neues. Die Lykier hatten von jeher ein Gefühl für Einheit und Zusammenarbeit gehabt. Selbst unter den Dynasten des 4. Jahrhunderts heißt es in den Inschriften wiederholt, daß die Bezahlung von Geldbußen an den »Bundesschatzmeister der Termilen« zu richten sei. Über diesen frühen Verband wissen wir nichts genaues. Dagegen haben wir einen detaillierten Bericht von Strabon über den späteren Bund. Weitere Aufschlüsse dazu liefern die Inschriften. Strabon nennt 23 Städte mit Stimmrecht. Sie »kommen zusammen aus den einzelnen Städten« zu einem Bundeskongreß in einer dafür ausgewählten Stadt. Die bedeutendsten Städte haben je drei Stimmen, die anderen zwei bzw. eine Stimme. Steuern und andere öffentliche Belastungen werden in diesem Verhältnis auf die einzelnen Städte verteilt. Bei der Zusammenkunft wird der Lykiarch gewählt, anschließend die anderen Bundesbeamten und die Rechtsausschüsse. Aus jeder Stadt werden untergeordnete Beamte und Geschworene an den Bundesgerichten ausgewählt. Ihre Anzahl richtet sich nach dem Stimmpotential der Stadt. Früher entschied der Kongreß über Kriegs-, Friedens- und Bündnisfragen, nun aber liegt die Entscheidung mit Ausnahme von besonders gelagerten Fällen bei den Römern. Insgesamt ist dieser Bericht durch andere Informationen gut untermauert. Über den Kongreß ist er allerdings unbefriedigend. Die Inschriften, die unangreifbare Zeugnisse sind, erwähnen keinen Kongreß, sondern zwei Körperschaften, einen Rat und eine Versammlung. Die Versammlung kam durch Wahl zustande. Mit dem Kongreß muß Strabon aufgrund seiner Angaben über dessen Funktionen die Versammlung gemeint haben, den Rat hat er wohl irrtümlich ausgelassen. Seine Worte, »sie kamen zusammen aus den einzelnen Städten«, geben für die Zusammensetzung des Kongresses keine Aufschlüsse. Hier helfen wiederum die Inschriften weiter. Daraus geht hervor, daß unter Versammlung nicht eine Zusammenkunft der gesamten Bürgerschaft zu verstehen ist, wie es in einer griechischen Stadt üblich war. Sie setzte sich vielmehr aus Delegierten der einzelnen Städte zusammen, deren Anzahl sich jeweils nach dem Stimmpotential der Stadt richtete. Dieses System einer repräsentativen Verwaltung, bei der Privilegien und Verpflichtungen in unmittelbarem Verhältnis zur Einstufung der Stadt stehen, macht den Lykischen Bund zu einer derartig außergewöhnlichen Einrichtung.

Erstaunlich gering ist Strabons Bezifferung von nur 23 Städten mit Stimmrecht. Er bezog seine Informationen aus den Aufzeichnungen des Artemidoros, der um 100 v. Chr. wirkte. Vermutlich bezieht sich die Zahlenangabe auf die damalige Zeit. Im 1. Jahrhundert n. Chr. berichtet Plinius, daß es früher 70 Städte in Lykien gegeben habe, zu seiner Zeit aber nur 36. Im vorliegenden Band werden 40 Städte behandelt, deren Namen und Lage gesichert sind. Viele andere kleine Orte sind bekannt, die aber kaum den Rang einer Stadt hatten. Strabons Zahl kommt vielleicht der des Plinius näher, wenn wir davon ausgehen, daß sie sich nicht auf die einzelnen Städte, sondern auf Stimmblöcke im Kongreß bezieht. Einige kleinere Städte schlossen sich öfter zu einer Sympolitie zusammen und besaßen vermutlich eine einzige Stimme. Solche Vereinigungen mit Aperlai, Akalissos und Arneai an der Spitze werden weiter unten behandelt werden. Artemidoros zufolge hatten sechs Städte das Maximum von drei Stimmen. Vier dieser Städte, nämlich Xanthos, Patara, Pinara und Tlos liegen im Xanthostal. Den mittleren Teil Lykiens vertritt Myra, für Ostlykien ist es Olympos. Beispiele für Städte mit zwei Stimmen sind nicht aufgeführt. Darüber konnte man erst etwas aus einer in Bubon entdeckten Inschrift erfahren, in der berichtet wird, daß die Stadt im 2. Jahrhundert n. Chr. von der

Zweistimmen- zur Dreistimmenklasse aufstieg (s. unten S. 168). Aus der Zeit nach 167 v. Chr., als Lykien die Freiheit erhalten hatte, bis zum Ersten Mithridatischen Krieg wissen wir nur wenig. In die im Jahr 129 gebildete römische Provinz Asien wurde Lykien nicht miteinbezogen. Im Jahr 88 fiel König Mithridates VI. von Pontos über den westlichen Teil Kleinasiens her. Die römische Administration war derartig unbefriedigend gewesen, daß er fast überall als Befreier begrüßt wurde. Lykien gehörte zu den wenigen, die Widerstand leisteten. Mithridates sandte seine Offiziere zur Unterwerfung aus, und die Lykier mußten viel erdulden. Der König kam nur einmal kurz nach Patara (s. S. 84), Lykien wurde aber nicht wirklich in Besitz genommen. Der Krieg endete 84 mit der Niederlage des Königs durch Sulla. Im darauffolgenden Abkommen zeigten die Römer, daß sie Lykiens Loyalität zu schätzen wußten. Sie bestätigten ihre Freiheit und vergrößerten ihr Gebiet durch die Zugabe der drei nördlich gelegenen Städte Bubon, Balbura und Oinoanda (s. S. 166).

Während der römischen Bürgerkriege im ersten Jahrhundert v. Chr. hatten die Lykier wiederum zu leiden, diesmal unter den Plünderungen von Brutus und Cassius, den ›Tyrannenmördern‹, die für die Ermordung von Julius Caesar im Jahr 44 verantwortlich waren. Die Lykier weigerten sich, Geldmittel für Brutus zu stellen, worauf Xanthos eingenommen und zerstört wurde (s. S. 48–50). Antonius und Oktavian besiegten Brutus und Cassius im Jahr 42 bei Philippi, und Antonius erhielt daraufhin den Osten als seinen Anteil an der römischen Welt. Auch er bestätigte die Freiheit Lykiens, das damit als einziges Land in Kleinasien nicht in die römische Machtsphäre einbezogen war. Diesem Zustand setzte im Jahr 43 n. Chr. der Kaiser Claudius ein Ende, der Lykien zusammen mit Pamphylien als römische Provinz eingliederte. Damit war jedoch die Freiheit Lykiens nicht ein für allemal beendet. Unter Nero (54–68 n. Chr.) wurde sie ihnen für kurze Zeit zurückgegeben. Vespasian (69–79 n. Chr.) stellte schließlich die gemeinsame Provinz Lykien und Pamphylien, diesmal auf dauerhafter Grundlage, wieder her.

Selbst unter der Herrschaft der römischen Kaiser bestand der Lykische Bund weiter. Zwar bestimmten, wie Strabon schreibt, die Römer über Kriegs- und Friedensfragen, interne Angelegenheiten,

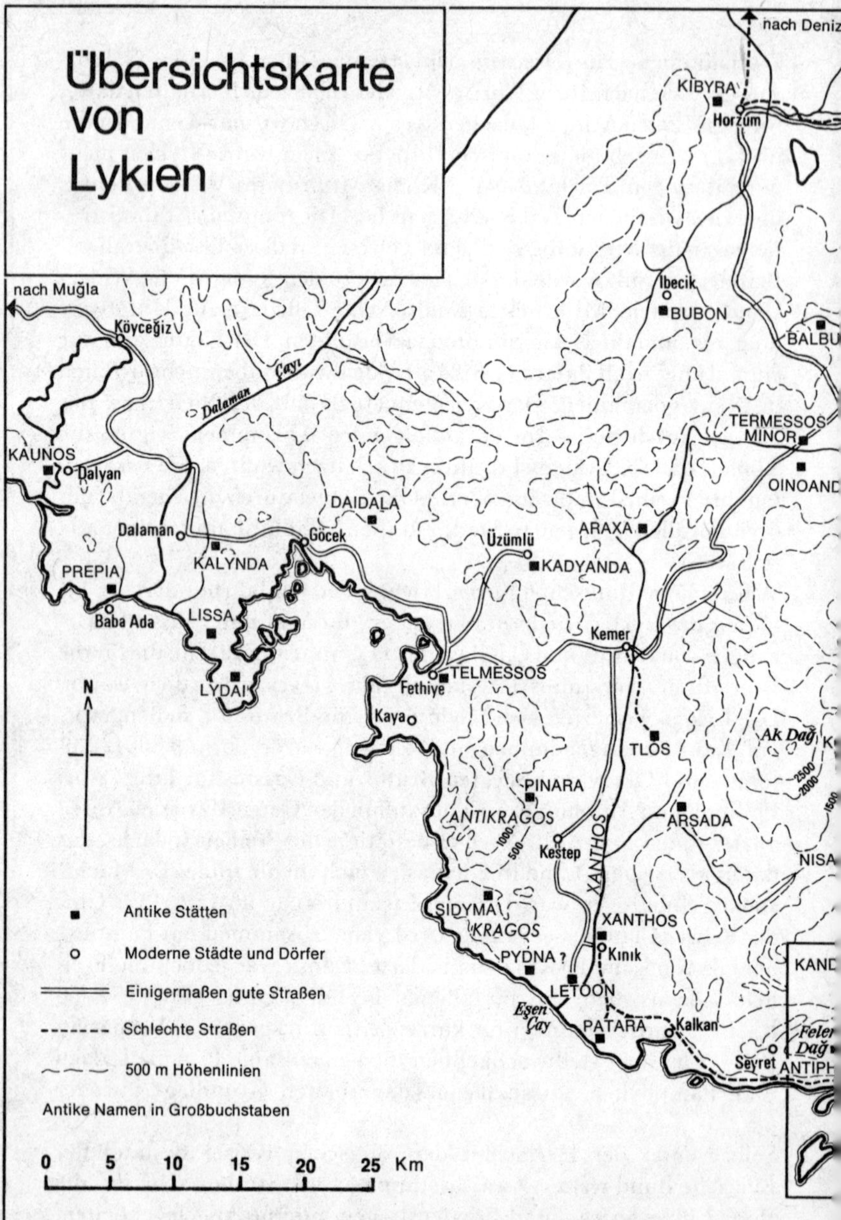
Übersichtskarte von Lykien
nach Deniz
KIBYRA
Horzum
nach Muğla
Köyceğiz
Dalaman Çayı
Ibecik
BUBON
BALBU
TERMESSOS MINOR
OINOAND
KAUNOS
Dalyan
DAIDALA
Dalaman
Göcek
KALYNDA
Üzümlü
KADYANDA
ARAXA
PREPIA
Baba Ada
LISSA
LYDAI
Kemer
TELMESSOS
Fethiye
Kaya
N
TLOS
Ak Dağ
2500
2000
1500
PINARA
ANTIKRAGOS
1000
500
Kestep
XANTHOS
ARSADA
NISA
SIDYMA
KRAGOS
XANTHOS
Kınık
PYDNA ?
LETOON
Eşen Çay
PATARA
Kalkan
KAND
Feler Dağ
Seyret
ANTIPH
Antike Stätten
Moderne Städte und Dörfer
Einigermaßen gute Straßen
Schlechte Straßen
500 m Höhenlinien
Antike Namen in Großbuchstaben
0 5 10 15 20 25 Km

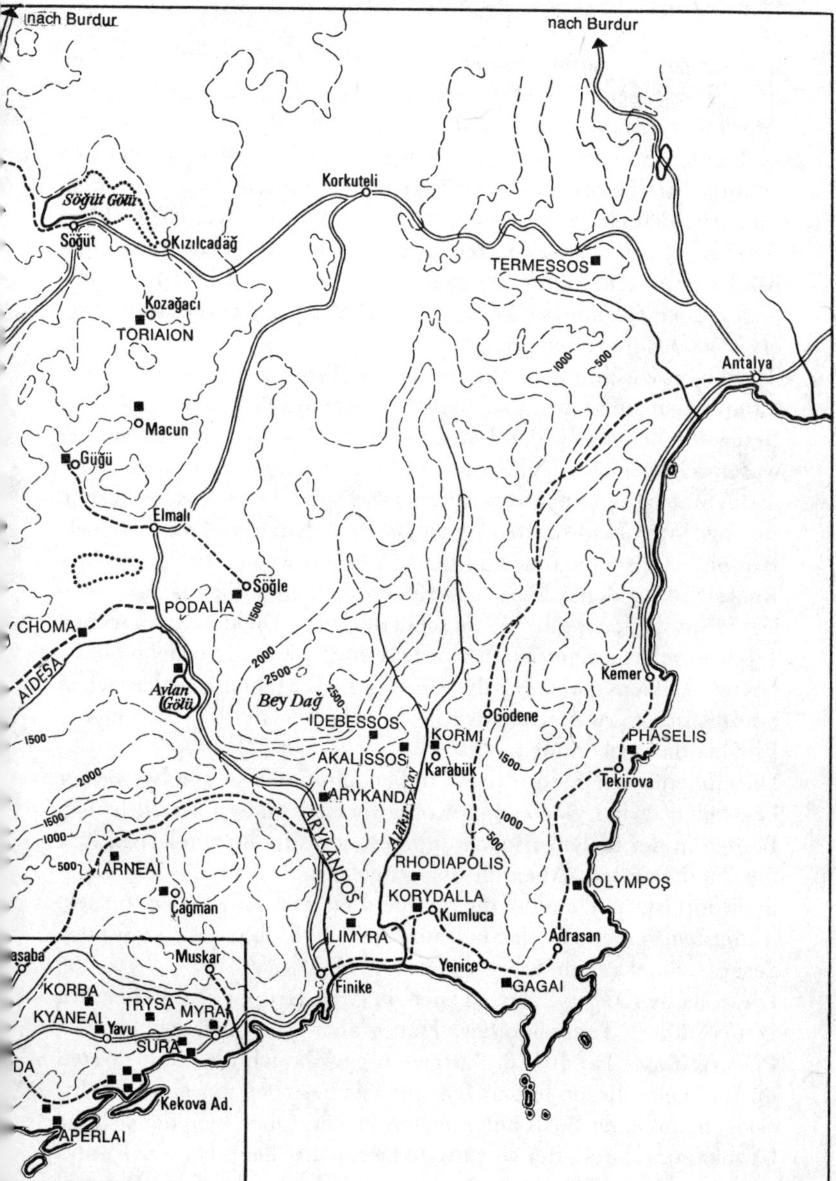

nach Burdur
nach Burdur
Söğüt Gölü
Söğüt
Kızılcadağ
Korkuteli
TERMESSOS
Kozağacı
TORIAION
Antalya
Macun
Güğü
Elmalı
Söğle
PODALIA
CHOMA
AIDESA
Avlan Gölü
Bey Dağ
IDEBESSOS
KORMI
Karabük
AKALISSOS
ARYKANDA
Alakır Çay
ARYKANDOS
Gödene
Kemer
PHASELIS
Tekirova
RHODIAPOLIS
KORYDALLA
Kumluca
OLYMPOS
ARNEAI
Çağman
LIMYRA
Adrasan
Yenice
GAGAI
Finike
Muskar
KORBA
TRYSA
MYRA
KYANEAI
Yavu
SURA
Kekova Ad.
APERLAI

wie Gerichtsbarkeit und innere Sicherheit oblagen aber immer noch den Bundesbeamten. Sie wurden weiterhin in regelmäßigen Abständen ernannt. Das Land war wohlhabend, Geld war reichlich vorhanden, so daß Privatleute riesige Vermögen zusammentragen konnten. Einige von ihnen machten nicht nur ihren eigenen Städten, sondern auch vielen anderen in Lykien verschwenderische Geldgeschenke, so z. B. Jason von Kyaneai und Opramoas von Rhodiapolis. Die meisten Städte blieben dennoch klein. Die mit 200000 angegebene Gesamtbevölkerung verteilt sich durchschnittlich auf etwa 5000 Einwohner pro Stadt.
Trotz ihres Zusammenschlusses zu einer Provinz waren Lykien und Pamphylien ein schlecht zueinanderpassendes Paar. Die natürliche Beschaffenheit der beiden Länder und der Charakter der Bewohner waren sehr verschieden. Sie hatten zwar einen gemeinsamen römischen Statthalter, aber in der Praxis war jeder Teil für seine eigenen Belange tätig. Beide hatten eigene Beamte, denen ein Lykiarch bzw. Pamphyliarch vorstand, und handelten mit wenig oder gar keiner Rücksicht auf den anderen. Dennoch hielt sich die zusammengelegte Provinz recht gut, bis sie schließlich von Diokletian im frühen 4. Jahrhundert aufgespalten wurde. Um diese Zeit wurde auch die Grenze Lykiens nach Nordwesten unter Einschluß der karischen Stadt Kaunos erweitert. Kalynda war schon bei der Einrichtung der Provinz dazugekommen.
Die einheimische Kultur in Anatolien kann man nirgendwo besser beurteilen als in Lykien. Hier waren wie auch andernorts die frühen Bauten in der hellenistischen und besonders in der römischen Zeit überbaut worden. Aber die lykischen Gräber, für die das Land berühmt ist, reichen häufig in die Zeit vor Alexander zurück. Außerdem haben sie oft Skulpturenschmuck, und viele sind noch ausgezeichnet erhalten.
Diese frühen Gräber lassen sich in vier Gruppen aufteilen: In Pfeilergräber, Tempelgräber, Hausgräber und Sarkophage. Die Pfeilergräber (Taf. 10, 18, 35) gelten gewöhnlich als die frühesten und sind eine Besonderheit Lykiens. Sie bestehen aus einem rechteckigen, auf einer Basis aufgesetzten Pfeiler. Oben befindet sich die Grabkammer, über der eine breite Deckplatte liegt. Dieser Grabtypus ist am wenigsten verbreitet, er ist anscheinend auf den Westteil des Landes beschränkt. Die Tempelgräber (Taf. 59) sind nicht

typisch für Lykien. Sie weichen nur geringfügig von denen in Kaunos und anderen Teilen Anatoliens ab. Sie bestehen aus einer Tempelfassade in ionischer Ordnung mit zwei Säulen in antis, einem Epistyl und einem Giebel. Von der Vorhalle führt eine Tür in die Grabkammer, einen schlichten Raum mit Steinbänken, auf die die Toten gelegt wurden. Die Hausgräber sind in Nachahmung von Holzhäusern gestaltet, sie haben ein, zwei oder gelegentlich drei Stockwerke, an denen Balkenenden hervorragen. Gewöhnlich liegt eine Reihe aus runden oder viereckigen Balkenenden über der Tür. Später entwickelt sich daraus ein Zahnschnittfries. Manchmal schließt sich ein Giebel darüber an, der zum Teil in Form eines Spitzbogens (›gotischer‹ Bogen) gearbeitet ist. Das Innere ähnelt dem der Tempelgräber. Sarkophage gehören natürlich zu den häufigsten Grabformen überall auf der Welt, aber der frühe lykische Typus nimmt einen besonderen Platz ein. Ein lykischer Sarkophag ist im allgemeinen recht hoch. Er besteht aus drei Teilen, der Basis, der Grabkammer und dem ›gotischen‹ Deckel mit aufragendem First. Die Basis wird gewöhnlich als zweite Grabkammer (Hyposorion) benutzt, sie war für die Sklaven oder Untergebenen bestimmt. Der an Pfeilergräbern nur gelegentlich vorkommende Skulpturenschmuck ist auf die Seiten der Grabkammer oben beschränkt. Ein gut bekanntes Beispiel dafür ist das Harpyiengrab in Xanthos (Taf. 14). Hausgräber sind oft mit Reliefs an den Wänden, im Giebel und manchmal sogar auf den angrenzenden Felsen geschmückt. Das bekannteste Beispiel ist das ›Bemalte Grab‹ in Myra (Taf. 72–76). Auch Sarkophage haben oft Reliefs, meist auf den Seiten und am Firstbalken auf dem Deckel, manchmal aber auch in der Grabkammer (Taf. 55). In römischer Zeit werden die Sarkophage viel kleiner und schlichter, der Deckel ist gerundet, aber weiterhin mit aufragendem First versehen. Außer diesen vier charakteristischen Typen gibt es in Lykien viele andere, zum Teil sehr eindrucksvolle Grabformen. Beispiele dafür werden weiter unten aufgeführt.

Fast überall in Kleinasien kann man herrliche Gräber finden, die aus dem Fels gehauen oder gemauert sind. Doch nirgendwo gibt es sie in solch verschwenderischer Fülle wie in Lykien. Verehrung der Vorfahren, die bis zum Ahnenkult reichte, war nahezu in der gesamten antiken Welt üblich. In Olympos in Ostlykien tragen zwei

Gräber Inschriften mit Buchstabenorakeln, deren Beantwortung man dem Vorfahren in den Mund legte. (s. Türkische Südküste, S. 160 f.) Man bemühte sich im allgemeinen sehr, das Grab vor Beschädigung oder Mißbrauch zu bewahren. Grabinschriften enden gewöhnlich mit der Herbeirufung eines Fluches und / oder der Androhung einer Geldstrafe für seine Schändung. In Lykien stand das Grab manchmal unter der Obhut einer *mindis* (MIÑTI im Lykischen) genannten Gruppe, offenbar eines von Verwandten gebildeten Ausschusses, der mit dem Schutz des Grabes betraut war. Strafen für Übertretung mußten an den Stadtfiskus oder an die kaiserliche Kasse in römischer Zeit bezahlt werden. Den Betrag legte der Besitzer fest. Er bezahlte für gewöhnlich einen bestimmten Prozentsatz der gewählten Summe an die städtischen Behörden, die für die Verurteilung des Übeltäters und das Eintreiben der Strafe verantwortlich waren. Von einem anderen Verfahren berichten die lykischen Inschriften aus dem 4. Jahrhundert. Der Besitzer vermachte das Grab der *mindis,* die dafür die Verantwortung für seine Betreuung übernahm. Für dieses Vorrecht bezahlte er eine kleine Gebühr, die gewöhnlich drei Statere betrug (zu einem Beispiel über die Aufgaben der *mindis* s. S. 111 f.). In den griechischen Inschriften erfährt man später erheblich weniger über die *mindis*. Die Stadt übernahm die Betreuung, und in der römischen Zeit war auch in Lykien das sonst überall übliche Verfahren in Kraft.

2. Die Westküste

Die Straße von Muğla nach Fethiye gehört vor allem wegen der herrlichen karischen Kiefernwälder zu den landschaftlich schönsten in der Türkei. Sie ist mit dem Auto gut zu befahren. Allein wegen des schönen Blicks auf das Meer lohnt sich eine Übernachtung in Köyceğiz. Südlich von Köyceğiz führt die Straße durch niedriges, überwiegend ebenes Land bis Dalaman. Dann biegt sie scharf nach Osten ab und zieht sich hoch auf die Berge hinauf. Von hier hat man faszinierende Ausblicke auf das Meer weit unten bei Göcek. Hier ist das Grenzgebiet zwischen Karien und Lykien. In vielen Windungen geht die Straße dann in die Ebene von Fethiye hinab.
Hinter der Abzweigung nach Kaunos überquert man nach etwa 10 km eine Brücke über das steinige Flußbett des Dalaman Çayı, des bedeutenden antiken Flusses Indus. Plinius zufolge entspringt er in den Hügeln über Kibyra und wird das ganze Jahr über von sechzig Nebenflüssen und mehr als hundert Wildbächen gespeist. Die erste Aussage stimmt. Der Fluß entspringt tatsächlich südlich von Kibyra und fließt etwa 170 km lang in Richtung Meer. Für seine einzelnen Teile gibt es heute mindestens fünf Namen. Die sechzig Nebenflüsse, die ihm ständig Wasser zuführen, sind mit Sicherheit übertrieben. Dagegen könnten die hundert Wildbäche der Landkarte nach annähernd richtig sein.
Auf der anderen Seite der Brücke kommt nach etwa 10 km das Dorf Dalaman, das früher ein *nahiye* war. Es ist nur wegen eines großen Landwirtschaftsbetriebes erwähnenswert. Der Ort heißt jetzt offiziell Karaçalı, aber der gebräuchliche Name ist Dalaman. Von hier aus kann man einen netten Ausflug zu dem großen mittelalterlichen Ruinengebiet an der Küste bei Baba Dağ im Südwesten machen. Die Straße zieht sich völlig flach über die Ebene hin, aber man muß zwei Flüsse überqueren. Der Reisende sollte im voraus wissen, wie er das bewerkstelligen will. Über den Dalaman Çayı kommt man im Sommer gewöhnlich zu Pferd, doch läuft dies nicht immer ohne Schwierigkeiten ab. Über den anderen Fluß, den Sarısu, gelangt man erheblich problemloser. An seiner Mündung gibt es einen *iskele,* und dort bekommt man für gewöhnlich ein Boot.

Das mittelalterliche Gelände ist sehr weitläufig und liegt völlig verlassen mitten im Wald. Viele der zahlreichen Bauten aus mittelmäßigem Mauerwerk sind gut erhalten und stammen ganz eindeutig aus dem Mittelalter. Unter ihnen befinden sich eine christliche Kirche mit Apsis und Schiffen, eine hohe Befestigungsmauer und ein Wasserbehälter. Unweit vom Zentrum liegt ein großer Teich, der sogar den Sommer über Wasser hat. Wahrscheinlich handelt es sich hier um die Ruinen der mittelalterlichen Stadt Prepia, die in den italienischen Portolanen erwähnt wird. Zugleich gibt es Beweise für eine antike Stadt an diesem Platz. Am nördlichen Ende steht eine rechteckige, wohl hellenistische Festung aus Quaderblöcken. In der Nähe des Zentrums liegen hauptsächlich zwischen Teich und Wasserbehälter mehrere Säulentrommeln und andere antike Steine. Einer trägt eine Ehreninschrift für Kaiser Julian. Der Name der früheren Stadt ist noch nicht geklärt. Am ehesten war es Pisilis, das Strabon zwischen Kalynda und Kaunos ansetzt.
Unweit vom Landungssteg des Sarısu liegt gleich vor der Küste die kleine Insel Baba Adası. Sie wird von einem eigenartigen pyramidenförmigen Bauwerk überragt. Es ist völlig aus Ziegeln gebaut und etwa zur Hälfte erhalten. Das obere der beiden Stockwerke besteht aus einem runden Raum, der von über Kreuz angelegten Mauern in vier Teile gegliedert ist. Am Schnittpunkt steht eine Säule mit 90 cm Durchmesser. Der Bau wurde als Mausoleum oder Leuchtturm gedeutet. Angesichts des unterteilten Obergeschoßes erscheint letzteres wahrscheinlicher.
Nach 4 km von Dalaman aus entspringt auf der rechten Straßenseite neben einem ehemaligen Kaffeehaus eine reichhaltige Quelle. Auf einem Hügel direkt darüber befinden sich die Ruinen einer antiken Stadt. Der allgemeinen Ansicht nach, der sich auch der Autor anschließt, handelt es sich hier um Kalynda. Allerdings erfolgte die Identifizierung nicht anhand von Münzen oder Inschriften. Jetzt heißt der Ort Kozpınar. Kalynda erlebte eine frühe Blütezeit. 480 v. Chr. steuerte es ein einziges Schiff zur Flotte des Xerxes bei Salamis bei, das aber unglücklicherweise von einem Schiff der eigenen Seite unter dem Kommando der karischen Königin Artemisia gerammt und versenkt wurde (zu dieser merkwürdigen Begebenheit s. Jenseits des Mäander, S. 107). Kalynda (in der Form Klaÿnda) bezahlte an den Delischen Bund doppelt soviel

Tribut wie Kaunos. Als jedoch Kaunos an Bedeutung gewann, sank die von Kalynda entsprechend. Bis 200 v. Chr. war die Stadt noch unabhängig, muß aber vor 164 unter die Kontrolle von Kaunos gekommen sein. In diesem Jahr soll Kalynda nämlich von Kaunos abgefallen und vom römischen Senat an Rhodos gegeben worden sein. Zu Beginn des 1. Jahrhunderts war die Stadt wahrscheinlich Kaunos einverleibt. Als schließlich unter Vespasian die Provinz Lykien-Pamphylien eingerichtet war, wurde Kalynda im Gegensatz zu Kaunos in den Lykischen Bund einbezogen. Bis dahin galt es als karisch. Als Mitglied des Bundes erhielt die Stadt von dem Millionär Opramoas von Rhodiapolis eine Schenkung von 9000 Denaren.

Ein sanft ansteigender Hang führt im Westen auf den Hügel bei Kozpınar hinauf. Die anderen Seiten sind steiler. Den oberen Teil umgibt eine 3 bis 4 m dicke Befestigungsmauer in polygonalem Mauerwerk. Die Technik ist unterschiedlich, stellenweise findet man die in Lagen errichtete polygonale Variante der frühhellenistischen Zeit vor. Bisweilen steht die Mauer bis zu 3 oder 4 m hoch an, was aber zum Teil auf eine späte Zufügung von roh behauenen, mit Mörtel gefügten Steinblöcken zurückgeht. An der Nordecke befindet sich ein Turm oder kleines Fort aus regelmäßigem hellenistischen Mauerwerk. Der Bau ist in zwei Räume unterteilt und hat eine Tür. Das Gelände im Innern ist übersät mit ungeheuren Mengen von behauenen und unbehauenen Bausteinen. Man kann noch die Fundamente von Häusern sehen, aber es steht nichts mehr. Die Einheimischen erzählen großartige Geschichten über die Gold- und Silberfunde auf dem Gelände. Etliche Raubgrabungen wurden durchgeführt, aber wie üblich hat man von Schätzen nichts erfahren.

Zwei Stellen bei Strabon und Plinius sind antike Zeugnisse für die Lage von Kalynda. Nach Strabons Bericht ist die Stadt sechzig Stadien, ungefähr 10 km, vom Meer entfernt. Die Entfernung von Kozpınar zur Küste beträgt etwa 9,5 km. Plinius geht in seinen Aufzeichnungen von Süden nach Norden vor und stellt die folgende Reihenfolge auf: Krya, der Fluß Axon, die Stadt Kalynda, der Fluß Indus. Auf der Landkarte kommt nach Krya zuerst der Kargın Çayı, ein kleiner Wasserlauf, der nahe unterhalb des Ruinengebiets von Kozpınar vorbeifließt. Zwischen ihm und dem Dalaman Çayı

(Indus) gibt es keine antike Stätte. Der Axon ist somit fast zwangsläufig der Kargın Çayı und Kalynda lag oberhalb davon. Hier führt Strabons Entfernungsangabe genau nach Kozpınar.
Von Kozpınar aus verläuft die Straße weiter nach Osten. In der Nähe des Dorfes Inlice befindet sich ein interessantes Grab, das in einen kleinen Felshügel hineingehauen ist. Es liegt kurz hinter dem Wegweiser »Fethiye 29 km« unmittelbar neben der Straße auf der linken Seite (Taf. 1). Da das Grab in der Ostseite des Hügels ist, muß der Reisende auf dem Weg nach Fethiye zurückschauen, um es sehen zu können. Von der anderen Richtung kommend hat man es voll im Blickfeld. Das Grab ist in dorischer Ordnung, was ziemlich ungewöhnlich ist. Drei Stufen führen zur Vorhalle mit zwei Säulen zwischen Pilastern hinauf. Die Säulen sind in einem Stück mit dem Grab aus dem Felsen gehauen. Die Säule auf der rechten Seite verjüngt sich bis etwa 30 bis 60 cm vor der Spitze. Vom dorischen Bauschmuck ist auf der rechten Seite noch viel erhalten – ein Triglyphenfries mit Zahnschnittfries darüber und Mutuli darunter. Der Giebel trug drei Akrotere, von denen der rechte nicht mehr existiert. Eine Inschrift ist nicht vorhanden. Der Eingang zur Hauptkammer ist weit aufgebrochen. Der einzige Raum im Innern hat ein flaches, ziemlich roh gearbeitetes Dach, und an allen drei Seiten stehen Steinbänke, auf die man die Leichname legte. Als Meisterwerk ist das Grab insgesamt nicht zu bezeichnen.
Ein Stück weiter entfernt kann der Reisende hoch oben in den Hügeln mehrere in den Fels gehauene Grablöcher erkennen. Sie sehen wie winzige schwarze Vierecke aus und kennzeichnen das Gebiet der Stadt Daidala. Auch in diesem Fall kann die Gleichsetzung nicht anhand von Münzen oder Inschriften bewiesen werden. Aber die Lage stimmt mit den antiken Nachrichten überein, und deshalb wird die Benennung allgemein akzeptiert. Das Ruinengebiet erreicht man nur unter großer Anstrengung, weshalb auch selten jemand dorthin kommt. Es hat den Namen Inlice Asarı. Den steil abfallenden Akropolishügel umgibt auf drei Seiten eine Mauer aus mächtigen Quadern. Für die jäh abstürzende Westseite war keine Mauer notwendig. Ganz oben liegt eine kleine Festung. Ebenfalls auf der Akropolis finden sich in den Fels gehauene Stufen, Hausfundamente und eine runde, mit Stuck verkleidete Zisterne, die einen Durchmesser von 1,50 m hat. Eine tiefer gelegene Kuppe

im Osten war gleichfalls in die Stadt einbezogen. Die wichtigsten Überreste sind Gräber. Außer drei typischen lykischen Felsgräbern gibt es noch ein paar Sarkophage. In der Überzahl sind jedoch die einfachen Grablöcher, die in den Fels gehauen und meist kaum zugänglich sind. Besonders zahlreich sind sie im Westen der Akropolis.

Daidala markiert Strabon zufolge die Grenze zwischen Karien und Lykien. Er und Livius rechnen die Stadt zur rhodischen Peraia (d. h. rhodisches Gebiet auf dem Festland). Darin werden sie von einer Inschrift bestätigt, die auf der Insel Tersane im Golf von Fethiye gefunden wurde, angeblich aber von einem Grab in Daidala stammte. Es handelt sich um die Weihinschrift eines rhodischen Statthalters im zweiten Jahrhundert v. Chr. Aus der Formulierung geht hervor, daß er sein Amt in einem Gebiet ausübte, das in den rhodischen Staat eingegliedert und nicht nur von Rhodos abhängig war. Dies trifft aber für kein anderes Gebiet zwischen Daidala und der Bucht von Marmaris zu. Ob der Stein von dem oben behandelten Grab am Straßenrand oder von einem der lykischen Gräber in der Stadt stammte, ist ungewiß. Jedenfalls bestand wohl um Daidala herum eine Enklave, die zu der Rhodos eingegliederten rhodischen Peraia gehörte. (Bei dieser Inschrift gibt es Unklarheiten. Die Erklärung, daß der Stein von einem Grab auf dem Festland stammt, ist möglicherweise nicht zuverlässig. Er enthält eine Weihung an Tyche und Aphrodite, die ein Statthalter wohl kaum in einem Grab aufgestellt hätte. Sie muß ursprünglich von einem ganz anderen Ort gekommen sein.)

Von Göcek aus kann man einen Ausflug zu den Inseln im Golf von Fethiye (der antike Name ist *glaucus sinus*) machen. Die größte davon ist Tersane. Früher gab es hier ein wohlhabendes griechisches Dorf, das jetzt aber seit dem Bevölkerungswechsel nach dem Ersten Weltkrieg verlassen ist. Unter den antiken Überresten befindet sich ein zerstörter Wachtturm und ein stattliches, zum Teil erhaltenes Grab. Möglicherweise war der antike Vorläufer von Tersane die Insel Telandria mit einer Stadt, die Plinius zufolge schon zu seiner Zeit nicht mehr bestand. Diese Gleichsetzung ist jedoch nicht belegt. Auf den meisten anderen Inseln oder Inselchen gibt es mehrere unbedeutende Überreste aus byzantinischer Zeit.

Interessanter ist ein Ort an der Westküste des Golfs bei Taşyaka (früher Charopia) nordöstlich von Tersane. In der Nähe des Ufers befinden sich einige weitgehend zerstörte Tempelgräber. Erwähnenswert sind sie vor allem deshalb, weil an einem der Gräber eine Inschrift nicht in lykischer, sondern in karischer Sprache angebracht ist. Da man diese Sprache noch nicht versteht, muß der hier bestattete karische Würdenträger unbekannt bleiben. Es gibt auch einige Grablöcher in der Klippenwand. In den Fels gehauene Stufen führen vom Ufer auf den steilen Hügel hinauf zu einer sehr kleinen Akropolis auf dem Gipfel, die knapp 35 m lang und nur halb so breit ist. Eine frühe Mauer aus Quadern und polygonalem Mauerwerk umgibt den Gipfel. Innerhalb der Mauer liegen die Grundmauern eines Turms oder kleinen Forts mit den Maßen 90 auf 60 cm, sowie eine frühe Zisterne. Diese spärlichen Überreste verkörpern fast sicher die Stadt Krya. Allerdings bezeugen weder Inschriften noch Münzen diese Gleichsetzung. Die Lage stimmt jedoch genau mit dem Bericht im Stadiasmos überein, demzufolge sich die Stadt etwas über 8 km nördlich von Lydai befindet. (Der Stadiasmos ist eine Art antiker Portolan mit einem Verzeichnis der Orte an den Mittelmeerküsten und der Angabe der Entfernung zwischen diesen Orten. Die Zusammenstellung erfolgte wahrscheinlich im 1. Jahrhundert v. Chr.) Die antiken Schriftsteller haben sehr wenig über Krya geschrieben. Plinius nennt die Stadt »Krya der Flüchtlinge«, wobei der Grund für die eigenartige Bezeichnung nicht bekannt ist. Die Stadt soll Inseln im Golf besessen haben, von denen zwei Karysis und Alina hießen, die man aber nicht identifizieren kann. Krya war immer nur eine ziemlich unbedeutende Stadt. Von ihren Bürgern ist in den Inschriften nur selten die Rede. Das Gelände bei Taşyaka würde wegen seiner geringen Größe deshalb sehr gut passen.

Es gibt viele kleine antike Orte im nördlichen und östlichen Hügelland, die man aber nur schwer erreichen kann, und deren Namen meist nicht festzustellen sind. Die mit einem Besuch verbundene Mühe lohnt sich nicht.

3. Telmessos

Die Lage von Telmessos bei Fethiye war von jeher bekannt. Die Stadt liegt eingebettet in die südliche Ecke des Golfes mit Ausrichtung nach Norden. Im Sommer ist es dort zwar sehr heiß, aber selten wird die Hitze unerträglich. Im Sommer 1957 wurde die Stadt von einem schweren Erdbeben heimgesucht, das einen großen Teil der Südwesttürkei in Mitleidenschaft zog. Fast die gesamte Stadt wurde buchstäblich dem Erdboden gleichgemacht mit Ausnahme der auf die felsigen Abhänge gebauten Gebäude. Mit den Trümmern der Stadt wurde das Meer beim Ufer aufgeschüttet, und so entstand eine neue Kai- und Promenadenanlage. Von der allgemeinen Verwüstung blieb allein der bekannte lykische Sarkophag neben dem gegenwärtigen Gemeindehaus verschont, nur sein Deckel hat sich um einige Zentimeter verschoben. Der Voraussicht des Kaymakam von Fethiye ist es zu verdanken, daß keine Menschen bei dem Beben umkamen. Obwohl der erste Stoß leicht war, wußte er, daß ein stärkerer aller Wahrscheinlichkeit nach folgen würde. Daher ließ er durch Ausrufer die Bewohner zum Verlassen ihrer Häuser auffordern.

Über den Ursprung von Telmessos ist nichts bekannt. Zwar wurden dort fünf Inschriften in lykischer Sprache gefunden, doch als die Stadt zum ersten Mal in der Überlieferung vorkam, zählte sie noch nicht zu Lykien. So wurden im 5. Jahrhundert Telmessos und die Lykier in den Tributlisten des Delischen Bundes getrennt aufgeführt. Im 4. Jahrhundert kämpften die Lykier unter ihrem Dynasten Perikles gegen die Telmesser. Sie belagerten die Stadt und eroberten sie. Möglicherweise kam Telmessos daraufhin zu Lykien. Der im gleichen Jahrhundert lebende Geograph Skylax spricht von Telmessos als lykischer Stadt.

Bei seiner Ankunft im Winter 334–333 schloß Alexander ein friedliches Abkommen mit den Telmessern, die sich ihm bereitwillig anschlossen. Bald darauf mußte jedoch einer seiner vertrauten Gefährten, der Kreter Nearchos, den er zum Satrapen dieses Gebiets ernannt hatte, die Stadt einem gewissen Antipatrides wieder entreißen. Dieser hatte sie nämlich unter seine Kontrolle gebracht. Da die beiden Männer alte Freunde waren, suchte Nearchos um Erlaubnis nach, in der Stadt mehrere gefangene Musikantinnen und Sklaven, die er mit sich geführt hatte, zurücklassen zu dürfen. Als er dazu die Bewilligung hatte, gab er die Musikinstrumente der Frauen den Sklaven zu tragen. In den Flötenbehältern waren Dolche verborgen. Sobald sich die Gruppe innerhalb der Zitadelle befand, zogen die Begleiter der Gefangenen die Waffen heraus und nahmen die Akropolis ein. Der Historiker bezeichnet dies als Kriegslist, man könnte aber auch von Gaunerei sprechen.

Im Jahr 240 v. Chr. machte Ptolemaios III. Telmessos einem anderen Ptolemaios, dem Sohn des Lysimachos, zum Geschenk. Im Abkommen des Jahres 189 v. Chr. nach der Schlacht von Magnesia (s. S. 20) übergaben die Römer Telmessos an Eumenes von Pergamon, Ptolemaios durfte die Ländereien, die er besessen hatte, behalten. Soweit wir wissen, gehörte Telmessos zum pergamenischen Königreich bis zu dessen Ende im Jahr 133 v. Chr. Es kam dann zur römischen Provinz Asia. Da 88 v. Chr. die Rhodier Hilfe von den »Telmessern und Lykiern« erhielten, gehörte die Stadt nicht zu Lykien. In der Kaiserzeit, vielleicht aber auch früher, war Telmessos dann Mitglied des Lykischen Bundes. Im 8. Jahrhundert wurde der Stadtname zu Ehren des byzantinischen Kaisers Anastasios II. in Anastasiopolis umgewandelt. Zu Beginn des folgenden Jahrhunderts änderte man diesen Namen in Makri um, der in unserem Jahrhundert durch Fethiye ersetzt wurde.

Für Telmessos ist ein Orakel bezeugt. In vielen Geschichten wird von den Sehern der Telmesser berichtet. Es gibt jedoch eine zweite Stadt dieses Namens in Karien. Dort lebte ein berühmtes Priestergeschlecht von Weissagern, (s. Jenseits des Mäander, S. 129), denen die meisten der überlieferten Begebenheiten zuzuweisen sind. Als beispielsweise Alexander Halikarnassos belagerte, soll während einer mittäglichen Ruhepause eine Schwalbe immer wieder seine Ruhestatt umkreist haben. Dabei stieß sie unnatürlich laute Schreie aus und hörte nicht eher auf, bis Alexander erwachte. Daraufhin befragte Alexander den Seher Aristandros von Telmessos über die Bedeutung des Vorfalls. Dieser erklärte, er sei das Vorzeichen für ein Komplott gegen den König. Einer seiner Freunde werde es anzetteln, aber man werde ihn entlarven. Der Seher erläuterte, daß die Schwalbe ein zahmer Vogel sei, der freundlich zu den Menschen

und geschwätziger als jeder andere Vogel sei. Da das karische Telmessos nur 11 km von Halikarnassos entfernt lag, hat Aristandros wahrscheinlich dort gelebt und nicht in Fethiye.
Von der antiken Stadt ist jetzt außer den Gräbern kaum mehr etwas erhalten. Unter diesen Gräbern findet man aber einige der schönsten Beispiele ihrer Art. Die Hauptgruppe liegt unmittelbar außerhalb der Stadt auf der Ostseite. Die Gräber sind in die Hügelwand mit Ausrichtung nach Norden und Westen hineingehauen. Man erreicht sie auf einem Stufenpfad, der direkt zu dem prachtvollsten und bekanntesten der Gräber, dem Grab des Amyntas, führt (Taf. 2). Man kann es schon von der Ebene aus sehen, aus der Nähe bekommt man einen großartigen Eindruck von seiner Größe. Es ist ein Tempelgrab in ionischer Ordnung. Über vier Stufen gelangt man zur Vorhalle mit zwei Säulen zwischen Pilastern. Auf dem Pilaster linker Hand steht in halber Höhe der Name des Amyntas, des Sohnes des Hermapias, geschrieben. Die Buchstabenform der Inschrift weist in das 4. Jahrhundert v. Chr. Über Amyntas ist nichts bekannt. Oben sind die Pilaster jeweils mit Rosetten verziert. Darüber schließt sich der Giebel mit drei Akroteren an, von denen zwei beschädigt sind. Den unteren Abschluß des Giebels bildet ein Zahnschnittfries. Die Tür zur Hauptkammer ist in vier Felder gegliedert und mit Beschlagnägeln verziert, die Eisennägel nachahmen sollen. Das untere Feld rechts war ursprünglich mit einer zur Seite verschiebbaren Steinplatte verschlossen, ist aber von Grabräubern aufgebrochen worden. Das Innere besteht aus einer Kammer mit flachem, ziemlich roh gearbeitetem Dach. An den Wänden stehen drei Bänke. In der Felswand weiter links befinden sich zahlreiche weitere Gräber (Taf. 3). Zwei davon sind Tempelgräber, die dem des Amyntas ähnlich und kaum weniger beeindruckend sind. Wer sportlich ist, kann das linke Grab erreichen, das andere ist aber völlig unzugänglich. Die kleineren, am tiefsten gelegenen Gräber sind Hausgräber mit zwei oder drei Stockwerken. Die restlichen sind Grablöcher, zu denen man ohne Gerüste nicht hinkommt.
In der Stadt und ihrer Umgebung gibt es noch viele weitere Gräber. Einige sind in den Fels gehauen, andere gehören dem Sarkophagtypus an. Ein besonders schönes Exemplar der letzteren Gattung, vielleicht das schönste in ganz Lykien, steht jetzt neben dem

Gemeindehaus (Taf. 4). Vor hundert Jahren stand es noch im Meer. Nachdem der Wasserspiegel seit der Antike angestiegen war, ist er in jüngerer Zeit wieder gefallen. Das Grab vermittelt ein eindrucksvolles Gefühl von Beständigkeit. Die Vorderseite ist in zwei Stockwerke gegliedert. An den Seiten ragen Quader hervor, die Balken von Holzhäusern imitieren. Der Deckel ist spitzbogenförmig. Beide Deckelseiten, sowie der Firstbalken sind mit Reliefs geschmückt, die Krieger in einer Reihe zeigen. Die Stirnseiten des Deckels sind in vier Felder aufgeteilt.

Der Akropolishügel von Telmessos steigt hinter der Stadt empor. Er wird zum größten Teil von einer mittelalterlichen Burg eingenommen, die Ritter des Johanniterordens gebaut haben sollen. Außer einigen in die Mauer verbauten Inschriften und einigen nicht datierbaren Zisternen gibt es im Innern nichts antikes. In der Ostwand des Hügels befinden sich zwei Felsgräber, die Ähnlichkeit mit dem Amyntasgrab haben, aber viel kleiner und schlichter sind. In einer nach Norden ausgerichteten Mulde auf der Westseite lag eines der beiden Theater von Telmessos. Überreste davon sind aber nicht mehr vorhanden. Oben auf dem Rand der Mulde befindet sich ein kleines Felsgrab, das dem Haustypus angehört. Das größere Theater lag in Ufernähe im Westen der Stadt. Fellows beschreibt es 1838 als noch recht gut erhalten, und Spratt bezeichnet ein paar Jahre später seinen Zustand als ausgezeichnet. Heutzutage ist nicht die geringste Spur mehr davon erhalten.

4. Ausflüge von Fethiye

Kadyanda

Die Ruinen von Kadyanda liegen etwa 20 km nordöstlich von Fethiye bei Üzümlü. Bis auf wenige Stellen ist die Straße recht gut, aber die Abzweigung von der Hauptstraße ist, bzw. war im Jahr 1972 falsch angegeben. Für den langen und steilen Aufstieg von Üzümlü zur Stadt hinauf braucht man je nach Alter und Kondition zwischen 1 ½ und 3 Stunden. In Üzümlü kann man einen Führer bekommen.

Über Kadyanda – der lykische Name ist Kadawanti – wußte man niemals genaues. In der antiken Überlieferung wird die Stadt nur einmal in einer Textstelle erwähnt, die man erst vor einiger Zeit als korrupt erkannt hat. In Plinius' Liste der Städte Lykiens kommen die beiden sonst überall unbekannten Orte Askandiadalis und Amelas vor. In diesen korrupten Namen erkannte Kalinka als erster Kadyanda und Lissa. Aus der Endung -anda ist zu schließen, daß der Name sehr alt ist. Die Denkmäler und Inschriften gehen bis zum 5. Jahrhundert v. Chr. zurück. Eine interessante, doch leider fragmentarische Inschrift stammt aus der Zeit der hekatomnischen Herrschaft über Lykien (s. S. 19). Darin wird von Subventionen berichtet, die der Dynast Pixodaros den Städten Xanthos, Tlos, Pinara und Kadyanda gewährt hatte, und zu verstehen gegeben (wegen der Unvollständigkeit des Textes ist dies aber nur eine Vermutung), daß diese Städte ihm bei einem Feldzug gegen die karische Stadt Kaunos Beistand geleistet hätten. Falls das stimmt, kommt hier Kadyanda das einzige Mal in der Geschichte vor. Münzen der Stadt sind äußerst spärlich, möglicherweise hat aber die Stadt niemals welche geprägt. Der abgekürzte Name kann nämlich leicht falsch gedeutet sein und statt dessen für Kalynda oder Kandyba stehen. Obwohl die Geschichte der Stadt im Dunkeln liegt, haben sich noch beachtliche Überreste von ihr erhalten. Sie zeugen von ihrer Lebenskraft und ihrem gesunden Wohlstand in der Kaiserzeit. Kadyanda liegt 430 m oberhalb von Üzümlü und fast 1000 m über dem Meer. Die exponierte Lage hoch oben auf dem

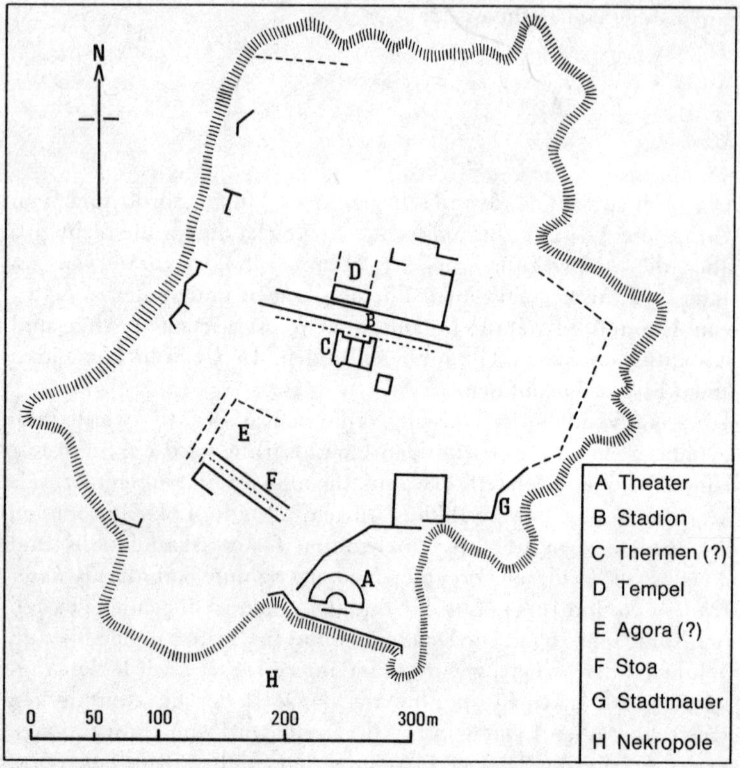

Abb. 4 Plan von Kadyanda

Hügel verschaffte der Stadt eine beherrschende Position. Wie den antiken Griechen macht es den Türken heutzutage nichts aus, nach der Tagesarbeit 300 m hinaufzusteigen. Der bequemere Aufstieg führt von der Nordseite über die Ost- zur Südseite um den Hügel herum. Der direkte Pfad ist aufwärts sehr steil, aber bequem zum Heruntersteigen. Am Weg nach oben liegen vier stattliche Gräber. Drei davon sind Hausgräber, die in später umgefallene Felsblöcke gehauen sind. Das vierte Grab wurde aus dem massiven Felsen herausgearbeitet und steht frei. Schöne Reliefs schmücken die beiden Längsseiten. Auf der Südseite ist ein Mann dargestellt, der sich auf einem Ruhebett zurücklehnt (Taf. 5), auf der Nordseite ein Krieger, der über einen gefallenen Feind reitet und zu einem anderen herabkämpft, der Schild und Speer kraftlos himmelwärts hält (Taf. 6). Diese Gräber werden um 400 v. Chr. oder etwas früher datiert.

Kommt der Besucher aus südlicher Richtung zum Gelände, trifft er zunächst auf eine ungeheure Anzahl von Gräbern. Die meisten sind durch Raubgrabungen zerstört oder zumindest schwer beschädigt. Bei einigen der noch intakten Gräber hatte die ursprünglich verputzte Grabkammer ein gewölbtes Dach. Dieser Typus ist in Olympos an der Ostküste üblich, aber nicht typisch für ganz Lykien.

Etwas weiter oben verläuft die Stadtmauer. Sie ist hier einigermaßen gut erhalten, wogegen man sie an anderen Stellen nicht mehr erkennen kann. Dicht daran liegt im Innern das kleine, schlecht erhaltene Theater. An der Westseite gibt es noch zahlreiche Sitze, und auch die halbrunde Stützmauer steht noch. Sie ist an den ausgehöhlten Abhang gebaut und nur von innen sichtbar (Taf. 7). Das Bühnengebäude ist praktisch völlig zerstört.

Eine über 90 m lange und etwa 10 m breite Fläche zieht sich von Westen nach Osten durch das Zentrum der Stadt (B auf dem Plan; Taf. 8). Sie hat Ähnlichkeit mit der Hauptstraße in Phaselis (Türkische Südküste, S. 150 f.), aber es handelt sich hier trotz der Ausmaße und ungewöhnlichen Lage zweifellos um ein Stadion. Die Stadt hat mit Sicherheit eines besessen, denn die Inschriften berichten von athletischen Festspielen in Kadyanda. In der Stadt und Umgebung wurden acht Statuenbasen von siegreichen Athleten gefunden. An der Nordseite sind sechs Sitzreihen zum Teil erhalten. Die Südseite säumt eine lange Reihe aus Steinblöcken. Das Stadion ist mit Ausnahme des westlichen Endes stark überwachsen. Die ursprüngliche Länge läßt sich nicht mehr feststellen, da das Stadion an beiden Enden zerstört ist. Möglicherweise hatte es annähernd die Standardlänge von etwa 180 m.

An das Stadion schließt sich im Süden ein Gebäude (C) aus römischem Quaderwerk an. Es ist in drei Räume mit drei großen Fensteröffnungen auf der Südseite gegliedert (Taf. 9). Der westlich gelegene Raum hat an seinem Südende eine Apsis. Ganz in der Nähe wurde eine Inschrift gefunden, in der berichtet wird, daß Kaiser Vespasian die Thermen mit dem von ihm für die Stadt aufgebrachten Geld gebaut hat. Über die näheren Umstände wissen wir nichts, aber wir haben hier einen interessanten Beweis für die Anteilnahme des Kaisers auch an den weniger bedeutenden Städten seines Reiches. Die Thermenanlage muß im Gebäude C gewesen sein, obwohl die Form ungewöhnlich für ein Bad der römischen Zeit ist. Die drei Räume sind nun zerfallen, aber nahe der einen Ecke steht ein noch recht gut erhaltenes kleines Gebäude.

Gegenüber auf der Nordseite liegen in völligem Durcheinander die Trümmer eines großen Gebäudes (D), das als dorischer Tempel identifiziert wurde. Man gelangt zu ihm über Stufen vom Stadion aus. Bei seinem jetzigen Zustand läßt sich kaum etwas dazu sagen. Einen Beweis für die dorische Ordnung gibt es allerdings nicht. Der Autor sah eine ionische Säulentrommel zwischen den herabgefallenen Blöcken.

Im Südwestteil der Stadt liegt eine etwa 80 m lange zerstörte Stoa, die völlig überwachsen ist. Die nördlich daran anschließende Fläche hat man als Agora identifiziert, woran es jedoch Zweifel gibt. Da die Stadt für einen üblichen römischen Aquaedukt zu hoch lag, sorgten Zisternen für die Wasserversorgung. Viele davon kann man noch sehen. Ein halbes Dutzend haben auch im Sommer Wasser. Insgesamt ist das Ruinengebiet sehr reizvoll, aber stark überwachsen, und es hat ziemlich durch Raubgrabungen gelitten.

Am Fuß des Hügels liegen in der Nähe von Üzümlü zwei Gräber, die Erwähnung verdienen. Leider sind sie jetzt sehr zerstört. Das eine steht, oder stand vielmehr, dicht bei der Straße von Üzümlü nach Ortaköy. Es ist ein gewöhnliches Pfeilergrab, an dem jedoch oben die Grabkammer fehlt (Taf. 10). Sie stürzte vor einiger Zeit herunter, und der obere Stein ist in zwei Hälften zersprungen. Das andere Grab befindet sich etwa 1,5 km südöstlich von Üzümlü und gehörte einst zu den schönsten Gräbern Lykiens. Jetzt ist es fast bis zur Unkenntlichkeit zerstört. Der freistehende Bau war aus dem Fels gehauen und trug auf allen vier Seiten Reliefs. Darauf waren sitzende oder zurückgelehnte Krieger, Männer und Frauen, sowie Tiere dargestellt. Den männlichen Gestalten auf der einen Seite waren ihre Namen in griechischer und lykischer Sprache beigeschrieben. Dagegen ist nur eine Frau benannt: Sie heißt lediglich »Frau des Zzala«. Das Grab datiert man in das späte 5. Jahrhundert.

Lydai

Auf der gegenüberliegenden Seite der Bucht liegt westlich von Fethiye die Kapıdağ-Landzunge. Hier befinden sich die Ruinen der Stadt Lydai, die in der Antike kaum erwähnt wurde und nie viel Bedeutung besessen hatte. Zum ersten Mal kommt sie im Stadiasmos vor, wo sie Klydai heißt. Etwa zweihundert Jahre später bezeichnet sie der Geograph Ptolemaios mit Chydai, die Inschriften aber liefern den völligen Beweis für die wirkliche Namensform. Für die Existenz der Stadt in früherer Zeit gibt möglicherweise eine Münze aus dem 4. Jahrhundert das einzige Zeugnis ab. Auf der Münze mit Typen ähnlich denen von Knidos sind die ersten beiden Buchstaben des Stadtnamens zu lesen. Die Zuschreibung an Lydai ist aber nicht zuverlässig. In späterer Zeit wurden dort keine Münzen geprägt. Die Ruinen der Stadt stammen ausschließlich aus römischer und byzantinischer Zeit.
Die Überfahrt von Fethiye mit dem Motorboot dauert etwa 2 ½ Stunden. Man kann die Fahrt auch von Göcek aus unternehmen. Bei Aylimanı (oder Agalimanı) auf der Ostseite der Landzunge gibt es einen winzigen Landungssteg. Von dort führt ein Pfad in höchstens einer halben Stunde hinauf zu den Ruinen. In der Antike benutzte man offenbar auch diesen Weg. An einer Stelle ist nämlich die Pflasterung gut erhalten, dort ist der Fels geglättet und von diagonalen Rillen überzogen, um ein Ausgleiten zu vermeiden (Taf. 11).
Das Siedlungsgebiet von Lydai nimmt den größten Teil der Landzunge ein. Die Südspitze ist hügelig, der mittlere Teil liegt in einer Mulde, durch die ein im Sommer ausgetrockneter Bach von Norden nach Süden hindurchfließt. Der Pfad führt bis oben auf den Ostabhang der Mulde hinauf, und dort sieht der Besucher sofort die Ruinen von zwei großen, einst sehr schönen Mausoleen, die immer noch leidlich erhalten sind. Das nördliche Mausoleum hat eine Größe von etwa 11 × 9 m (Taf. 12). Man gelangt zu ihm über eine Treppe, die jetzt unter Schutt begraben liegt. Fragmente einer Statue, korinthische Säulenschäfte und andere Architekturteile liegen herum. Der Eingang befand sich an der jetzt weitgehend zerstörten Ostseite. Die Kammer im Innern ist mit einer niedrigen Bank an drei Seiten ausgestattet. Darauf stellte man die Sarkophage, von denen frühere Besucher noch Bruchstücke gesehen

haben. Über der Bank befanden sich drei überwölbte Nischen, zwei davon sind erhalten. Außen an der Nordwand führten zwei Türen in kleinere Kammern unterhalb der Hauptkammer, die mit verschiebbaren Platten verschlossen waren. Die Rille dafür kann man in der Tür auf der rechten Seite sehen. Auch hier zieht sich eine Bank an drei Wänden entlang.
Das südlich gelegene Mausoleum ist größer als das andere. Es steht noch etwa 7 m hoch, aber die Ost- und Nordmauern sind zum großen Teil eingestürzt. Am Eingang im Westen kann man noch das Loch für die Türangel im Stein der Türschwelle sehen. Zwei Türen in der Südwand führen zu kleineren Kammern, die unterhalb der Hauptkammer liegen. Auch hier finden sich viele ornamentierte Blöcke. Die beiden Mausoleen sind sicher nicht vor der Mitte des 2. Jahrhunderts entstanden.
Im Zentrum der Stadt, unten in der Talmulde, begrenzen Blockreihen eine offene Fläche im rechten Winkel. Hier soll die Agora gewesen sein. An ihrem westlichen Ende liegen drei Gebäude nebeneinander, dazwischen sind Durchgänge in 3 bis 3,30 m Breite gelassen, deren Bestimmung nicht klar ist. Weiter westlich findet man einen gut erhaltenen Grabbau. An der Südostecke befindet sich ein kleines zerstörtes Gebäude. Davor liegt westlich der Torso einer überlebensgroßen Statue aus dunklem Marmor, auf der Rückseite eine große Basis mit einer Weihinschrift. Ein kleines Stück westlich der Agora befindet sich ein weiteres Gebäude mit den Überresten von acht geradlinig verlaufenden Sitzreihen. Möglicherweise war dies eine Art Rathaus. Berichten nach soll es auf der anderen Seite des Baches nach Westen zu einen lykischen Sarkophag und ein schlecht erhaltenes Theater geben. Der Autor dieses Buches hat nichts davon gesehen.
In geringer Entfernung von der Stadt nach Süden erhebt sich ein steiler Hügel, auf dem eine Festung stand. Dies war fast die einzige Verteidigungsanlage von Lydai, denn es gab dort niemals eine Stadtmauer. Die Festung besteht aus massivem Mauerwerk und hat einen sehr unregelmäßigen Grundriß. Der nördliche Teil war gesondert befestigt. Im Innern befindet sich eine große Zisterne. Auf der Hochebene östlich der Festung kann man weitere Mauern und einige Hausfundamente sehen.
Eine Gruppe zerstörter Bauten, die abseits vom Stadtzentrum an

der Nordspitze der Landzunge stehen, konnte man anhand von Inschriften als die von Arymaxa, einer Deme von Lydai, identifizieren. Ansonsten ist der Name völlig unbekannt. Außer einigen byzantinischen Bauten, zahlreichen Sarkophagen und in den Fels gehauenen Grablöchern gibt es hier nur wenige Überreste. Ein kleines Fort befindet sich in der Nähe der Landenge, die die Halbinsel mit dem Festland verbindet, und eine späte, möglicherweise sogar moderne Mauer zieht sich über die Landenge. Von der Küste führt ein steiler, beschwerlicher Pfad hinauf.

Lissa

Unternehmungslustige Reisende können von der Landenge aus dem Weg nach Norden folgen. Nach etwas mehr als 3 km kommt dann ein großer, sumpfiger See in Sicht, der Kargın Gölü. Hier befinden sich bei einem Ort namens Kızılağaç die spärlichen Überreste von Lissa. Der Platz ist jetzt verlassen. Plinius erwähnt als einziger der antiken Schriftsteller Lissa in der korrupten Stelle, über die schon gesprochen wurde (s. S. 39). Da die Stadt niemals Münzen prägte, konnte man ihren Namen nur durch am Ort gefundene Inschriften erfahren. Zu sehen gibt es jetzt dort auch nicht mehr viel. Der Akropolishügel war mit einer noch teilweise erhaltenen Mauer aus regelmäßigem Quaderwerk geschützt. In die Südseite der Mauer sind die Inschriften verbaut, die den Namen der Stadt angeben. Für die Aufnahme des Textes wurde die Oberfläche dieser Steinblöcke geglättet. Es handelt sich um Ehrendekrete, die man aufgrund der Angabe der Regierungsjahre des Ptolemaios II. und Ptolemaios III. in das 3. Jahrhundert v. Chr. datieren kann. Abgesehen von zahlreichen Gräbern zwischen der Stadt und dem Meer gibt es keine Überreste von Lissa. Bei den Gräbern handelt es sich überwiegend um einfache Kistengräber aus aufrecht in den Boden gepflanzten Steinplatten. Lissa muß öffentliche und private Gebäude wie jede andere Stadt besessen haben, denn in den Inschriften ist von der Volksversammlung und den Magistraten die Rede. Es ist wirklich merkwürdig, daß sich von diesen Gebäuden keine Spur erhalten hat, zumal der Ort in einiger Entfernung vom Meer liegt und einschließlich der weiteren Umgebung jahrhundertelang fast völlig unbewohnt war.

5. Xanthos

Xanthos besitzt vermutlich von allen Städten Lykiens die größte Anziehungskraft. Der Ort war zwar schon früher bekannt, aber erst Sir Charles Fellows hat ihn der westlichen Welt erschlossen. Er war bei seinem ersten Besuch im Jahr 1838 besonders von den lykischen Skulpturen derartig beeindruckt, daß er zwei Jahre später zum zweiten Mal dorthin kam. Die Publikation seiner Reiseberichte rief ein solch großes Interesse hervor, daß 1842 H. M. S. Beacon unter dem Geleit von Leutnant Spratt ausgesandt wurde, um die von Fellows entdeckten und aufgenommenen Kunstwerke in das Britische Museum zu bringen. Die Matrosen waren zwei Monate damit beschäftigt, den Bauschmuck von den Monumenten abzunehmen und wegzutransportieren. Schließlich erreichten 70 riesige Kisten mit Skulpturen und Inschriften England. Der Inhalt verursachte eine fast ebenso große Sensation wie die Marmorwerke, die Lord Elgin 40 Jahre vorher aus Griechenland gebracht hatte. Der Xanthossaal im Britischen Museum erfreut sich seither stets ganz besonderer Beliebtheit. Der Fluß Xanthos heißt jetzt Eşen Çay und ist der bedeutendste Fluß Lykiens. Er fließt unmittelbar unterhalb der Stadt auf der Westseite vorbei und genießt die Auszeichnung, von Homer erwähnt worden zu sein. Die Strömung ist stark, und selbst im August erreicht das Wasser Kniehöhe. Dies kann der Autor bezeugen, denn er hat es bei der mühseligen Überquerung zu Fuß festgestellt. Der Name bedeutet »gelb« und ist einer der wenigen griechischen Ortsnamen in Lykien. Der lykische Name war Sirbis oder Sirmis, was man mit dem arabischen *asmaru*, das gelb oder braun bedeutet, verbinden zu können glaubte. Der lykische Name der Stadt war Arñna.

Xanthos war zu allen Zeiten die bedeutendste Stadt Lykiens. Strabon bezeichnet sie ausdrücklich so, und wenn man Herodot liest, könnte man fast meinen, daß lykisch und xanthisch gleichbedeutende Begriffe seien. Von der Stadtgründung gibt es keine zuverlässige Überlieferung. Späte Schriftsteller geben Arnos und Xanthos als legendäre ›eponyme‹ Gründer an, aber dies ist, wie üblich, mit Vorbehalt aufzunehmen. Der Bedeutung der Stadt entsprechen ihre Ruinen bei Kınık. Auch nach ihrer Plünderung für das Britische Museum sind sie noch die beeindruckendsten in ganz Lykien. Mit Ausnahme der Grabungsarbeiten durch Spratts Matrosen fanden keine richtigen Ausgrabungen statt, bis die Franzosen von 1950 an mit System darangingen.

Die früheste geschichtliche Erwähnung von Xanthos steht im Zusammenhang mit der Eroberung des westlichen Teils Kleinasiens durch den persischen Heerführer Harpagos im Jahr 540 v. Chr. Er zog von Karien aus in das Xanthostal herab, wo sich ihm die Lykier entgegenstellten. Sie mußten der Übermacht weichen und wurden in ihre Stadt (d. h. Xanthos) eingeschlossen. Da schafften sie ihre Frauen und Kinder, ihre Habe und ihre Sklaven in die Burg, zündeten sie an und ließen alles miteinander verbrennen. Daraufhin versuchten sie einen Ausbruch, bei dem sie alle fielen. Herodot fügt hinzu, daß die Lykier, die sich zu seiner Zeit als Bewohner von Xanthos bezeichneten, bis auf die Nachkommen von 80 Familien, die damals bei der Katastrophe nicht in der Stadt waren und deshalb überlebt hatten, fast alle Fremde gewesen seien. Auf die Frage, was diese Familien fern der Heimatstadt zu tun hatten, muß die Antwort lauten, daß sie das gleiche wie ihre heutigen Nachfahren taten: Sie waren während der heißen Jahreszeit auf ihrer hochgelegenen *yayla*. Die Namen vieler Ortschaften im Xanthostal – einer davon ist Kınık – begegnen auf dem Hochplateau der Seki-Ebene im Norden wieder. Sobald die Ernte vorbei ist, ziehen die Bewohner der tiefer gelegenen Dörfer zu Fuß oder auf Eseln in die Dörfer weiter oben hinauf und kommen im Oktober wieder hinunter. Deshalb halten sich während der Touristensaison gewöhnlich nur wenige Leute in den Dörfern nahe dem Meer auf.

Xanthos muß sich von der Katastrophe bald wieder erholt haben, wie die herrlichen Bauwerke aus dem 5. Jahrhundert beweisen. Die persische Herrschaft bedeutete für die Städte keine große Belastung, und so lebten sie recht gut bis zur Ankunft Alexanders 334 v. Chr. Man weiß nicht recht, wie sich die Xanthier ihm gegenüber verhielten. Der Historiker Appian schreibt im 2. Jahrhundert n. Chr., daß sie angeblich nicht bereit gewesen seien, sich ihm zu unterwerfen und das gleiche Schicksal wie schon einmal zuvor auf sich genommen hätten. Im Namen der Freiheit hätten sie sich selbst vernichtet. Diese Angabe wird jedoch durch kein anderes Zeugnis bestätigt.

Arrian, der unsere verläßlichste Quelle für den Feldzug Alexanders ist und ebenfalls im 2. Jahrhundert schreibt, berichtet lediglich, daß Xanthos, Pinara, Patara und andere Orte vor Alexander kapitulieren mußten. Appians auf Gerüchten beruhender Darstellung sollte man deshalb auf keinen Fall Glauben schenken.
Während Alexanders Aufenthalt in dem Gebiet soll sich ein Wunder ereignet haben. Eine Quelle bei Xanthos floß plötzlich ohne äußeren Anlaß über und spülte eine Bronzetafel mit einer Inschrift in archaischen Buchstaben heraus. Darin wurde angekündigt, daß das Perserreich von den Griechen besiegt werden würde. Dadurch ermutigt, vertrieb Alexander die Perser von der gesamten Küste bis nach Kilikien.
In den Wirren nach Alexanders Tod (s. S. 20) geriet Xanthos in die Hände von Antigonos. Die ägyptischen Könige beanspruchten jedoch Lykien, und so erschien Ptolemaios I. im Jahr 309 v. Chr. mit einer Flotte, um jenem das Land mit Gewalt zu entreißen, was ihm auch gelang. Die nächste Nachricht über Xanthos liefert eine Inschrift, die später getilgt wurde, aber immer noch lesbar ist. Sie war an einem Pfosten des Südtors der Stadt angebracht, und es heißt darin, daß König Antiochos der Große die Stadt der Leto, dem Apollon und der Artemis geweiht habe. Aus diesem ungewöhnlichen Text läßt sich folgendes ableiten: Antiochos III. versuchte 197 v. Chr. , Lykien den Ptolemäern fortzunehmen, sah sich aber außerstande, Xanthos mit Waffengewalt einzunehmen. Daher schloß er ein Abkommen mit den Bürgern der Stadt, die der Belagerung überdrüssig waren. Laut Abkommen sollte sich ihm die Stadt nominell unterwerfen, unter der Bedingung allerdings, daß er sie den nationalen Gottheiten Lykiens weihen würde, d. h. er sollte sie für frei und unverletzbar erklären.
Diese Vergünstigung war jedoch nicht von Dauer. Nach der Niederlage des Antiochos bei Magnesia wurde Xanthos mit dem übrigen Lykien an Rhodos gegeben. Über den wohl mit Unterstützung der Rhodier unternommenen Versuch, im 2. Jahrhundert in Xanthos eine Tyrannis zu errichten, wurde weiter oben berichtet. Während der römischen Bürgerkriege im 1. Jahrhundert v. Chr. setzten die Xanthier ihre zweite (vielleicht sogar die dritte) melodramatische Massenvernichtung in Szene. 42 v. Chr. kam Brutus zwecks Aushebung von Truppen und Eintreibung von Geldmitteln für die bevor-

stehende endgültige Auseinandersetzung mit Oktavian und Antonius nach Lykien. Der Lykische Bund leistete ihm Widerstand, wurde aber besiegt, und Brutus belagerte daraufhin Xanthos. Was in der Folge geschah, beschreibt Appian sehr detailliert. Die Xanthier wandten zuerst die Politik der verbrannten Erde an, indem sie die Vororte der Stadt zerstörten. Dann legten sie einen Graben um die Stadt und beschossen von dort die Angreifer. Entgegen aller Erwartung gelang es Brutus aber, den Graben einzunehmen und die Xanthier in ihre Stadt einzuschließen. Dann ließ er seine Belagerungsmaschinen auffahren und konnte so die Mauern teilweise zerstören. Da die Verteidiger immer noch Widerstand leisteten, brachte er sie durch eine List dazu, einen Ausfall zu machen, den er ohne weiteres zurückschlug. Als sich die Xanthier in ihre Stadt zurückziehen wollten, fanden sie sich vor geschlossenen Toren. Die Wachen fürchteten nämlich, daß der Feind mit ihnen gleichzeitig eindringen würde. Dadurch gab es viele Tote. Etwas später wagten die Xanthier dennoch einen zweiten Ausfall und setzten die Belagerungsmaschinen in Brand. Diesmal blieben die Tore offen, und es gelang nun vielen Römern, mit ihnen in die Stadt zu kommen. Während noch weitere versuchten, sich gewaltsam Einlaß zu verschaffen, fielen die Fallgitter plötzlich herab. Verursacht wurde dies entweder, weil die Seile brachen oder weil die Xanthier sie zerschnitten. Da die römischen Eindringlinge so von ihren Freunden abgeschnitten waren, befanden sie sich in einer schwierigen Lage. Schließlich suchten sie im Tempel des Sarpedon Zuflucht. Die Römer vor der Stadt versuchten mit aller Anstrengung, das Tor niederzureißen. Da es aber mit Eisen beschlagen war, schafften sie es nicht, und da sie ihre Maschinen und Leitern eingebüßt hatten, waren sie in einiger Verlegenheit. Mit großer Entschlossenheit stellten sie jedoch neue Leitern her, banden Eisenstäbe zu Stangen und warfen sie an die Zinnen hinauf. Sobald sie Halt gefunden hatten, seilten sie sich Stück für Stück empor. Andere versuchten, den über den Fluß steil abfallenden Felsen hinaufzuklettern. Viele stürzten dabei tödlich ab, aber einige schafften es. Auf die eine oder andere Art gelangte so eine beträchtliche Anzahl in die Stadt. Wie ihre Gefährten draußen, versuchten die Römer innerhalb der Stadt, das Tor von innen zu zerschmettern. Etwa bei Sonnenuntergang war die Stadt eingenommen. Daraufhin stürmten die Xanthier in ihre Häuser und mordeten ihre widerstandslosen Familien hin. Als Brutus die Klagerufe hörte, ergriff ihn Mitleid. Er rief seine Leute zur Zurückhaltung auf und sandte Herolde mit dem Angebot eines Waffenstillstandes herum. Die Xanthier wiesen sie ab und warfen all ihre Habe auf Scheiterhaufen, die sie schon vorher errichtet hatten. Sie zündeten sie an und warfen sich in die Flammen.

Soweit Appian. Andere Schriftsteller geben abweichende Details. Von Plutarch stammt die eigenartige Geschichte, nach der die Römer den Fluß unter Wasser schwimmend durchquerten. Die Verteidiger fingen sie in Netzen, die sie im Fluß ausgelegt hatten. Daran hatten sie Schellen befestigt, die jeden Fang meldeten. Der Autor dieses Buches hält die Geschichte für unglaubwürdig. Nach seiner Erfahrung ist der Eşen Çay für ein solches Unterfangen nicht der geeignete Fluß. Plutarch berichtet weiter, daß man nach der Einnahme der Stadt eine Frau mit ihrem toten Kind um den Hals in einer Schlinge hängen und ihr Haus mit einer brennenden Fackel anzünden sah. Brutus war zu Tränen gerührt, als er davon hörte und setzte eine Belohnung für jeden seiner Soldaten aus, der einen Lykier vor der Selbstvernichtung bewahrte. Beide Schriftsteller stimmen darin überein, daß lediglich 150 Xanthier lebend in die Hände der Römer fielen.

Ein Briefwechsel zwischen Brutus und den Lykiern ist noch überliefert, aber an der Echtheit der Briefe bestehen erhebliche Zweifel. Brutus behauptet darin, die Xanthier ohne Rücksicht auf ihr Alter niedergemetzelt und die Stadt eingeäschert zu haben, obwohl die Xanthier um Gnade gebettelt hätten. Nach seiner Ansicht war diese Grausamkeit gerechtfertigt, da die Xanthier ja den Sieg auszukosten hofften. Nun konnten sie nicht erwarten, den Leiden der Niederlage zu entgehen. Diese Haltung paßt gar nicht zu dem Mitleid, das er nach Schilderung der Historiker zeigte.

Xanthos erholte sich mit Unterstützung des Kaisers auch von dieser Katastrophe und nahm während der Kaiserzeit weiterhin den ersten Platz unter den lykischen Städten ein. Viele Bauten wurden errichtet, darunter der Vespasiansbogen, ein neues Theater und eine neue Agora. In der byzantinischen Zeit erneuerte man die Stadtmauern, und auf der Hügelkuppe wurde ein Kloster gebaut. Die Stadt hatte einen eigenen Bischof, der aber im Rang weit unter dem Metropoliten von Myra stand.

Als Prägungen von Xanthos können die Münzen mit Angabe des Stadtnamens identifiziert werden, sie gehören in die hellenistische Zeit. Aller Wahrscheinlichkeit nach emittierte aber Xanthos auch viele der Dynastenmünzen vor Alexander und zahlreiche Prägungen der Kaiserzeit im Namen Lykiens.

Die alte Brücke über den Eşen Çay ist jetzt endlich durch eine moderne ersetzt worden, über die der Besucher in das Dorf Kınık am Fuß des Ruinengebiets von Xanthos gelangt. Die alte Straße führt in das Stadtzentrum hinauf. An der römischen Agora gibt es einen Parkplatz. Gegenüber der Agora liegt im Süden das Theater, und dahinter erhebt sich die lykische Akropolis, das ursprüngliche Stadtzentrum (Taf. 13). Die französischen Ausgräber haben auf dem ziemlich flachen Gipfel eine große Anzahl von Fundamenten freigelegt, die zu aufeinanderfolgenden Bauperioden gehören. Die daraus resultierenden Verflechtungen sind nicht leicht zu begreifen. Im Plan (Abb. 5) wird deshalb nicht der Versuch unternommen, alle Einzelheiten aufzuzeigen. Interessierte Spezialisten seien auf die Grabungspublikationen verwiesen.

Die Akropolis wurde von einer Mauer aus dem 5. Jahrhundert v. Chr. in polygonalem Mauerwerk geschützt, von der an der Ost-, Süd- und Westseite noch Überreste vorhanden sind. Dagegen ist an die Stelle der frühen Mauer an der Nordseite eine Mauer aus byzantinischer Zeit getreten. An der Nordostecke steht ein etwa 4 m hohes Pfeilergrab mit intakter Grabkammer an der Spitze. Von der Akropolis darüber kann man es sehen. An der Nordseite des Grabes ist eine lykische Inschrift angebracht. Von einer griechischen Inschrift an der Ostseite sind noch zwei Worte erhalten, aus denen zu entnehmen ist, daß der Pfeiler von einer anderen Stelle an diesen Platz versetzt wurde. Dies geschah wahrscheinlich im 2. Jahrhundert n. Chr., als das Theater gebaut oder wiederaufgebaut wurde. Im allgemeinen scheint man sich bemüht zu haben, bei den gewaltigen römischen Umbauten, die auch das Theater und die Agora einbezogen, die alten lykischen Monumente zu erhalten.

In der Südostecke der lykischen Akropolis liegen die Fundamente eines quadratischen Gebäudes mit mehreren Räumen. Man vermutet, daß hier in frühester Zeit der Palast der Dynasten stand, der bei der Eroberung durch Harpagos zerstört wurde. An seine Stelle trat ein anderes Gebäude, dessen Fundamente erhalten sind. Die oberen

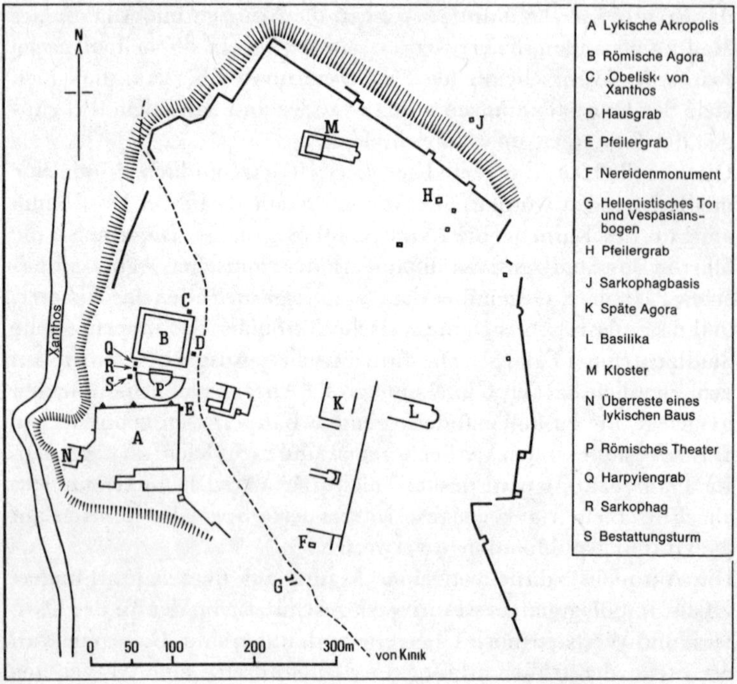

Abb. 5 Plan von Xanthos

Teile waren offenbar aus Holz. Nach der Zerstörung durch den Brand im 5. Jahrhundert wurde das Gebäude nicht wiederaufgebaut. Weiter oben stößt man im Westen auf ein kleines Heiligtum mit drei parallel angeordneten Räumen. Ganz oben auf der Akropolis befinden sich unmittelbar westlich der großen Zisterne die spärlichen Überreste eines Tempels für eine Gottheit, die das lykische Equivalent zur griechischen Artemis war. Am Westrand stand ein wohl ursprünglich sehr stattliches Gebäude. Wie bei den Hausgräbern war anscheinend bei diesem Haus die Architektur der Holzhäuser nachgeahmt, und es hatte einen Skulpturenfries. Die Friesblöcke waren von den Byzantinern zum Ausbessern der Akropolismauer wiederverwendet worden. Später hat sie Fellows entfernt und nach London gebracht. Unmittelbar nordwestlich von

diesem Gebäude befindet sich ein rechteckiges Fundament, auf dem ein Pfeiler mit einem Giebel auf zwei Seiten stand. Auch der Giebel wurde in die byzantinische Mauer verbaut.
Den Nordostteil der Akropolis nimmt zum größten Teil eine ausgedehnte Klosteranlage ein. Sie umfaßt eine Kirche, die an die Ostmauer der Akropolis gebaut ist und westlich davon einen Hof mit Becken für Waschungen an den Seiten. Die anderen Fundamente ringsherum gehören zu den einzelnen Klosterräumen.
Das Theater liegt mit der Rückseite an der wuchtigen byzantinischen Mauer. Was man heute davon sieht, stammt aus der Mitte des 2. Jahrhunderts n. Chr. Opramoas von Rhodiapolis bestimmte seine ansehnliche Schenkung von 30 000 Denaren ausdrücklich »für den Bau des Theaters«. Sollte an dieser Stelle ein früheres Theater gewesen sein, dann hat der römische Bau jede Spur davon getilgt. Die gut erhaltenen Sitzreihen waren ursprünglich weit zahlreicher. Unten mußten mehrere Reihen einer Mauer um die Orchestra weichen, oben wurden etliche weitere Reihen entfernt und in der byzantinischen Mauer verbaut. Die Orchestra ist gegenwärtig voll von Blöcken des Bühnenhauses, das die übliche, in zwei Stockwerke gegliederte Fassade mit Säulenschmuck hatte. Es bildete den Hintergrund für die Bühne, deren vordere Mauer noch zum Teil erhalten ist. Ein Parodos führt im Osten durch einen überwölbten Gang in die Orchestra. Der entsprechende Parodos im Westen ist nur eine auf bessere Wirkung angelegte Scheinkonstruktion und führt nicht nach draußen.
Gleich oberhalb des Theaters stehen im Westen zwei auffallende lykische Monumente in hervorragendem Zustand (Taf. 14). Das nördliche ist das berühmte Harpyiengrab, das seinen Namen der fragwürdigen Deutung seiner Reliefs verdankt, die aus der Zeit Fellows' stammt. Die massive Basis wurde unlängst von den Ausgräbern freigelegt. Der Pfeiler ist einschließlich der Grabkammer und der Deckplatten etwa 8 m hoch. An drei Seiten wurden große, rechteckige Bossen zum Anheben stehengelassen. Die Kammer oben bestand aus Marmor und war mit Reliefs geschmückt, die Fellows entfernte. Die Deckplatten wurden dann mit Strebebalken und aufgestapelten Steinen abgestützt. In diesem verstümmelten Zustand blieb das Grab, bis im Jahr 1957 die türkischen Behörden Gipsabgüsse der Reliefs einsetzen ließen. Dadurch hat das Monu-

ment viel von seiner Schönheit wiedergewonnen. Die Deutung der interessanten Reliefs ist nicht einfach. Auf allen vier Seiten sind sitzende Gestalten dargestellt, die Geschenke entgegennehmen, einen Vogel auf der Süd- und Ostseite, einen Helm auf der Nordseite. Eine sitzende Frau auf der Westseite nimmt einen unbestimmbaren Gegenstand in Empfang. Auf die rechts von ihr sitzende Frau kommen drei Gestalten zu. Ein Hund begleitet die rechte von drei Frauen auf der Ostseite. Die Gestalten, die dem Grab seinen Namen gegeben haben, flankieren die Sitzenden auf der Nord- und Südseite. Es sind Mischwesen – halb Vogel, halb Frau – mit Frauenköpfen, Flügeln und Schwänzen, die Kinder in den Armen tragen. Bei der Entdeckung des Grabes hat man in ihnen die Harpyien gesehen, die die Töchter des Pandareos davontragen. Homer gibt dazu die folgende Beschreibung: Die Kinder waren verwaist zurückgelassen worden, und Hera, Athena, Artemis und Aphrodite nahmen sich ihrer an. Als Aphrodite zum Olymp aufstieg, um eine geeignete Heirat für sie zu arrangieren, blieben sie ungeschützt zurück. Die Harpyien kamen, raubten sie und machte sie zu Dienerinnen der Furien. Die Deutung auf die Harpyien schien noch dadurch gestützt zu werden, daß Pandaros ein lykischer Heros war. Hierbei gibt es aber ein Problem. Pandaros und Pandareos sind zwei verschiedene Heroen. Letzterer hatte zwei Töchter, nicht vier, und die Kinder auf dem Relief sind offensichtlich nicht im heiratsfähigen Alter. In letzter Zeit haben Wissenschaftler die geflügelten Frauen mit den anderen Vogel-Frauen der Mythologie, den Sirenen, verbunden. Diese tragen die Seelen der Verstorbenen in Gestalt von Kindern zu den Inseln der Seligen davon. Die sitzenden Gestalten sind dann Mitglieder der Dynastenfamilien. Früher glaubte man, Hera und Aphrodite auf der Westseite zu erkennen und auf der Ostseite Artemis mit ihrem Hund. Alle Reliefs waren ursprünglich bemalt, hauptsächlich mit roter und blauer Farbe. Auf der Rückseite der Reliefplatten fand man Kreuze und andere Symbole aufgemalt. Vermutlich hat ein christlicher Einsiedler irgendwann die Grabkammer als Zufluchtsstätte benutzt.

Unmittelbar südlich des Harpyiengrabes steht ein völlig andersartiges Grabmal. Es setzt sich eigentlich aus zwei Grabbauten zusammen: einem Sarkophag auf einem verkümmerten Grabpfeiler. Anstelle eines Monolithen besteht der Pfeiler aus aufrecht stehenden Platten, die einen Freiraum im Innern lassen. Dieser Raum wurde für die Beisetzung benutzt, von der man Überreste gefunden hat und anhand der Keramik in das 3. Jahrhundert v. Chr. datieren kann. Allerdings befand sich eine Reliefplatte mit Leichenspielen aus dem 6. Jahrhundert dabei, die jetzt in Istanbul aufbewahrt wird. Diese Platte muß ursprünglich zu einem anderen Pfeilergrab gehört haben. Aufgrund der datierten Keramik kann auch der Sarkophag nicht vor dem Hellenismus entstanden sein. Vorstellbar wäre nur, daß auch er von einer anderen Stelle stammte und hier wiederverwendet wurde. Das gesamte Monument ist ganz ungewöhnlich und eigentlich einzig in seiner Art.

Ein drittes Denkmal etwas weiter südlich hat die Form eines Turmes und eine Grabkammer im Innern. Vermutlich gehört es in die frühe Kaiserzeit.

Zwei weitere Grabbauten stehen neben der römischen Agora. Zwischen der Ostseite der Agora und der Straße befindet sich ein freistehendes Hausgrab auf einem äußerst massiven Unterbau (Taf. 16). Der Eingang an der Ostseite führt zur unteren Kammer oder zum Hyposorion.

Der andere Grabbau ist der berühmte Obelisk von Xanthos (Taf. 15) an der Nordostecke der Agora. Obelisk ist dafür eigentlich nicht die passende Bezeichnung, da er ein ganz gewöhnliches Pfeilergrab ist. Der obere Teil ist ziemlich stark beschädigt. Die Ausgräber haben aber viele Bruchstücke wiederentdeckt, die erkennen lassen, daß das Grab die übliche Grabkammer besaß, die wie am Harpyiengrab mit Reliefplatten verkleidet war. Die Reliefs zeigen den verstorbenen Dynasten in Siegerpose über seinen Feinden. Auf dem obersten Dachblock sind Einlaßspuren für den Fuß einer Statue sichtbar, die zweifellos den Dynasten darstellte. Berühmt ist das Denkmal jedoch wegen der Inschrift, die alle vier Seiten des Steins bedeckt. Mit über 250 Zeilen ist sie die längste bekannte lykische Inschrift. Sprachlich fällt sie in drei Teile. Die Partie in der üblichen lykischen Sprache beginnt an der Südseite, setzt sich an der Ostseite und dann an einem Teil der Nordseite fort. Dann folgt ein Epigramm in griechischer Sprache. Auf dem übrigen Teil der Nord- und der gesamten Westseite ist die Inschrift aber in einer ungewohnten Form des Lykischen abgefaßt, die nur noch an einem Grab in Antiphellos (s. S. 95) vorkommt.

Weiter oben war bereits die Rede davon, daß man außer den häufig wiederkehrenden Formeln in den Grabinschriften bisher nur wenig von der lykischen Sprache versteht. Die Inschrift hier gibt offensichtlich einen Bericht über die Taten des verstorbenen Heros, ist aber noch nicht entziffert. Da sie eine Anzahl kenntlicher Eigennamen enthält, kann man damit die Datierung in etwa festlegen und eine ungefähre Vorstellung vom Inhalt bekommen. Der Heros wird im lykischen wie im griechischen Text Sohn des Harpagos genannt (natürlich nicht der persische Heerführer im 6. Jahrhundert). Sein eigener Name ist an beiden Stellen nicht erhalten, aber anscheinend war er der von den Münzen her bekannte xanthische Dynast, der mehrmals an anderen Stellen der Inschrift in der lykischen Form KERẼI vorkommt. Im griechischen Epigramm heißt es, er sei in seiner Jugend ein meisterhafter Ringer gewesen, habe viele Städte in Schutt gelegt, sieben arkadische Hopliten an einem Tag getötet, mehr Siegeszeichen als jeder andere Mann errichtet und habe damit zum Ruhm der Familie Karikas beigetragen. Der Name Karikas kommt in der Form KERIGA siebenmal im lykischen Teil vor und steht ebenfalls für einen xanthischen Dynasten, wie wir von den Münzen wissen. Er und KERẼI werden in das spätere 5. Jahrhundert v. Chr. datiert. In die gleiche Zeit gehören die historischen Namen, die man im lykischen Text erkennen kann. Athener, Spartaner, Dareios und Artaxerxes kommen vor. Besonders interessant ist die Erwähnung des Atheners Melesander (MILASĄ̃ÑTRA). Er war 430–429 nach Lykien gesandt worden, um Tribut einzutreiben und um die Spartaner am Abfangen der athenischen Getreideschiffe zu hindern. Er scheiterte aber und wurde im Kampf getötet. Wahrscheinlich gehörte seine Niederlage zu den Heldentaten des KERẼI.

Das Wohnviertel der hellenistischen und römischen Stadt befand sich in dem ausgedehnten Gelände östlich der Agora auf der anderen Straßenseite. Ausgrabungen fanden hier noch nicht statt. Nur die Grundmauern der Basilika (L auf dem Plan) wurden bisher freigelegt, in die viele Blöcke der lykischen Stadt verbaut sind. Am Ostrand dieses Geländes stößt man innerhalb der Stadtmauer gleich auf eine Anzahl ziemlich zerstörter Gräber mit einst schönen Reliefs. Auf Taf. 17 ist ein Sarkophagdeckel mit der Darstellung einer Eberjagd abgebildet. Abb. 6 zeigt einen anderen Deckel mit

Abb. 6 Xanthos. Sarkophagdeckel

einer ungewöhnlichen Szene. Der hintere von zwei nach rechts galoppierenden Reitern stürzt gerade aus nicht erkennbarem Anlaß vom Pferd. Auf der linken Seite steht etwas höher ein bewaffneter Krieger in wesentlich kleinerem Maßstab. Ihn hat man als den Sieger interpretiert, dem vermutlich das Grab gehörte. Mit den beiden anderen, von denen einer verwundet war, sollten die Besiegten gemeint sein, die sich auf der Flucht vor dem siegreichen Krieger befanden. Merkwürdig ist aber, daß dieser Krieger so klein und mit abgewandtem Kopf dargestellt ist. Nach der anderen Deutung ist der herabstürzende Mann der Grabeigentümer, der beim Sturz vom Pferd getötet wurde. Die Figur links zeige ihn in seiner normalen Haltung zu Lebzeiten. Auf Grabsteinen wird häufig von einem tödlichen Unglücksfall berichtet.

Weiter nördlich stand der Sarkophag des Payava, der zu den schönsten in Xanthos zählte. Nur wenige Überreste befinden sich davon noch an Ort und Stelle, die herrlichen Reliefs wurden nach London gebracht. Ganz in der Nähe davon befindet sich am Ostfuß des Akropolishügels eine besonders malerische Gruppe von Gräbern (Taf. 18). Darüber ragt ein Pfeilergrab in ausgezeichnetem Erhaltungszustand empor, dessen Grabkammer an der Spitze aus weißem Marmor ohne Dekor besteht. Der Eingang liegt an der Südseite. In die Felsen darunter sind überwiegend Hausgräber hineingearbeitet. Eines jedoch (nicht sichtbar auf Taf. 18) ist im griechischen Stil mit Vorhalle in ionischer Ordnung, Epistyl und Giebel errichtet. Die Inschrift daran ist dagegen in lykischer Sprache abgefaßt.

Mehrere Felsgräber und Sarkophage liegen im Norden und Osten jenseits der Stadtmauer. Eines der reizvollsten davon zeigt Taf. 19. Es hat ein schönes Relief, auf dem zwei Löwen einen Stier anfallen.

Die hellenistische und römische Akropolis befand sich an der höchsten Stelle des Hügels. Zu sehen gibt es nur ein einigermaßen gut erhaltenes Kloster aus byzantinischer Zeit, das wahrscheinlich an der Stelle eines römischen Tempels steht.

Am unteren Stadtrand führt direkt über dem Dorf die Straße unterhalb des bekannten Nereidenmonuments vorbei. Dieses außergewöhnlich reich geschmückte Grab wird in das 5. Jahrhundert datiert. An Überresten gibt es jetzt aber nur noch ein paar Architekturteile, der gesamte Skulpturenschmuck wurde in das Britische Museum gebracht. Direkt auf der gegenüberliegenden Straßenseite steht das Südtor der hellenistischen Stadt. Es ist zwar zum großen Teil zerstört, trägt aber noch die Inschrift mit der Weihung von Xanthos durch Antiochos III. Kurz darauf folgt ein römischer Torbogen, den Rat und Volk von Xanthos dem Kaiser Vespasian (69–79 n. Chr.) geweiht hatten (Taf. 20). Die noch teilweise erhaltene Pflasterung gehört zu einer antiken Straße, die von Patara und dem Letoon hinaufführte.

Das Letoon

Das bekannte Heiligtum der Leto liegt jenseits des Flusses etwa 4 km südöstlich von Xanthos und 3 km von der Küste entfernt. Außer einem Theater und einer Menge Steinblöcke an der Stelle des Tempels gab es bis 1962 kaum etwas zu sehen. Seither haben die französischen Ausgräber das Heiligtum und die anschließenden Gebäude zum größten Teil freigelegt. Dabei mußten sie weitgehend

unterhalb des Grundwasserspiegels arbeiten. Während dieses Buch geschrieben wird, sind die Ausgrabungen noch im Gang, so daß die Informationen noch nicht vollständig sein können.
Nach der im Altertum allgemein bekannten Sage war Leto die Geliebte des Zeus und zog dadurch Heras Haß auf sich. Von dieser eifersüchtigen und unversöhnlichen Frau wurde sie verfolgt und mußte von Ort zu Ort ziehen, bis sie schließlich nach Delos kam. Dort gebar sie Apollon und Artemis. Einigen Berichten zufolge ist sie auch in Lykien gewesen. Dort soll sie zu einem Brunnen gegangen sein, um ihren Durst zu löschen, wurde aber von den einheimischen Hirten, die ihr Vieh tränken wollten, fortgedrängt. Nach der Geburt ihrer Kinder kam sie später nach Lykien zurück und verwandelte die Hirten zur Strafe in Frösche. Zu dieser Geschichte ist noch eine Ergänzung überliefert: Als sie vom Brunnen fortgestoßen worden war, führten Wölfe sie zum Fluß Xanthos, wo sie ihren Durst löschen konnte. Zum Gedenken daran sei der Name des Landes von Termilis in Lykien geändert worden. Lykos ist das griechische Wort für Wolf. Es existiert sogar eine Lokalsage, nach der Apollon und Artemis in Lykien geboren wurden (s. S. 70). Wieder eine andere Geschichte weiß zu berichten, daß eine alte Frau namens Syessa sich um Leto kümmerte und sie in ihrer Hütte aufnahm. Bisweilen wurde vermutet, daß der Kult für Leto in Lykien bereits in vorgriechischer Zeit bestand, und daß ihr Name mit dem lykischen LADA, »Frau« oder »Ehefrau« in Verbindung gebracht werden könne.
Heiligtümer für Leto sind auch aus dem Umkreis von Kalynda und Physkos bekannt, die in geringer Entfernung von Xanthos in Richtung Nordwesten liegen, aber nicht so berühmt sind wie das Heiligtum bei Xanthos. Leto und ihre Kinder waren die nationalen Gottheiten Lykiens, und das Letoon diente als Bundesheiligtum des Lykischen Bundes. Nationale Festlichkeiten wurden hier gefeiert, und die Priester des Heiligtums waren die obersten Priester des Bundes. Die von den Ausgräbern jetzt freigelegten Ruinen bestätigen die Größe und Bedeutung des Heiligtums.
In der Mitte des Geländes stehen drei Tempel nebeneinander (Taf. 21). Die erhaltene Höhe aller drei Tempel reicht nur wenig über Fußbodenniveau hinaus. Ein dorischer Tempel mit einem Peristyl von elf Säulen an den Langseiten und sechs an den Schmal-

seiten liegt dem Felsriff im Osten am nächsten. Er gehört in die spätere Hälfte des 2. Jahrhunderts v. Chr. und besteht aus Pronaos, Cella und Opisthodom. Ganz im Westen befindet sich ein etwas größerer und besser erhaltener Tempel in ionischer Ordnung, der wahrscheinlich etwas älter ist. Aus den noch vorhandenen Bruchteilen kann man ihn weitgehend rekonstruieren. Auch er hat ein Peristyl mit 11 × 6 Säulen, sowie Halbsäulen in den Cellawänden. Zwischen diesen beiden Tempeln liegt ein kleinerer und erheblich älterer Bau. Merkwürdigerweise ist ein Felsblock in seinen Nordteil miteinbezogen. Eine lykische Weihinschrift an Artemis (ERTEMIT) aus dem 6. oder 4. Jahrhundert gibt Aufschluß über die Bestimmung des Baus. Die beiden anderen Tempel waren vermutlich der Leto, bzw. dem Apollon geweiht.
Im Süden und Westen des Haupttempels (des Apollon?) wurde bei den Ausgrabungen ein großes Nymphaeum entdeckt, das mit der heiligen Quelle verbunden war (Taf. 23). Ein rechteckiges, ostwestlich ausgerichtetes Gebäude wird von einem großen, halbrunden gepflasterten Becken begrenzt und im Norden von zwei halbkreisförmigen Exedren flankiert. Es stammt aus dem 3. Jahrhundert n. Chr. und steht an der Stelle eines früheren hellenistischen Gebäudes. Die Ausgrabungen mußten weitgehend unter dem Wasserspiegel durchgeführt werden, und auch jetzt liegt der überwiegende Teil des Nymphaeums unter Wasser. Im 6. Jahrhundert wurde das Nymphaeum teilweise von einer Kirche überbaut.
Bei Abfassung des Buches sind Ausgrabungen an der nördlich von den Tempeln gelegenen hellenistischen Stoa, an einer weiteren Stoa im Westen und an anderen Gebäuden im Gang. Die Überreste aus der lykischen Periode liegen tiefer, es kamen aber schon Scherben zutage, deren Ursprung bis in das 8. Jahrhundert v. Chr. zurückreicht.
Im Norden des Bezirks liegt ein großes, gut erhaltenes hellenistisches Theater. Die nordwestlich ausgerichtete Cavea umschreibt mehr als ein Halbrund, ist im mittleren Teil aus dem Abhang herausgehauen und an den Enden aus regelmäßigen Quadern mit geglätteter Oberfläche errichtet. Eine Diazoma ist vorhanden. Auf beiden Seiten führt ein Tunnelgang zur Cavea. An der Innenwand des südwestlichen Ganges sind 16 Masken nebeneinander angebracht, darunter u. a. Dionysos, Silenos, ein Satyr, ein Mädchen

und eine komische Alte. Vom Bühnengebäude ist keine Spur mehr zu erkennen. Oberhalb des Nordosteingangs befindet sich ganz in der Nähe ein schönes Grab, dessen schmale Tür mit Blattdekor in den oberen Ecken zur Hälfte verschüttet ist. Für den geräumigen Innenraum wurden sehr große, gut behauene Quader verwendet. Zwischen dem Grab und dem Theatereingang zieht sich ein 9 m langes Stück einer frühen polygonalen Mauer aus Blöcken bis zu einer Höhe von 1,50 m entlang.

Ein dreisprachiger Text in lykischer, griechischer und aramäischer Sprache gehört zu den Inschriften, die bei den Grabungen entdeckt wurden. Man fand ihn östlich der Tempel unterhalb der Felsplatte. In den drei Texten wird von der Einrichtung eines Kultes in Xanthos für die kaunische Gottheit Basileus (König) berichtet. Es handelt sich dabei um eine Vergöttlichung des mythischen Gründers Kaunos, der ein Sohn des Miletos war. Unter der Bezeichnung »König« wurde er in Kaunos bis in römische Zeit verehrt (s. Jenseits des Mäander, S. 178) und ist jetzt für das 4. Jahrhundert v. Chr. während der Herrschaft des Satrapen Pixodaros, des Bruders und Nachfolgers des Maussolos, bezeugt. Die Inschrift stellt Vorschriften für die monatlichen und jährlichen Opfer auf. Wer gegen die Regelungen verstößt, macht sich vor Leto, ihren Kindern und den Nymphen schuldig.

Auf Taf. 22 ist eine merkwürdige Steinfigur abgebildet. Der Autor fand sie 1946 auf einer Dornenhecke liegen. Sie ist 1 m hoch und weder Statue noch Büste, da sie über den Beinen abgeschnitten ist. Die Ausführung dieser Figur erregte größte Aufmerksamkeit: Ohren und Arme sind formlose Klumpen, die Rückseite ist flach. Die Figur wurde offensichtlich nicht vollendet. Vielleicht handelt es sich um die abgebrochene Übungsarbeit eines Schülers. Man hat den Stein nach Fethiye gebracht und dort in einem Garten aufgestellt. Was mit ihm nach dem Erdbeben von 1957 geschehen ist, weiß der Autor nicht.

Strabon zufolge liegt das Letoon zehn Stadien (etwa 2 km) von der Flußmündung und 60 Stadien von Xanthos entfernt. Die erste Entfernungsangabe dürfte stimmen, da sich die Küstenlinie seit der Antike wahrscheinlich verschoben hat. Die 60 Stadien nach Xanthos lassen sich aber nicht mit der tatsächlichen Entfernung in Einklang bringen und beruhen deshalb sicher auf einem Irrtum.

Nach etwa einer Stunde zu Fuß in Richtung Westen kommt man zu einem kleinen Ort, den die antiken Autoren unterschiedlich Pydnai oder Kydna genannt haben. Heute ist er unter dem Namen Gâvur Ağlı (Stelle der Ungläubigen) bekannt. Es gibt dort nur ein Fort mit einer Ringmauer um eine Fläche von vier Morgen, dessen Erhaltungszustand aber so gut ist, daß es als Modell für eine antike Festung dienen kann. Die etwas über 1 m dicke Mauer ist in schönem polygonalem Werk aus leicht geboßten und mit höchster Genauigkeit gefügten Quadern (Taf. 24). Darin befinden sich je ein Tor an der Ostecke und der Nordseite, sowie elf Türme in unregelmäßigen Abständen. Oben auf der Mauer liegen flache Platten auf, die ein gutes Stück nach innen ragen; in den Hangpartien sehen sie wie eine Treppe aus. Auf diesen Platten wurde eine Brustwehr aus Bruchstein und Mörtel errichtet, die aber aus erheblich späterer Zeit stammt. An sieben Stellen führen Stufen zur Mauer hinauf. Die Türme stehen noch bis zu zwanzig Lagen oder über 10 m und haben an der Innenseite eine Tür. Das obere der beiden Stockwerke führte auf die Brustwehren. Simse an der Innenseite geben an, wo die Fußbodenbretter des Obergeschoßes verlegt waren. In der Ostecke der Anlage befinden sich die Überreste einer Kirche. Fellows sah 1840 eine zerbrochene Basis mit einer Weihung an Poseidon, die aber von keinem der späteren Besucher mehr vorgefunden wurde. Weitere Funde aus dem Innern sind nicht zu verzeichnen, wie auch der Autor schon bei seinem Besuch 1946 feststellen mußte.

6. Das Xanthostal I

Tlos

Tlos liegt 15 km von Kemer entfernt und ist heute auf einer leidlich guten Straße problemlos zu erreichen. Die Akropolis befindet sich unmittelbar oberhalb des Dorfes Yakaköy. Auch den Nachbarort Düver hat man häufig mit dem Siedlungsgebiet von Tlos gleichgesetzt. Das weithin sichtbare türkische Kastell auf dem Hügel ist jetzt unbewohnt. Spratt wurde dort 1842 von dem Bruder des Ağa gastlich aufgenommen.

Über das hohe Alter von Tlos besteht kein Zweifel. In den lykischen Inschriften ist der Name mit Tlawa angegeben, und hethitische Quellen aus dem 14. Jahrhundert nennen eine Stadt Dalawa im Land der Lukki, die mit Tlawa identisch sein muß. Die klassische Stadt Tlos war eine der sechs bedeutendsten Städte Lykiens mit drei Stimmen im Bund. Trotz ihrer wichtigen Stellung beschränkt sich die antike Überlieferung auf die Erwähnung des Namens bei den Geographen. Aus den Inschriften wissen wir lediglich von zwei historischen Begebenheiten. Weiter oben (S. 39) wurde bereits berichtet, daß Tlos und andere lykische Städte im 4. Jahrhundert v. Chr. dem Dynasten Pixodaros Beistand geleistet hatten. Auch war schon die Rede davon, daß ein Mann namens Eudemos im 2. Jahrhundert vermutlich mit Unterstützung der Rhodier eine Tyrannis zu errichten versuchte (s. S. 21). Aus den Inschriften erfahren wir ferner, daß die Bürger in Demen aufgeteilt waren. Drei davon, die nach den berühmten lykischen Heroen Bellerophon, Iobates und Sarpedon benannt waren, sind bekannt. Auch eine jüdische Gemeinschaft mit eigenen Magistraten wird erwähnt. In der Kaiserzeit hatte Tlos den Titel »glänzende Metropolis der lykischen Nation« inne, in byzantinischer Zeit war Tlos Sitz eines Bischofs, der dem Metropoliten von Myra untergeordnet war.

Sir Charles Fellows entdeckte das Siedlungsgebiet von Tlos im Jahr 1838 und war begeistert. Als Spratt später hierher kam, fand er, »daß man in ganz Lykien keinen prächtigeren Platz für eine so großartige Stadt hätte auswählen können«. Dies bedeutet ein besonderes Lob in einem Land mit einer Fülle von herrlichen Stellen. Der Akropolishügel ist auf der Seite zur Stadt nicht hoch, endet aber im Nordosten in fast senkrechten Klippen. Auf dem Gipfel steht jetzt das Kastell, das alle früheren Bauten überdeckt. Unterhalb davon finden sich am Ostabhang Spuren der lykischen Stadtmauer, und darunter zieht sich ein langes Stück einer späteren Stadtmauer hin. An deren Südende gibt es solides römisches Mauerwerk und ein Tor zu sehen, für den Bau der Mauer am Nordende wurde dagegen viel Material wiederverwendet, darunter Säulentrommeln und ein zerbrochener Sarkophag. An diesem Hang befindet sich auch eine malerische lykische Gräbergruppe gleich unterhalb des Gipfels und eine weitere gegen das nördliche Ende zu.

Am Fuß des Hügels erstreckt sich im Osten eine große ebene Freifläche, auf der jetzt Ackerbau betrieben wird. Hier vermutete man die Agora. Viele Säulenstümpfe und andere bearbeitete Blöcke liegen darum herum. Von der Mitte aus abwärts verlaufen Reihen aus Steinblöcken, die ein längliches, wohl dem ursprünglichen Verlauf entsprechendes Rechteck bilden, dessen Bestimmung unklar ist. Entlang der Westseite dieser Fläche befinden sich unterhalb der Stadtmauer Sitzreihen im Abhang, die auf dem Foto zum Teil sichtbar sind (Taf. 25). Sie gehörten zu einem Stadion, dessen andere Seite jetzt eine niedrige, nicht originale Mauer markiert. Die untere Begrenzung der Sitzreihen wird von einer Reihe bearbeiteter Blöcke angezeigt, die noch in situ sind. Daneben fließt ein Bach, der anscheinend die ursprüngliche Anlage durchbrochen hat. Der Autor hat bisher noch keine Agora gesehen, die an einem Stadion entlang verläuft.

Die gegenüberliegende Ostseite der Freifläche wird von einem langen und über 10 m breiten Bau ohne Raumunterteilung gesäumt. An seiner Westmauer befinden sich ein halbes Dutzend kleiner rechteckiger Türöffnungen. Vermutlich handelt es sich um ein Marktgebäude. Im Süden folgt ein Trakt mit einer Reihe von Bogenöffnungen in der Westwand (Taf. 26). Südlich dieses Komplexes liegen etwas östlich zwei sehr gut erhaltene Thermenanlagen. Die ein wenig weiter vom großen Bau entfernte Anlage hat im Süden des östlichen Raumes eine Apsis mit sieben großen Fensteröffnungen. Die Einheimischen nennen sie Yedi Kapı, die sieben Türen. Östlich davon sieht man die Ecksäulen der Nord- und Südwestecke

1 Daidala. Grab bei der Straße
2 Telmessos. Grab des Amyntas
3 Telmessos. Gräber neben dem Amyntasgrab

4 Telmessos. Lykischer Sarkophag

5 Kadyanda. Grab am Abhang

Kadyanda. Grab am Abhang; Nordseite
Kadyanda. Theater

8 Kadyanda. Stadion
9 Kadyanda. Gebäude neben dem Stadion

Kadyanda. Das umgestürzte Pfeilergrab
Lydai. Antiker Fahrweg

12 Lydai. Mausoleum

13 Xanthos. Ruinenstätte vom Akropolishügel aus
14 Xanthos. Sarkophag und Harpyiengrab

15 Xanthos. Der ›Obelisk‹

16 Xanthos. Grab neben der Agora
17 Xanthos. Sarkophagdeckel mit Reliefschmuck ▶

18 Xanthos. Gräber auf dem Akropolishügel
19 Xanthos. Grab auf dem Akropolishügel
20 Xanthos. Vespasians tor

21 Letoon. Die neuerdings ausgegrabenen Tempel
22 Letoon. Merkwürdige Steinfigur

23 Letoon. Nymphaeum

4 Gâvur Ağlı
5 Tlos. Zitadelle und Agora

26 Tlos. Römisches Ge-
bäude neben der Agc
27 Arsada. Reitergotthei

Araxa. Akropolismauer
Araxa. Gräbergruppe westlich des Dorfes

30 Araxa. Grab aus nachlykischer Zeit

einer großen offenen Platzanlage. Hier, und nicht auf dem oben beschriebenen Gelände, dürfte die Agora gewesen sein. Im Westen des Platzes steht eine große byzantinische Kirche.

Weiter östlich liegt das große, sehr gut erhaltene, aber jetzt stark überwucherte Theater. Man kann den Bau mit ungewöhnlicher Genauigkeit datieren. Der zur Zeit des Antoninus Pius (138–161 n. Chr.) lebende Philanthrop Opramoas von Rhodiapolis stiftete unter anderem 60 000 Denare »für den Bau des Theaters und der Exedra in den Thermen«. Bei den Thermen handelt es sich vermutlich um die oben beschriebenen. Einer Inschrift ist zu entnehmen, daß Privatleute für den Bau des Theaters Geldbeträge stifteten, die von 3000 Denaren des Dionysospriesters und des Hohenpriesters der Kabiren bis zu bescheideneren Beiträgen von 100 Drachmen reichten. (Die griechische Drachme wurde dem römischen Denar gleichgesetzt.) Das Theater steht auf ebenem Grund und hat eine halbkreisförmige Cavea in römischer Bauart. Es gibt Anzeichen dafür, daß es schon 100 Jahre zuvor oder noch früher geplant und möglicherweise auch mit dem Bau begonnen wurde. Man hat 34 Sitzreihen gezählt, die man aber heutzutage nur mit Schwierigkeiten nachzählen kann. Auf die einzige Diazoma führt an der Südseite ein überwölbter Eingang. Um die Außenseite der Cavea zieht sich ein Gang entlang. Vom Bühnengebäude sind viele schön bearbeitete und ornamentierte Steinblöcke erhalten, aber es ist wie alles übrige überwuchert. Dieses herrliche Theater ruft geradezu nach einer Ausgrabung, zumindest aber nach einer Rodung des Bewuchses.

Das sogenannte Bellerophongrab ist das größte und beeindruckendste der zahlreichen in die Wand des Akropolishügels gehauenen Gräber. Es liegt weit unten auf der Nordseite. Dieses Grab vom Tempel-Typus hat eine Fassade aus zwei Pilastern zwischen Anten mit einem Giebel darüber. Die Außenwand des eigentlichen Grabes in der Vorhalle enthält drei Türen: Eine Blindtür in der Mitte mit Beschlägen und anderen Verzierungen sowie zwei echte Türen rechts und links davon, die in eine Grabkammer führen. Durch die Türschwellenblöcke sind diese Seitentüren in eine Höhe von etwa 1 m über dem Boden versetzt. Die Vorderseite der Blöcke schmükken Reliefs mit je einem Pferd darauf. Früher hielt man sie für Hunde. Über der linken Tür befindet sich die Reliefdarstellung

Abb. 7 Tlos. Bellerophongrab

eines Löwen oder Leoparden. Ein Relief am oberen Teil der linken Wand in der Vorhalle zeigt Bellerophon auf dem Pegasos nach rechts reitend. Den rechten Arm hält er nach rückwärts erhoben (Abb. 7). Man denkt bei diesen beiden Reliefs sogleich an Bellerophon beim Angriff auf die Chimaira, wie es in der Sage überliefert wird. Das Tier und Bellerophon auf dem Pegasos sind aber in unterschiedlichem Maßstab dargestellt. Auch weist das Tier nicht die charakteristischen Merkmale der Chimaira auf (s. die Abbildung in Türkische Südküste, S. 157).
Die linke Tür führt in eine Grabkammer mit vier Steinbänken für die Toten. Die Bank an der rechten Seite hat ein steinernes Kissen für den Kopf des Toten und eine Nische für Beigaben. Hier hatte zweifellos das Familienoberhaupt seine Ruhestatt. Durch die Tür auf der rechten Seite gelangt man in eine kleinere Kammer mit drei Bänken. Da am Grab keine Inschrift angebracht ist, muß der Name des Eigentümers unbekannt bleiben. Es wurde natürlich nie vermutet, daß Bellerophon selbst hier beigesetzt sein könnte.

Arsada

Arsada befindet sich etwas abgelegen vom Xanthostal weit oben auf einer Hochebene auf der Seite des Akdağ, des antiken Massikytos, in etwa 1000 m Höhe. Da es keine Straße dorthin gibt, muß man auf einem langen, steilen Pfad von Kayadibi aus hinaufsteigen. Kein antiker Autor erwähnt Arsada, aber ein am Ort gefundenes Ehrendekret der Arsader bezeugt die Identität. Auch lebt der Name ganz offenkundig im nahe dabei gelegenen Dorf Arsaköy weiter.
Unmittelbar westlich des Dorfes erhebt sich ein niedriger Hügel, der im Westen steil zum Tal abfällt. Etwa in halber Höhe des Ostabhanges trifft man auf eine 2,50 m dicke Bruchsteinmauer, die noch eine Länge von etwa 300 m hat, aber sehr schlecht erhalten ist. Am Nordende führt die Mauer zu einem ca. 10 m im Quadrat messenden Turm oder kleinen Fort aus großen, sorgfältig verlegten Polygonalblöcken. Dieser Bau gehört wohl in die frühe hellenistische Zeit.
Von den Bauten der Stadt selbst sind keine Überreste erhalten. Aber man findet im Dorf und in der Umgebung mehrere lykische Gräber. An einem der ›gotischen‹ Sarkophaggräber, die am häufigsten vorkommen, sind an den beiden Schmalseiten Menschenköpfe dargestellt. Die meisten Sarkophage sind jetzt umgestürzt. Zumindest ein Hausgrab ist vorhanden, um das viele Blöcke mit plastischem Dekor und Inschriften herumliegen. Bei den Inschriften handelt es sich fast durchweg um Grabinschriften. Spratt berichtete, er habe drei unvollständige lykische Inschriften gesehen, die aber seither verschollen sind.
Etwas oberhalb des Dorfes findet man von Norden kommend neben dem Pfad auf einem etwa 2,50 m hohen Felsblock ein Relief mit der Darstellung eines Reiters mit Pferd (Taf. 27). Das Pferd bäumt sich nach rechts auf. Der Reiter hat seine rechte Hand nach rückwärts erhoben und hält einen länglichen undefinierbaren Gegenstand in der anderen Hand. Über seine linke Schulter hängt ein Schwert. Der Reiter sieht aus wie eine der anatolischen Reitergottheiten, von denen Kakasbos am bekanntesten ist. Er kommt häufig im Westen und Norden Lykiens vor. Kakasbos kann auf diesem Relief aber nicht dargestellt sein, da er niemals ein Schwert, sondern immer eine Keule bei sich trägt. Auch bewegt sich sein Pferd stets in

Abb. 8 Ex-voto Weihung an Kakasbos

ruhiger Gangart vorwärts. (Eine charakteristische Darstellung des Kakasbos ist auf Abb. 8 zu sehen.) Man denkt hier natürlich an eine *ex-voto* Weihung, aber es ist keine Inschrift zur Identifizierung der Gottheit vorhanden.

Araxa

Araxa liegt am oberen Nordende des Xanthostales beim Dorf Ören am Fuß der Berge. Die Identifizierung beruht auf mehreren Inschriften, die den Namen angeben. Der Ort wird bei den antiken Geographen aufgeführt; mehr war nicht bekannt, bis der Autor 1946 bei Ören ein langes Dekret des Volkes von Araxa fand. Darin wird über die Verdienste eines angesehenen Bürgers namens Orthagoras um das Gemeinwohl berichtet. Dorffrauen hatten den Stein als Waschbrett benutzt, wofür die Schriftreihen eine bestens geeignete Oberfläche boten. Aus dieser Inschrift erfahren wir, daß Araxa im 2. Jahrhundert v. Chr. zuerst mit Bubon, darauf mit Kibyra in Kriege verwickelt war. Soldaten von Kibyra hatten das Gebiet der

Stadt Araxa verwüstet und viele seiner Bürger verschleppt. Orthagoras war als Beschwerdeführer von Araxa zum Bund entsandt worden. Als in Tlos und Xanthos der Versuch unternommen wurde, gewaltsam eine Tyrannis einzuführen, zeichnete er sich im Bundesheer bei der Niederschlagung der Usurpatoren aus. Wiederum mit Auszeichnung kämpfte er in einem Krieg zwischen den Lykiern und Termessos. Einem Nachbarort von Araxa namens Orloanda war er behilflich, die Aufnahme in den Bund zu erwirken. Später fungierte er als Botschafter bei Treffen mit Abgesandten aus Rom. In all diesen Fällen stellte er seine Dienste unentgeltlich zur Verfügung und verschaffte seiner Stadt jeden nur möglichen Vorteil.

Von Araxa ist nur wenig erhalten. Im Dorf befinden sich die Überreste eines massiven Gebäudes, von dem noch eine Mauer im stumpfen Winkel bis zu 3 m hoch ansteht. Das sorgfältig verlegte polygonale Mauerwerk ist stellenweise fast regelmäßig. Unterhalb vom Gipfel des ziemlich niedrigen Akropolishügels sieht man auf der zur Stadt gelegenen Seite die Überreste einer Mauer (Taf. 28) mit einem etwa 5 m herausragenden Turm. Die riesigen, nahezu regelmäßig aufeinandergeschichteten Blöcke haben die Maße von etwa 1,75 m auf 1,60 m und sind häufig an den Kanten abgearbeitet.

Unten am Fluß liegen zahlreiche spitzbogenförmige Sarkophagdeckel mit unleserlichen Inschriften. Am interessantesten sind allerdings ein Dutzend Gräber in der Felswand am Fuß eines kleinen Hügels an der Straße, etwa 1,5 km westlich des Dorfes. Überwiegend handelt es sich um typisch lykische Hausgräber, von denen drei einen ganz besonderen Reiz besitzen. (Taf. 29). Auch einfache, in den Fels gehauene Kammern kommen vor. Ein Grab ist von der Gestaltung her ganz abweichend und gehört in eine spätere Periode (Taf. 30). Die Vorhalle wird von zwei Anten flankiert, die mit je zwei Rosetten vorn und einer Rosette auf beiden Seiten verziert sind. Ihre Kapitelle gehören keiner bestimmten Ordnung an. Darüber liegen ein Architrav mit zwei Faszien, ein Zahnschnittfries, ein schmales Gesims und ein leerer Giebel ohne die üblichen Randleisten. Durch eine große Tür gelangt man in die Grabkammer mit drei Bänken. Oberhalb der Hauptgruppe befindet sich ein einfaches lykisches Grab mit dem eingeritzten Namen Orthagoras an beiden Türseiten.

Diese einzige Inschrift innerhalb der Gräbergruppe wurde erst später angebracht und weist auf die Wiederverwendung des Grabes vermutlich in römischer Zeit hin. Dieser Orthagoras hat aber nichts mit dem oben erwähnten araxischen Helden zu tun.
Unweit von Ören entspringt bei den Bergen eine ungewöhnlich reichhaltige Quelle, die unmittelbar darauf einen tiefen, reißenden Bach bildet. Er mündet in der Nähe des Dorfes in den Xanthos, der von da an deutlich anschwillt. Durch zahlreiche, in jüngerer Zeit errichtete Wasserwerke hat sich dies aber in den vergangenen Jahren geändert. Nach einer antiken Lokalsage hat Leto Apollon und Artemis nicht auf Delos, sondern in Lykien geboren. Der Dichter schreibt, daß sie es war, die den Fluß Xanthos für die Menschen habe entspringen lassen, als sie »in der bitteren Qual ihrer göttlichen Arbeit den harten Boden Lykiens mit ihren Händen aufriß«. Einer bei Sidyma gefundenen Inschrift ist zu entnehmen, daß die Geburt genau in Araxa stattgefunden habe. Die Einheimischen betrachten heute allgemein die gerade erwähnte Quelle als die des Xanthos. Der Besucher kann sich, wenn er will, selbst ein Bild von den vielen Wasserstrahlen machen, die von Letos gemarterten Fingern freigesetzt wurden, als sie in ihrer Pein den Boden aufriß.

7. Das Xanthostal II

Pinara

Im 5. Jahrhundert v. Chr. schrieb der karische Dichter Panyasis, ein Landsmann von Herodot, daß der beim Fluß Xanthos lebende Tremiles vier Söhne namens Tloos, Xanthos, Pinaros und Kragos gezeugt und damit den lykischen Staat begründet hätte. Für Pinara ist jedoch Pinaros als ›eponymer‹ Gründer genauso gegenstandslos wie die übrigen. Von dem xanthischen Historiker Menekrates stammt eine andere Geschichte aus dem 4. Jahrhundert: Die Xanthier hätten unter Überbevölkerung gelitten und deshalb »die älteren Einwohner in drei Gruppen aufgeteilt. Eine Gruppe zog zum Berg Kragos und gründete eine Stadt auf einem abgerundeten Gipfel. Sie gaben ihr den Namen Pinara, was abgerundet bedeutet, denn die Lykier nannten alle runden Dinge pinara«. Die Glaubwürdigkeit der Geschichte mag zwar dahingestellt bleiben, aber die Erklärung des Namens leuchtet jedem, der die runde Felskuppe über den Ruinen gesehen hat, ein. In Wirklichkeit lautet der lykische Name in den Inschriften aber nicht Pinara, sondern Pinale, doch kommt die Vertauschung von Liquida häufig vor.

Möglicherweise hat ein Pinarer am Trojanischen Krieg teilgenommen. Homer erzählt von einem lykischen Bogenschützen Pandaros, der im Heer der Trojaner kämpfte. Von Strabon wissen wir über einen Kult für Pandaros in Pinara. Die bereits erwähnte Inschrift berichtet von der Unterstützung mehrerer lykischer Städte, darunter Pinara, für den Karer Pixodaros. Spätere Historiker nennen die Stadt nur in Verbindung mit der Eroberung Lykiens durch Alexander im Winter 334–333 v. Chr., wobei aber auch nur davon die Rede ist, daß er die Unterwerfung des Landes annahm. Obwohl von der Geschichte Pinaras fast nichts überliefert ist, gehörte es zweifellos zu den bedeutendsten Städten Lykiens. Das sagt Strabon, und Stephanos nennt es eine »sehr wichtige Stadt«. Dieser Einschätzung wird Pinara mit seinen noch vorhandenen Ruinen mehr als gerecht. Die Stadt hatte das Maximum von drei Stimmen in der Bundesversammlung. Ein Dutzend Inschriften in lykischer Sprache wurden am Ort gefunden, doch handelt es sich dabei durchweg um Grabinschriften an Felsgräbern, die nur den Namen der Besitzer angeben. Auch die griechischen Inschriften liefern nur wenig mehr Informationen. Alle bekannten Münzen stammen aus dem 2. oder 1. Jahrhundert v. Chr. Als Opramoas in späterer Zeit seine Geldspenden an die lykischen Städte verteilte, bedachte er auch Pinara. Die Stadt erhielt 5000 Denare zur Instandsetzung ihrer öffentlichen Gebäude.

Der Name Pinara lebt in der Angleichung an das türkische Wort für Minarett im Dorf Minare weiter, das eine halbe Stunde unterhalb der Ruinen liegt. Man erreicht das Dorf auf einem unlängst gebauten kurzen Stück Straße, das von der Hauptstraße Fethiye-Xanthos abzweigt. Der Besucher erblickt zuerst die großartige gerundete Felsmasse, die Pinara anscheinend den Namen gegeben hat. Sie erreicht eine Höhe von etwa 450 m über der Stadt und ist von steil abfallenden Klippen umgeben. Man gelangt nur auf einem beschwerlichen Pfad an der Südseite hinauf. Eine zum Teil erhaltene dreifache Mauer versperrte den Pfad oben, an anderen Stellen war eine Mauer überflüssig.

Die älteste Stadt Pinara wurde auf der breiten, flach abfallenden Oberfläche dieses Felsens angelegt. Nur wenig ist noch erhalten, vor allem Zisternen und geglättete Felsfundamente für Häuser aus Holz und Lehmziegeln. An der Südseite des Gipfels befindet sich ein von Mauern und einem Graben geschütztes Fort, das aber aufgrund der dort gefundenen Kachel- und Gefäßscherben aus dem Mittelalter stammt. Am eindrucksvollsten ist die Ostwand des Hügels. Hunderte von rechteckigen Grablöchern überziehen sie wie Bienenwaben. Ohne Hilfsgerät sind sie nicht zu erreichen (Taf. 31). Die Gräber sind in zwei horizontalen Gruppen angeordnet, zwischen denen sich ein Streifen ohne Gräber entlangzieht. Um die Gräber aus dem Fels herausschlagen zu können, benutzte man Leitern von unten und Seile von oben. Mit Sicherheit gehören sie in die früheste Phase der Stadt.

Die ursprüngliche Akropolis muß schon bald nicht mehr ausgereicht haben. Statt dessen wurde ein erheblich niedrigerer Hügel, der an ihrem Ostfuß vom Tal aus anstieg, ausgewählt. Auf diesem Hügel und in der Umgebung befinden sich zahlreiche Überreste der klassischen Stadt, die weitgehend unter Felsen und Überwucherun-

gen verborgen sind und deren Erforschung viel Zeit und Mühe kostet. Die Dorfbewohner werden den Besuchern aber gern zu den wichtigsten Denkmälern führen. Da die untere Stadt nie mit einer Mauer geschützt war, diente vermutlich die alte Akropolis bei Bedarf als Zufluchtsort. Zwischen den beiden Akropolishügeln liegen zahlreiche nichtidentifizierbare Ruinen und viele Gräber, von denen die meisten Sarkophage sind. Am Südrand befindet sich ein ungewöhnlich großer Sarkophag, der sicher einer der größten in Lykien ist. Andere sind um ihn herum im Viereck angeordnet. Das ganze ergibt eine eindrucksvolle Gruppe (G auf dem Plan). Südlich davon stößt man auf zwei aus dem Fels gearbeitete Hausgräber. Anschließend kommt man zu den Ruinen einer christlichen Kirche. Im Westabhang der unteren Akropolis liegt nahe beim Nordrand ein kleines Theater oder Odeion. Es ist in einem sehr schlechten Zustand, fast völlig eingestürzt und überwuchert.
Weit unten in der Ostwand des Hügels befindet sich ein besonders schönes Hausgrab, das die Benennung Königsgrab erhalten hat (D auf dem Plan; Taf. 32). Auf dem Türsturz verläuft ein Reliefstreifen mit der Darstellung zahlreicher Menschen und Pferde. Obwohl die Deutung schwierig ist, handelt es sich anscheinend um eine friedliche Szene. Darüber liegt eine Reihe aus viereckigen Balkenenden auf, die eine Art Zahnschnittfries bilden; zwei davon sind vorn mit Masken geschmückt. Daran schließt sich der Giebel mit einer weiteren Reliefdarstellung an, die man aber nicht deuten kann, da zuviel weggebrochen ist. Zur Zeit Fellows' war möglicherweise noch mehr erhalten. Er glaubte, in der Giebelgruppe ein Kind beim Unterricht und auf dem Türsturz eine Gruppe von Leuten bei fröhlichem Beisammensein erkennen zu können. Das Innere der Vorhalle ist ungewöhnlich interessant. Auf den Seitenwänden sind nämlich vier Reliefs angebracht, die ummauerte Städte wiedergeben. Eine davon zeigt Abb. 10. Alle vier ähneln einander. Dargestellt sind zinnengeschmückte Brustwehren mit Toren, sowie Türme, Häuser und Gräber. Einer der Menschen, die auf drei der Reliefs vorkommen, ist anscheinend ein Torwächter, die anderen stehen in friedlicher Haltung da. Einige Betrachter glaubten, Ähnlichkeiten mit den Städten Xanthos und Telmessos erkennen zu können. Fellows vermutete sogar, daß auf allen vier Reliefs Pinara wiedergegeben sei, was aber schon allein deshalb nicht stimmen kann, weil

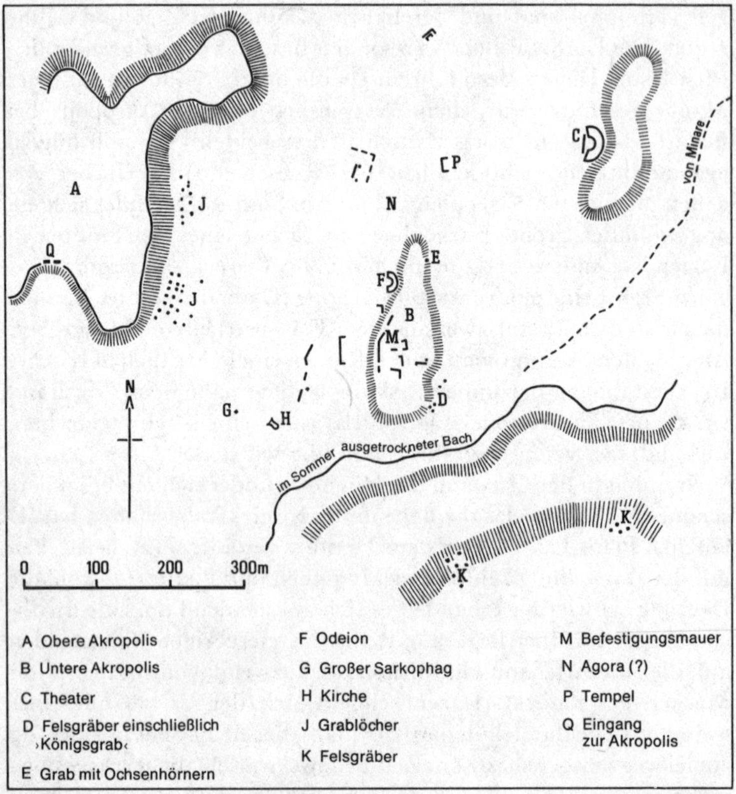

Abb. 9 Plan von Pinara

Pinara keine Stadtmauer besaß. Die Reliefs an diesem Grab haben jedenfalls nichts von dem sonst häufig begegnenden kriegerischen Charakter an sich. Das Innere besteht aus einer Kammer mit einer ungewöhnlich hohen Bank an der Rückseite. Diese Bank, die Größe und Ausschmückung des Grabes lassen darauf schließen, daß hier eine einzelne Person, sicherlich ein Prinz, beigesetzt war. Da allerdings keine Inschrift vorhanden ist, weiß man nicht, um wen es sich handelt. Das Grab hat unglücklicherweise sehr durch mutwillige Beschädigungen und Feuer, das Bauern im Innern angezündet

Abb. 10 Pinara. Relief in der Vorhalle des ›Königsgrabes‹

haben, gelitten. Ein paar Meter weiter südlich stößt man auf eine prächtige Gräbergruppe, die in eine hohe Felsecke gehauen ist (Taf. 33).

Am Südende der unteren Akropolis steht ein wundervoll erhaltenes Hausgrab. Etwas weiter oben im nördlichen Teil der Ostwand befindet sich ein weiteres interessantes Hausgrab, dessen Dach aber die Form eines Spitzbogens hat. Am Schnittpunkt des Bogens sind ein Paar Ochsenhörner angebracht. Eine derartige Darstellung ist selten, wenn nicht sogar einmalig. Die Hörner haben sicher apotropäische Funktion, sie sollten das Böse abhalten. Auch die Pferdeschädel, die so häufig als Vogelscheuchen dienen oder heutzutage an den Gattern der Felder in der Türkei angebracht sind, haben eine derartige Bestimmung (Taf. 34).

Eine ebene Fläche unterhalb des Hügelnordrandes war wahrscheinlich die Agora, die man aber wegen der fast völlig fehlenden Überreste nicht identifizieren kann. An ihrer Ostseite liegen die spärlichen Reste eines Tempels, ein großes Fundament mit den Maßen von etwa 14 × 8 m, sowie andere Gebäudereste, deren

Bestimmung aber nicht mehr feststellbar ist. Etwa hundert Meter östlich gibt es einen ebenfalls niedrigen Hügel, in dessen Westabhang das Haupttheater eingebettet ist. Die Cavea des in jüngerer Zeit freigelegten Theaters ist praktisch vollständig erhalten; sie umschreibt mehr als einen Halbkreis, hat 27 Sitzreihen und zehn Treppen, die sie in neun Cunei aufteilen. Eine Diazoma ist nicht vorhanden. Der Grundriß des Bühnengebäudes ist deutlich erkennbar, Mauern und Säulen stehen bisweilen noch bis zu einer Höhe von 1,50 oder 1,80 m an. Zwei Türen am Südende hatten noch bis vor einiger Zeit den Türsturz in situ. Sie führten zu dem Raum zwischen der Proszeniummauer und dem Hauptgebäude; die eine geht vom Parodos, die andere seitlich vom Gebäude aus. Die Proszeniummauer biegt an beiden Enden im stumpfen Winkel um und verläuft dann parallel zum Analemna. Damit bildet sie einen Parados mit Parallelseiten. Das gesamte Theater ist rein griechisch, es wurde offenbar niemals romanisiert. Weitere Felsgräber befinden sich in der Hügelwand jenseits des Baches im äußersten Süden des Ruinengebiets. Ein Besuch dieser Gräber lohnt sich zwar, ist aber mit einiger Anstrengung verbunden.

Sidyma

Außer Arsada ist Sidyma die am wenigsten besuchte Stadt des Xanthostales. Wie Arsada kann man sie eigentlich nicht mehr zum Tal rechnen, denn die Stadt ist hoch oben auf dem Berg Kragos über 500 m über dem Meeresspiegel gelegen und für Autos oder Jeeps unzugänglich. Von der Hauptstraße Fethiye-Xanthos zweigt 6 km südlich von Kestep (Eşen) ein Weg ab. Weitere 6 km kann man noch mit einem Jeep darauf fahren, dann folgt ein ziemlich steiler, etwa 250 m langer Aufstieg. Auf dem guten, aber steinigen Pfad braucht man dafür etwa eine Stunde. Man sollte unbedingt einen Führer dabei haben.

Ein Beweis für das hohe Alter der Stadt ist allein schon die Namensform (wie Idyma, Didyma und Loryma). Im Siedlungsgebiet gibt es Zeugnisse dafür, daß es zumindest seit der klassischen Zeit bewohnt war. Erst seit dem 1. Jahrhundert v. Chr. aber ist die Stadt in der Literatur belegt. Der größte Teil der Ruinen und alle Inschriften stammen aus der römischen Kaiserzeit. Es gibt allerdings eine Silbermünze vom Typus des Lykischen Bundes, die offenbar in Sidyma geprägt wurde und wahrscheinlich in das 2. Jahrhundert v. Chr. gehört. Die abgekürzte Legende SI bedeutet mit ziemlicher Sicherheit Sidyma. In Frage käme sonst noch Simena, aber diese Stadt hat wahrscheinlich keine Münzen geprägt. Die Geographen führen die Stadt bis in byzantinische Zeit auf, aus ihrer Geschichte ist aber nur eine einzige Begebenheit aufgezeichnet. Marcian nahm, bevor er Kaiser wurde (450–457), als einfacher Soldat an einem Feldzug gegen die Perser teil und erkrankte auf dem Weg durch Lykien. Daher ließ man ihn in Sidyma zurück, wo ihn zwei Brüder gastlich aufnahmen. Sie brachten ihn in ihr Haus und pflegten ihn. Als er wieder genesen war, nahmen sie ihn eines Tages mit auf die Jagd. Erhitzt und müde legten sie sich in der Mittagszeit zum Schlaf nieder. Einer der Brüder wachte vor seinen Gefährten auf und sah mit Erstaunen, daß sich ein riesiger Adler auf den in der Sonne schlafenden Marcian niedergelassen hatte und ihn mit seinen ausgebreiteten Flügeln beschattete. Nachdem alle erwacht waren, fragten die Brüder Marcian: »Welche Gunst wirst du uns erweisen, falls du Kaiser wirst?« Darauf antwortete Marcian: »Sollte dieses unwahrscheinliche Ereignis eintreten, werde ich euch zu Stadtältesten machen«. Als er nach dem Tod von Theodosius II. tatsächlich Kaiser wurde, erinnerte er sich seines Versprechens. Er ging sogar noch weiter und bestallte die Brüder mit hohen Ämtern in Lykien.

Wenn der Besucher den Pfad, wie oben beschrieben, von Osten aus hinaufsteigt, erblickt er als ersten Hinweis auf die antike Stadt eine große Anzahl von Grablöchern, die in den Felsen linker Hand hineingehauen sind. Sie erinnern an die Gräber von Pinara, sind aber wesentlich geringer in der Anzahl und auch nicht so beeindruckend. Über ihr Alter läßt sich nichts aussagen. Sobald der Besucher oben am Ende des Pfades angekommen ist, findet er sich inmitten einer Gruppe von Gräbern, die unterschiedlich ausgestaltet und recht gut erhalten sind. Am interessantesten ist ein kleines Pfeilergrab direkt über dem Pfad auf der linken Seite. Es besteht aus einem einzigen großen rechteckigen Block auf einer ebenfalls rechteckigen Basis. Die Grabkammer oben fehlt (Taf. 35). Mit diesem Grab haben wir den ersten baulichen Beleg für Sidymas Existenz in klassischer Zeit vor uns.

Dicht darauf folgt eine Gruppe von sieben Gräbern. Einige davon sind Sarkophage, die wegen ihrer giebelförmigen Deckel anstelle der üblichen lykischen Spitzbogendeckel erwähnenswert sind. Von den anderen Grabbauten ist auf Taf. 36 ein besonders stattlicher und gut erhaltener abgebildet.

Das Hauptsiedlungsgebiet liegt in einer Ebene und erstreckt sich in einer Länge von etwas über 1,5 km nach Nordosten und Südwesten. Das Dorf Dodurga (Asar Mahalle) hat seit dem letzten Jahrhundert seinen Standort verändert und befindet sich jetzt inmitten der Ruinen. Dadurch hat das Zentrum der Stadt gelitten, und von den früher beschriebenen Gebäuden kann man jetzt nicht mehr alle ausfindig machen. Der Akropolishügel im Norden setzt sich aus zwei Teilen zusammen. An seinem südlichen Fuß verläuft etwa 400 m lang ein Stück der frühen Mauer, die stellenweise noch zwischen 3 und 3,50 m hoch ansteht. Sie ist hauptsächlich aus regelmäßigen Quadern erbaut, im Osten allerdings in polygonalem Mauerwerk (Taf. 37). An einer Stelle der Mauer befindet sich eine kleine Toranlage mit Vorhof und einem Turm an der Seite. Mit dieser Mauer haben wir ein zweites Zeugnis für eine frühe Besiedlung Sidymas. Die Stadt befand sich auf dem Hügel darüber, wo allerdings nichts aus der frühen Zeit erhalten ist. Einige Mauerzüge, Zisternen und Scherben stammen alle aus byzantinischer Zeit. Etwas oberhalb der frühen Mauer steht jedoch ein kleiner theaterartiger Bau in sehr schlechtem Erhaltungszustand. Der Autor konnte sechs Sitzreihen an der Rückseite zum Teil erkennen. Alles, was sonst noch vielleicht da ist, liegt unter Erde und Steinen begraben. Dieser Bau gehört natürlich zur späteren Stadt.

Am Westende des Geländes ist das Zentrum der Stadt, das auch die Dorfmitte bildet. Hier waren früher noch derartig viele Überreste eines Tempels und einer Stoa zu sehen, daß man Rekonstruktionszeichnungen davon anfertigen konnte. Von der Stoa läßt sich noch die rückwärtige Mauer mit einer öffentlichen Toilette davor erkennen. Dagegen ist jetzt nur noch wenig vom Tempel auszumachen, der mit einer Länge von etwa 9 m sehr klein war. An der Westfront hatte er Stufen und vier Säulen, geweiht war er »den Rettenden Göttern, den Kaisern«. Auch ein Teil der Inschrift an der Stoa wurde gefunden. Sie enthält eine Weihung an den Kaiser Claudius (41–54 n. Chr.), an Artemis und andere Gottheiten.

Zwischen diesem Platz und dem Ostrand des Geländes befinden sich zahlreiche Monumente, vor allem Gräber. Das beeindruckendste Grab ist auf Taf. 38 abgebildet. Der Grabbau im Tempeltypus erhebt sich auf zwei Stufen. Ursprünglich besaß er wohl zwei jetzt nicht mehr vorhandene Säulen in antis. Eine große Dachplatte liegt noch am Platz. An der Unterseite hat sie Laibungen mit bartlosen und daher wohl weiblichen Menschenköpfen, sowie Rosetten. An der Rückseite des Grabes führt eine einfache Öffnung zu einer tiefergelegenen Grabkammer.
Ganz in der Nähe stößt man auf mehrere Sarkophage, unter denen zwei besonders auffallen (Taf. 39). Sie sind in Form und Größe identisch und stehen auf einer gemeinsamen Basis. Wie die anderen Sarkophage in Sidyma haben sie giebelförmige Dächer mit Akroteren an den unteren Ecken. Aus den sehr verwitterten Inschriften geht, wie erwartet, hervor, daß die beiden Gräber Mitgliedern der gleichen Familie gehörten. Es waren offensichtlich Vater und Sohn, beide mit dem Namen Aristodemos, der sich anscheinend regelmäßig in der Familie wiederholte. In der einen Inschrift heißt es, der Besitzer sei Arzt am Hof gewesen und von den Kaisern ausgezeichnet worden. Die andere ist in Versen abgefaßt, wobei die Anfangsbuchstaben der Zeilen das Akrostichon Aristodemos bilden.
Nur wenig weiter südwestlich folgt ein auffälliges, noch etwa 9 m hoch anstehendes Gebäude (Taf. 40). Es steht auf einem niedrigen Unterbau, der ursprünglich die Basis für einen großen Grabbau bildete. Das Gebäude selbst stammt aus viel späterer Zeit, und viele, zum Teil mit Inschriften versehene Blöcke sind darin verbaut. Oben sind in die Mauer Fenster eingelassen. Den Türsturz an der Nordseite schmücken Löwenköpfe, die Pfosten ziert oben je eine Rosette. Eine niedrige Tür führt an der Rückseite des Unterbaus zum unteren Raum des ursprünglichen Grabes. Erwähnt sei auch ein Gebäude weiter westlich, das vielleicht eine Thermenanlage war. Außer zwei nebeneinanderliegenden überwölbten Öffnungen hat sich davon aber fast nichts erhalten. Im Gelände gibt es noch viele weitere Überreste, darunter die von zwei Kirchen, doch wird sich ein Besucher damit normalerweise nicht lange aufhalten.
Im Dorf wurde unlängst eine Moschee zum großen Teil aus den Steinen von Sidyma errichtet. In ihre Rückwand ist eine ungewöhnliche Inschrift eingelassen. Der Überschrift »Die Götter hier« folgt

eine Liste mit zwölf Gottheiten, deren Namen alle vertraut sind: Zeus, Apollon, Artemis, Athena, Aphrodite u.s.w. Eigenartigerweise sind aber zwei in anderen Inschriften genannte Gottheiten, nämlich Hekate und Sarapis, nicht darunter. Man kennt zwar die Zwölf Götter Lykiens, aber sie bleiben anonym (s. Türkische Südküste, S. 34, Abb. 3). War vielleicht die vorliegende Liste auf zwölf beschränkt, um ihnen Namen zu geben? Es besteht kein Grund zur Annahme, daß alle zwölf Gottheiten in Sidyma Tempel besaßen. Der einzige bisher identifizierte Tempel im Gelände ist den Kaisern geweiht.

8. Patara

Einer Erzählung zufolge soll ein iberisches Mädchen einen Kasten mit Opferkuchen von Griechenland nach Lykien getragen haben. Die Kuchen hatten die Form von Leiern, Bogen und Pfeilen und waren als Opfergaben für Apollon bestimmt. Unterwegs machte das Mächen am Meeresufer eine Rast, den Kasten hatte es neben sich gestellt. Während es schlief, wurde der Kasten von einem heftigen Windstoß ins Meer geweht. Beim Aufwachen bemerkte es den Verlust und kehrte daraufhin in Tränen aufgelöst nach Hause zurück. Wind und Wellen trugen jedoch den Kasten an das lykische Ufer. Dort fand ihn ein Landsmann des Mädchens und brachte das Opfer ordnungsgemäß dar. Ein griechischer Dichter des 1. Jahrhunderts v. Chr. überliefert diese Sage. Dabei gebraucht er für den Kasten das Wort *patara*. Davon soll die Stadt Patara ihren Namen erhalten haben. Patara ist aber weder ein griechisches noch ein lykisches Wort, sondern offenbar mit dem lateinischen *patera* gleichzusetzen. Dies ist ein deutlicher Hinweis auf die verhältnismäßig späte Entstehung der Erzählung.

Andere Sagen gehen auf viel frühere Zeiten zurück. Der übliche eponyme Gründer kommt auch hier vor. Er heißt Pataros und wurde zum Sohn des Apollon und der Nymphe Lykia gemacht. Nach einer anderen Version ist er ein Sohn des Lapeon und Bruder des Xanthos. An anderer Stelle wird jedoch Xanthos als Sohn des Tremiles bezeichnet. In einer dritten Version heißt der Gründer von Patara Ikadios und ist der Sohn des Apollon und der Lykia. Deutlicher kann sich die völlige Verworrenheit und Unzuverlässigkeit dieser Mythen kaum manifestieren. Erstaunlicherweise hat auch ein angesehener Autor wie Strabon die Gründung durch Pataros akzeptiert, zumindest aber angeführt.

Interessanter ist ein Zeugnis, das Patara mit Telephos, einem Heros aus der Zeit des Trojanischen Krieges, in Verbindung bringt. Ein Orakel verkündete dem von Achilleus verwundeten Telephos, daß die Wunde nur von demjenigen geheilt werden könne, der sie ihm zugefügt habe. Mit dem Rost vom Schwert des Achilleus wurde die Heilung schließlich zustandegebracht. Über den Gott, der das

Orakel sprach, gibt es keine Aussage. Doch spricht ein überzeugender Beleg dafür, daß es von Apollon in Patara stammte. Pausanias berichtet, daß die Lykier im Tempel des Apollon eine Schale aus Bronze zeigten. Sie behaupteten, Telephos habe sie dargebracht, und sie sei ein Werk des Hephaistos. In Lindos auf Rhodos gab es einst eine goldene Schüssel mit der Inschrift: »Telephos der Athena auf Geheiß des lykischen Apollon«. Ferner soll es eine Quelle des Telephos etwa einen Kilometer von Patara entfernt gegeben haben. Das getrübte Wasser war damit erklärt worden, daß der Heros seine Wunde dort gewaschen habe. Es existierte auch – vermutlich in Patara – eine Deme namens Telephos, die aber in den Inschriften nicht erwähnt wird.

In Wirklichkeit war Patara eine lykische Gründung. Der von Münzen und Inschriften bekannte Name lautete PTTARA, was mit dem chaldäischen *ptari,* Stadt, verglichen wurde. Merkwürdigerweise fand man keine einzige lykische Inschrift am Ort.

Tempel und Orakel des Apollon in Patara genossen im Altertum hohes Ansehen. In frühen Zeiten sollen Reichtum und Verläßlichkeit des Orakels mit dem in Delphi vergleichbar gewesen sein. Außer dem Orakel für Telephos ist aber keine Antwort des Apollon überliefert. Herodot erzählt, die Priesterin werde, wenn der Gott erscheint, während der Nacht im Tempel eingeschlossen. Er fügt hinzu, daß es das Orakel in Patara nicht zu jeder Jahreszeit gibt. Man nahm an, Apollon verbringe die sechs Wintermonate regelmäßig in Patara, die sechs Sommermonate dagegen auf Delos. Wir wissen nicht, wie der Tempel aussah und haben keine Information darüber, wie der Gott in Erscheinung trat. Aus Herodots Bericht kann man höchstens folgern, daß die Antwort des Gottes durch die Träume und Visionen der Priesterin enthüllt wurden. Die Aussagen über die ursprüngliche Einrichtung des Orakels widersprechen sich. In einer äußerst malerischen Version wird behauptet, Apollon habe dem König Danaos von Argos den Auftrag gegeben, so lange herumzuwandern, bis er einen Wolf und einen Stier im Kampf miteinander antreffe. Er solle den Ausgang des Kampfes genau beobachten. Falls der Stier siegreich daraus hervorgehe, solle er einen Tempel für Poseidon bauen. Wenn aber der Wolf als bester im Kampf abschneiden sollte, dann möge er dem Apollon ein Heiligtum weihen. Schließlich war der Wolf der Gewinner, und Danaos baute daher einen Tempel für den lykischen Apollon (Lykos griech. – Wolf). In der Geschichte des Orakels gibt es Unterbrechungen. Um den Beginn der Kaiserzeit herum scheint es eine Zeitlang völlig außer Gebrauch gewesen zu sein. Mela, der zur Zeit des Kaisers Claudius schrieb, spricht nämlich davon, daß es *früher* einmal mit Delphi im Wettstreit um den ersten Rang gelegen habe. Auf diesen Niedergang folgte im 2. Jahrhundert ein Wiederaufleben des Orakels. Dies bezeugt die Inschrift, in der die Stiftungen des Opramoas zur Zeit des Antoninus Pius festgehalten sind. Er schenkte den Patarern unter anderem 20 000 Denare »für Apollon, den Gott ihrer Ahnen, dessen Orakel nach langem Schweigen jetzt wieder begonnen hat, Weissagungen zu verkünden«. In seinem Kommentar zur Aeneis spricht Servius in der Vergangenheitsform über das Orakel. Dies ist damit zu erklären, daß er bald nach dem berühmten Edikt des Theodosius im Jahr 385 n. Chr. schrieb, das alle Orakel abschaffte. Merkwürdigerweise hat man bisher noch keine Spur des Tempels oder der Orakelstätte entdeckt.

Patara blickt auf eine lange Geschichte als bedeutendster Hafen an der lykischen Küste zurück. Nachdem Alexander 333 v. Chr. die Kapitulation der Stadt entgegengenommen hatte, bot er sie dem athenischen General Phokion als eine von vier Städten an, aus denen er die Einkünfte beziehen könne. Der Historiker bezeichnet dies als ein nobles Angebot. Doch Phokion bewies eine noch edlere Denkungsart, indem er das Angebot ablehnte. Während der Kriege zwischen Alexanders Nachfolgern spielte Patara eine wichtige Rolle als Flottenstützpunkt, weshalb die Stadt 315 v. Chr. von Antigonos und 304 v. Chr. von Demetrios, der zu dieser Zeit Rhodos belagerte, eingenommen wurde. Im 3. Jahrhundert kam Patara zusammen mit den übrigen lykischen Städten unter ägyptische Kontrolle. Strabon berichtet, Ptolemaios II. habe sie »wieder aufgebaut« (Näheres erfahren wir nicht) und ihren Namen in Arsinoe zu Ehren seiner Schwester-Gattin geändert. Der alte Name lebte aber bald wieder auf. 196 v. Chr. fiel die Stadt an Antiochos III. von Syrien (s. S. 20), der sie trotz wiederholter Eroberungsversuche durch die Römer und Rhodier bis zum Friedensvertrag von Apamea 189 v. Chr. (s. S. 20) besaß. Durch den Vertrag wurde er gezwungen, alle seine Besitzungen in dieser Gegend aufzugeben. Im folgenden Jahr ordnete der römische Konsul die Verbrennung mehrerer Schiffe des Antiochos an, die noch im Hafen von Patara lagen. Während des Ersten Mithridatischen Krieges belagerte der König Patara eine Zeitlang. Er beging dabei den Frevel, im Letoon Holz für seine Belagerungsmaschinen fällen zu lassen. Erst ein Traum brachte ihn dazu, damit aufzuhören.

Nach der Katastrophe in Xanthos zog Brutus 42 v. Chr. weiter nach Patara. Dort stellte er die Stadt vor die Wahl, sich ihm zu unterwerfen, oder aber ein ähnliches Schicksal zu erleiden. Die Patarer leisteten zunächst Widerstand, obwohl die Xanthier sie beschworen, doch Vernunft zu zeigen. Brutus gab ihnen für den Rest des Tages Bedenkzeit, am nächsten Morgen entschieden sie sich für die Unterwerfung. Plutarch zufolge brachten diesen Gesinnungswandel weibliche Gefangene zustande, die Brutus aus Furcht vor einer Wiederholung des furchtbaren Geschehens in Xanthos freiließ, ohne Lösegeld zu fordern. Er hoffte, sie würden ihre Väter und Ehemänner zur Aufgabe der Stadt bewegen. Das taten sie auch, indem sie Brutus als den einsichtigsten und ehrenhaftesten aller Männer darstellten. Dio Cassius gibt allerdings eine andere Version. Da die Freilassung der weiblichen Gefangenen nicht den gewünschten Erfolg gehabt habe, hätte er auf einem sicheren Platz außerhalb der Mauern einen Sklavenmarkt eingerichtet und damit begonnen, die männlichen Gefangenen einen nach dem andern zu verkaufen. Als er auch damit keine Wirkung erzielte, ließ er nach dem Verkauf einiger Männer die übrigen frei. Jetzt endlich waren die Patarer davon überzeugt, daß er ein guter Mensch sei und kapitulierten ohne weiteres. Übereinstimmend berichten die Historiker, daß Brutus die Patarer weder mit dem Tod noch dem Exil bestrafte. Er ordnete lediglich an, daß alles, was in der Stadt an Gold und Silber in öffentlicher oder privater Hand vorhanden war, abgeliefert werden sollte. Geld war schließlich der Hauptzweck beim Feldzug des Brutus in Lykien.

In der Kaiserzeit blieb Patara weiterhin eine der bedeutendsten Städte in Lykien. Sie besaß drei Stimmen im Lykischen Bund und war auch Sitz des römischen Provinzgouverneurs. Ferner wurden hier vermutlich im Tempel des Apollon die Bundesarchive aufbewahrt, und die Stadt besaß den Titel Metropolis. Im 4. Jahrhundert gelangte sie in christlichen Kreisen als Geburtsort des Bischofs Nikolaus von Myra zu hohem Ansehen.

Da der Hafen von Patara der wichtigste in Lykien war, wurde Patara in Appians Worten »gleichsam zum Hafen von Xanthos«. Heute existiert er nicht mehr. An seiner Stelle erstreckt sich jetzt ein ausgedehntes Stück Freiland, das im Winter und stellenweise auch im Sommer sumpfig ist. Es ist von Norden nach Süden etwa 1,5 km lang und etwa 0,5 km breit. Vom Meer wird es durch eine breite Sanddüne getrennt. Auf diesem Gelände wird jetzt zum Teil angebaut. Man kennt es unter dem Namen Kelemiş, aber es gibt hier kein Dorf. In der Antike war der Hafen mit einer Mauer umgeben, von der vor allem auf der Ostseite noch einige spärliche Überreste stehen. Aus den antiken Berichten über Brutus' Verfahren mit den Patarern geht hervor, daß die gesamte Stadt befestigt war, aber von einer Mauer ist heute nicht mehr das Geringste zu sehen. Die öffentlichen und privaten Gebäude waren einfach um den antiken Hafen herum angelegt. Bis auf einen etwa 40 m hohen Hügel am südlichen Ende, beim Hafeneingang auf der Ostseite ist das ganze Gelände flach (Taf. 41). Von der Strecke Xanthos-Kaş zweigt ein Fahrweg ab, auf dem man die Ruinen erreicht. Aus dieser Richtung kommend erblickt der Besucher zuerst einen praktisch völlig erhaltenen römischen Torbau mit drei überwölbten Durchgängen (Taf. 42). Auf beiden Seiten des Baus sind neben diesen Durchgängen sechs Konsolen angebracht, die früher Büsten trugen. Die noch vorhandenen Inschriften geben die Namen der hier einst dargestellten Personen an. Es waren Büsten von Mettius Modestus, der um 100 n. Chr. Statthalter von Lykien – Pamphylien war, und Mitgliedern seiner Familie. Demzufolge stammt der Bau aus dieser Zeit. In einer anderen Inschrift an der Nordseite heißt es, er sei vom »Volk von Patara, Metropolis der lykischen Nation« errichtet worden. Unmittelbar westlich dieses Torbaus trifft man auf eine leichte Bodenerhöhung; von dort stammt qualitätsvolle attische Keramik aus der klassischen Zeit. Man hat vermutet, daß an dieser Stelle der bisher nicht entdeckte Tempel des Apollon stand, aber man hat weder hier noch an anderen Stellen in Patara systematisch ausgegraben.

Unweit südlich dieser Anhöhe befinden sich die Überreste eines Gebäudes (B auf dem Plan), das aus zwei seitlichen Räumen bestand, die durch ein gewölbtes Dach verbunden waren. Man hat angenommen, daß sich hier entweder eine Thermenanlage befand,

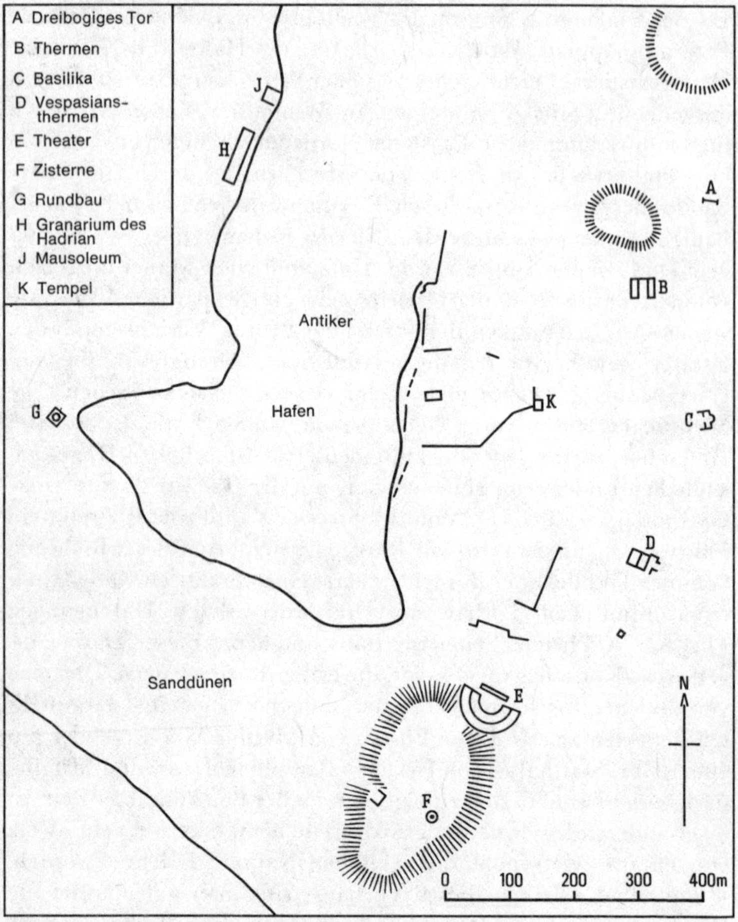

Abb. 11 Plan von Patara

oder daß das Gebäude zum Bau von Schiffen bestimmt war. Auch die Basilika (C) ist schlecht erhalten. Sehr viel reizvoller ist der nur wenig westlich liegende Tempel K, der allerdings von Bewuchs befreit werden müßte. Der in korinthischer Ordnung errichtete Bau stammt aus dem 2. Jahrhundert n. Chr. und besteht aus einem einzigen Raum mit einer über 6 m hohen Tür, die reich mit Stuck verziert ist. Dem Aufseher zufolge bezeichnet man das Gebäude jetzt allgemein als den Tempel des Apollon. Das liegt wahrscheinlich daran, daß er bisher der einzige Tempel im Ruinengebiet ist. Für ein derartig berühmtes Gebäude ist er aber viel zu klein und zu schlicht, selbst wenn man davon ausginge, daß er ein später Nachfolgebau ist.

Südlich der Basilika liegen besser erhaltene Thermen. Nach einer Inschrift dort wurden sie »mitsamt den Schwimmbecken und zusätzlicher Ausschmückung« von Kaiser Vespasian (69–79 n.Chr.) erbaut. Bezahlt wurde der Bau mit dafür vorgesehenen Mitteln und Geldern, die der Bund beisteuerte. Die Thermen bestehen aus fünf mit Türen verbundenen Räumen, die dem Apodyterium oder Umkleideraum, dem Frigidarium, Tepidarium, Caldarium und dem Sudatorium entsprechen (s. Ägäische Türkei, S. 229 f.). Für die Identifizierung der einzelnen Räume sind jetzt aber keine Anhaltspunkte mehr vorhanden. Die zahlreichen Löcher in der Wand stammen von Nägeln zur Befestigung einer Wandverkleidung aus Marmor oder Bronze. Hierbei handelt es sich um eine spätere Hinzufügung, denn die Nagellöcher durchbohren sogar die Inschrift.

Am Nordostfuß des Hügels gibt es ein bemerkenswert gut erhaltenes Theater (Taf. 43, 44). Die Cavea ist jedoch zum großen Teil mit Treibsand bedeckt und das Bühnengebäude von Bäumen überwuchert. Frühere Besucher, die das Theater noch in einem weniger beeinträchtigten Zustand sahen, zählten 34 Sitzreihen und gaben das Ausmaß der Orchestra mit etwa 30 m an. Das Theater hat eine einzige Diazoma. Das untere Stockwerk des Bühnengebäudes weist die üblichen fünf Türen auf die Bühne hinaus und fünf Fenster auf. Das obere Stockwerk war von überwölbten Fenstern durchbrochen. Einer Inschrift an der Außenmauer des Bühnengebäudes ist zu entnehmen, daß Vilia Procula, eine Bürgerin von Patara, im Jahr 147 n. Chr. dem Kaiser Antoninus Pius, der Stadt Patara und ihren angestammten Göttern das von ihrem Vater erbaute Proszenium und als ihren eigenen Beitrag die Bühne mit ihren Statuen und der Marmorverkleidung zugeeignet habe. Die elfte Sitzreihe im oberen Block und das Sonnensegel über dem Zuschauerraum seien zu einem früheren Zeitpunkt von ihr und ihrem Vater gestiftet worden. Das Theater als Ganzes ist sicher älter, denn in einer anderen Inschrift ist davon die Rede, daß es zur Zeit des Tiberius (14–37

n. Chr.) von Polyperchon, einem Priester des Apollon, instand gesetzt worden sei.
Der Hügel oberhalb des Theaters verdient eigentlich nicht die Bezeichnung Akropolis. Er ist völlig unbefestigt, nur einige unbedeutende Gebäudeüberreste und ein paar Gräber sind dort zu sehen. Ganz oben befindet sich jedoch eine merkwürdige Anlage, die zu vielen Spekulationen Anlaß gegeben hat (Taf. 45). In der Mitte einer runden Grube mit etwa 10 m Durchmesser und einer fast ebenso großen Tiefe steht ein aus Steinen gefügter Pfeiler. Eine steile, in den Fels gehauene Treppe führt in einer Haarnadelkurve zum Boden der Grube herab. Die unteren Partien der Grubenwände sind in den Fels gehauen. Darüber füllen kleine, mit Mörtel gefügte Steine die Zwischenräume im Fels aus. Der Pfeiler in der Mitte steht gegenwärtig noch etwa 2 m hoch. Er ist aus jeweils drei sorgfältig behauenen Quadern pro Lage errichtet. Die neun unteren Reihen sind noch vollständig erhalten; die Partie darüber ist weniger sorgfältig ausgeführt. Über den Verwendungszweck dieser Grube wurden unterschiedliche Ansichten geäußert. Ganz abwegig ist die Annahme, hier sei die Orakelstätte des Apollon. Von der Gestaltung her könnte dies zwar zutreffen, doch sagt Herodot ganz deutlich, daß sie im Tempel oder unmittelbar beim Tempel war. Einer wahrscheinlicheren Theorie nach stand hier ein Leuchtturm. Von der Lage über der Hafeneinfahrt her scheint dieser Gedanke auf den ersten Blick sehr einleuchtend. An Ort und Stelle kommen jedoch starke Bedenken. Die Grube befindet sich nicht auf dem Gipfel, sondern unterhalb davon auf der dem Meer abgewandten Seite. Und warum sollte der Leuchtturm auch so tief in den Boden eingelassen worden sein? Der Autor ist der Ansicht, daß der im Jahr 1810 von Gell geäußerte Vorschlag richtig ist. Dieser meinte nämlich, daß es sich um eine Zisterne handelt. Im gegenwärtigen Zustand zeichnen sich zwei Bauperioden ab. Zunächst war es eine einfache, aus dem Fels gehauene Zisterne, die bis zur neunten Quaderreihe des Pfeilers reichte. Später wurden die Wände durch Zufügung von Mauerwerk weiter nach oben gezogen und der Pfeiler aufgestockt. Die Treppe ist zweifellos original. Der Pfeiler diente der Überdachung zum Schutz gegen die Sommerhitze. Vermutlich waren zunächst Platten darüber gelegt worden. Später baute man ihn bis zur gegenwärtigen Höhe, um ein Dach mit abfallenden

Seiten zu erhalten. (Eine ähnliche, aber viel kleinere Zisterne mit Pfeiler kann man auf der Akropolis von Pergamon sehen.) Eine derartige Zisterne war in Patara früher sehr notwendig, da es dort kein Wasser gibt. (Besucher sollten Wasser dabei haben!) Später wurde die Stadt von einem Aquaedukt gespeist, von dem weiter unten noch die Rede sein wird. Als dann der Aquaedukt verfallen war, baute man die Zisterne aus und benutzte sie wieder.

Auf der Westseite der Hafeneinfahrt liegt ein weiteres interessantes Bauwerk, bei dem es sich mit größerer Wahrscheinlichkeit um einen Leuchtturm handelt. Es sind nur die Fundamente erhalten, die leider der Treibsand bedeckt, so daß jetzt nur noch sehr wenig davon zu sehen ist. Früher war noch die rechteckige abgestufte Basis erkennbar. Darauf lagen die eingestürzten Überreste eines ebenfalls auf Stufen errichteten Baus. Man fand einige Steinblöcke mit je ein paar Buchstaben einer Inschrift. Leider ist das einzige erkennbare vollständige Wort »erbaut«. Löcher in den Buchstabenrillen lassen darauf schließen, daß sie mit Bronzestreifen ausgefüllt waren. Dieser vermutliche Leuchtturm stand wahrscheinlich auf einer Mole der Hafeneinfahrt, bis er unter dem Sand begraben wurde.

Weiter nördlich befindet sich das Granarium des Hadrian. Eine lateinische Inschrift an der Fassade ermöglichte die Identifizierung. Bis auf das Dach steht das Gebäude noch vollständig. Auch hier wird die Vegetation zu einer lästigen Behinderung. Das Gebäude ist 60 m lang und 24 m breit, Quermauern teilen es in acht gleichgroße, ursprünglich überwölbte Räume, die miteinander durch Türen dicht an der Außenmauer verbunden sind. Die zweistöckige Fassade wird durch ein Gesims unterteilt, darunter führten acht Türen zu den einzelnen Räumen. Über jeder Tür liegt ein Fenster im oberen Stockwerk. Allerdings war das Gebäude im Innern anscheinend nur einstöckig. An der Fassade waren über den Türen je zwei Konsolen angebracht, auf denen vermutlich, wie am dreibogigen Torbau (A), Büsten standen.

Nur wenig nördlich des Granariums befinden sich die Überreste eines freistehenden, einst wohl sehr stattlichen Tempelgrabes. An der zum Hafen gelegenen Seite erreichte man es über Stufen. Die Vorderseite des Grabes war mit vier Säulen ausgestattet. Eine Mauer mit Halbsäulenschmuck an der Außenseite steht noch. Darüber liegt eine Schicht des gewölbten Daches mit Kassettenfeldern (Taf. 46). Von der Tür ist nur ein Pfosten zur Hälfte erhalten. An den Horizontalkanten der Mauerblöcke im Innern hat man Stege gelassen, um die Blockkanten während des Baus nicht zu beschädigen. Später hätten sie abgeschlagen werden sollen, was man aber aus irgendeinem Grund unterlassen hat. Zahlreiche andere Gräber sind noch vorhanden, darunter einige Sarkophage mit abgerundetem Dach und Firstbalken.

Wie bereits oben erwähnt, gibt es in Patara kein Trinkwasser. Am Anfang muß daher die Wasserversorgung problematisch gewesen sein. In römischer Zeit wurde die Stadt von zwei Aquaedukten gespeist. Zwei davon sind noch in Überresten westlich und östlich der Stadt zu sehen: Jenseits des Flusses Xanthos verläuft in der Nähe von Özlen noch ein kurzes Stück eines römischen Aquaedukts in polygonalem Mauerwerk, der aber wahrscheinlich Xanthos und nicht Patara versorgte. Der andere Aquaedukt befindet sich 8 km östlich von Patara in den Hügeln über Kalkan und ist in etwas ungewöhnlicher Ausführung gebaut. Eine 6 m hohe und 500 m lange Polygonalmauer aus großen Blöcken führt über eine Bodensenke. Durch zwei schmale Öffnungen gelangt man hinein. Der Wasserkanal oben besteht wie gewöhnlich aus Quaderblöcken, die in der Mitte durchbohrt sind. Dieser Aquaedukt führte mit Sicherheit nach Patara, auch wenn sich nichts davon in der näheren Umgebung der Stadt erhalten hat.

Abgesehen von der Zisterne auf dem Theaterhügel gibt es für die vorrömische Zeit keinen Hinweis auf Wasserversorgung am Ort. Die Zisterne allein hätte mit Sicherheit nicht für eine Stadt ausgereicht. Wasserdicht gemacht, würde ihr Fassungsvermögen im gegenwärtigen Zustand bei etwa 630 000 l liegen. Geht man davon aus, daß sich die Zisterne im Winter mit Regenwasser wiederauffüllt, und berechnet man etwa 4,5 l pro Person und Tag, würde die Versorgung mit frischem Wasser ungefähr für 800 Personen reichen. In hellenistischer Zeit dürfte die Bevölkerungszahl aber um das Zehnfache darüber gelegen haben (s. Anhang). Damals war die Zisterne überdies noch kleiner als heute. Das übrige Wasser muß aus Brunnen gekommen sein, denn das Wasser vom Hafen war mit Sicherheit nicht trinkbar, und die einzige Alternative wäre Wasser aus dem 6 km entfernten Xanthos gewesen.

9. Mittellykien I

Phellos und Antiphellos

Das Siedlungsgebiet von Antiphellos bei Kaş war schon immer bekannt. Die Stadt hieß bis in jüngere Zeit Andifli, und diesen Namen hört man immer noch häufig. Im letzten Jahrhundert war das Verwaltungszentrum des Distrikts in Kaş Kasaba im Norden. Mit dessen Verlegung nach Andifli ging auch der Name über. Dem früheren Hauptort, der jetzt nur mehr ein Dorf ist, blieb der Name Kasaba. Die Lage von Phellos war dagegen umstritten. Davon wird weiter unten die Rede sein.

Von der Lage her ist Antiphellos einer der schönsten Orte an der türkischen Küste. Kaş befindet sich auf der Landenge einer kleinen, nach Westen verlaufenden Halbinsel. Zwischen diesem Ort und dem Festland zieht sich eine schmale, landumschlossene Bucht hin. Die Ruinen von Antiphellos sind in der Umgebung von Kaş und auf der Landenge. Das Ganze wird von einer großartigen, senkrecht abfallenden Klippe beherrscht, die mit einer Höhe von etwa 450 m alles überragt und dem Ort seinen eindrucksvollen Charakter verleiht. An dieser Klippe zieht sich der Weg von Norden schräg hinab, ein Pfad führt auf die Anhöhe im Westen. Der Weg nach Xanthos verläuft am Ufer entlang; er ist ziemlich holprig, aber bei einiger Vorsicht mit dem Auto befahrbar.

Phellos und Antiphellos gehören zu den wenigen lykischen Städten mit griechischem Namen. Das Wort Phellos bedeutet »steiniges Land« (die andere Bedeutung »Korkeiche« paßt weniger), eine in Mittellykien durchaus zutreffende Bezeichnung. Der Name reicht mindestens bis in das 4. Jahrhundert v. Chr. zurück, wie man von einer zweisprachigen, bei Kaş gefundenen Grabinschrift weiß, in deren griechischem Teil der Tote als Antiphellite bezeichnet wird. Plinius zufolge hieß der Ort früher Habesos. Auf Münzen und Inschriften aus der Zeit der lykischen Dynasten kommt der Name Vehinda in Verbindung mit Antiphellos vor. Er begegnet zum Beispiel im lykischen Teil der eben erwähnten zweisprachigen Inschrift. 1952 wurden an zahlreichen Stellen von Kaş Testgrabungen durchgeführt, die aber fast ergebnislos verliefen. Daraus geht hervor, daß Antiphellos im 4. Jahrhundert ein sehr kleiner Ort war, der lediglich aus einigen Gebäuden um den Hafen und einer Anzahl von Felsgräbern bestand. Zweifellos hatte Antiphellos damals nur die Funktion eines Hafens von Phellos. Vehinda war wohl der lykische Name für Phellos, während der Hafen der Stadt Habesos hieß. Solange die lykische Sprache existierte, bestanden der griechische und lykische Name nebeneinander.

In hellenistischer Zeit änderte sich die Situation, als das Interesse an Handelsgeschäften vorrangig wurde. Antiphellos stieg sehr bald zu einer wichtigen Stadt auf, während die Mutterstadt Phellos in Bedeutungslosigkeit versank. In der römischen Kaiserzeit war Antiphellos dann die führende Stadt der Region. Holz aus den lykischen Wäldern wurde sicher in großem Umfang gehandelt. Informiert sind wir allerdings nur über ein Produkt, nämlich Schwämme. Plinius berichtet, daß die weichsten Schwämme im Umkreis der Mauern von Antiphellos zu finden gewesen seien. Die Stadt prägte in hellenistischer Zeit Bundesmünzen (d. h. mit Bildtypen des Bundes), sowie Stadtmünzen. Bis zu Gordian III. (238–244 n. Chr.) gab es hier dann wie überall in Lykien keine Prägungen.

Der Hafen von Antiphellos lag wie der von Kaş auf der Meerseite der Landenge. Etwas Schutz bietet ein auf das offene Meer zu verlaufendes Riff, das möglicherweise in der Antike künstlich verstärkt war. Aber selbst mit modernen Verbesserungen eignet sich der Hafen heute nur für kleine Schiffe. Der Küstendampfer geht außerhalb vor Anker. Die lange schmale Bucht auf der anderen Seite namens Bucak Limanı (früher Vathy) ist trotz ihres verlockenden Anblicks auf der Landkarte dem »Mediterranean Pilot« zufolge »für Segelboote nicht geeignet. Von den Bergen kommen sehr heftige Nordnordostwinde«. Vom Ufer wird jetzt das zum Verladen bestimmte Holz zu den Schiffen hinausgetrieben.

Trotz seiner ungeschützten Lage hatte Antiphellos weder eine Akropolis noch eine Stadtmauer. Der einzige Schutz war eine Mauer zum Meer, von der noch ein Stück am Ufer entlang erhalten ist. Im Westen der Stadt steht diese Mauer bis zu sechs Schichten hoch an und ist mit Unterbrechungen über 500 m lang. Das regelmäßig geboßte Quaderwerk weist auf eine Datierung in hellenistische Zeit.

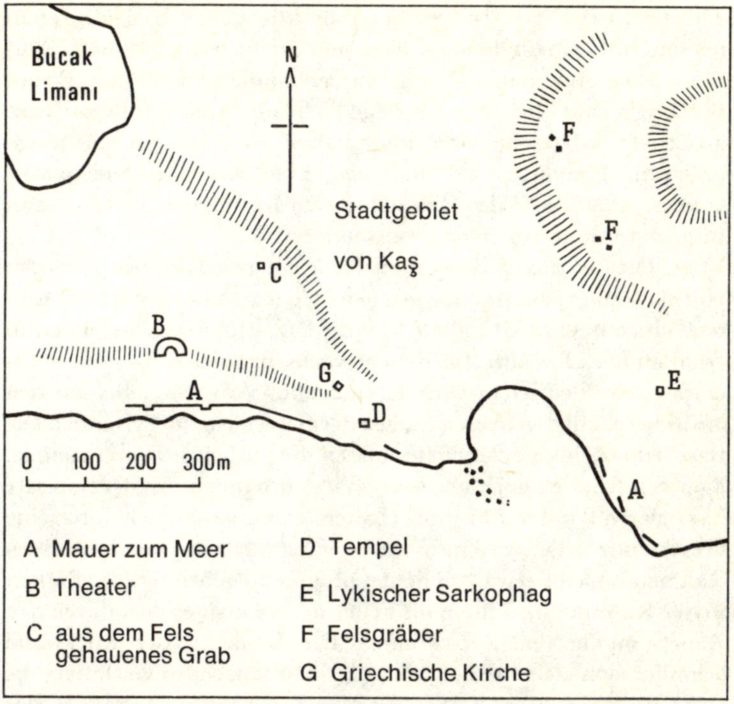

Abb. 12 Plan von Antiphellos

Vom Hafen gelangt der Besucher auf einem nach Westen aufwärtsführenden Pfad sehr bald zu den Überresten eines kleinen Tempels auf der linken Seite (Taf. 49). Nur die unteren Partien sind bis zu fünf Schichten hoch in ziemlich regelmäßigem Quaderwerk erhalten. Die Blöcke sind leicht geboßt und bisweilen an den Kanten abgearbeitet. Eine deutlich sichtbare senkrechte Linie an der Ostseite zeigt da, wo die Blöcke nicht überlappen, an, daß die Stützmauer später erweitert oder ausgebessert wurde. Der ursprüngliche Bau gehört in das 1. Jahrhundert v. Chr. Er wurde wahrscheinlich im späten 3. Jahrhundert n. Chr. erweitert. Der Tempel bestand aus einem einzigen Raum. Eine Ausgrabung an der Südseite brachte keine nennenswerten Ergebnisse, und man weiß nicht, welcher Gottheit er geweiht war. Der Pfad führt weiter nach Westen zum

Theater (Taf. 47). Es ist klein, aber praktisch in voller Höhe erhalten und unbeschädigt. Die Cavea umschreibt mehr als einen Halbkreis. Ihre Stützmauer ist aus unregelmäßigem Quaderwerk mit Blöcken gebaut, die sehr unterschiedliche Form und Größe und zum großen Teil abgearbeitete Kanten haben. In der Cavea sind sechsundzwanzig guterhaltene Sitzreihen. Eine Diazoma ist nicht vorhanden. Auch hat das Theater anscheinend niemals ein festes Bühnengebäude aus Stein besessen.

Vom Theater aus gelangt man nach einigen Minuten über den Hügel zu einem am Abhang gelegenen, ganz ungewöhnlich geformten Felsgrab (C auf dem Plan), das die Bezeichnung Dorisches Grab erhalten hat (Taf. 48). Aus dem gewachsenen Felsen ist es in Form eines nach oben leicht verjüngten Kubus gearbeitet. Bis auf den etwas beschädigten oberen Teil ist der Bau vollständig erhalten. Die Basis ist gekehlt, flache Pfeiler bilden die seitlichen Begrenzungen. Von den Kapitellen ist nur noch eines vorhanden. An der Südseite hat sich ein Band mit Mutuli erhalten. Der ursprünglich durch eine verschiebbare Tür verschlossene Eingang wird von einem gekehlten Rahmen um eine etwa 2 m hohe Öffnung umgeben. Da die Bauern in der Kammer im Innern oft Feuer machen, ist es dort durch den Rauch muffig und verschmutzt. Die Bank an der Rückwand schmückt ein kleiner Fries mit 21 kleinen tanzenden Gestalten, die sich an den Händen halten. Das Grab gehört vermutlich in das 4. Jahrhundert v. Chr.

In der Felswand nördlich der Stadt befindet sich eine Anzahl von Felsgräbern, die zumindest teilweise leicht zugänglich sind. Eines davon ist wegen seines spitzbogenförmigen Obergeschosses von Interesse. Außerdem befindet sich daran eine lykische Inschrift, zu der Jahrhunderte später eine Inschrift in lateinischer Sprache kam, die eine Claudia Recepta als Besitzerin des Grabes ausweist.

Wie auch andernorts sind die meisten Grabbauten um Antiphellos Sarkophage. Spratt zählte 1842 mehr als 100, aber sie wurden größtenteils von den Einheimischen zerstört, die die glatten Seitenteile als Bausteine verwendeten. Die für Bauzwecke weniger geeigneten gewölbten Deckel kann man dagegen oft einzeln liegen sehen. Ein Sarkophag ist wegen seiner eleganten Form und des ausgezeichneten Erhaltungszustandes erwähnenswert (Taf. 50). Er steht am oberen Ende des Postane Sokağı und setzt sich aus drei Teilen zusammen. Das etwa 1,50 m hohe Hyposorion hat einen vertieften Fußboden und eine Tür, die aufgebrochen ist. Darüber liegt eine etwa 75 cm hohe Basis. Diese beiden Teile sind aus dem massiven Fels herausgehauen. Darüber schließt sich der eigentliche Sarkophag an, der gesondert gearbeitet ist. Er hat einen spitzbogenförmigen Deckel mit Firstbalken. Je zwei auf den Pranken ruhende Löwenköpfe ragen an beiden Seiten des Deckels hervor, dessen Schmalseite in vier Felder aufgeteilt ist. Am Hyposorion ist eine lange, schwer lesbare lykische Inschrift angebracht, von der oben in Verbindung mit dem Obelisk von Xanthos die Rede war. Es hieß da, sie sei in eine besondere, vielleicht poetische Form des Lykischen gekleidet gewesen. Das Monument weist sie als Grabinschrift aus, doch fehlen die üblichen Begräbnisformeln, und fast alle Worte weichen von der gängigen Abfolge der lykischen Grabinschriften ab. Es erübrigt sich festzustellen, daß sie bisher nicht gedeutet werden konnte.

Die Stadt Phellos wurde erstmals von dem Geographen Hekataios um 500 v. Chr. erwähnt. Er hat sie allerdings aufgrund eines merkwürdigen Irrtums in Pamphylien lokalisiert. Die Grenzziehung zwischen Lykien und Pamphylien war immer etwas ungenau. So rechnete man beispielsweise Phaselis manchmal zu Pamphylien. Daß man aber die Grenze so weit westlich, im Zentrum von Lykien, ansetzte, ist unverständlich. Wie oben bereits ausgeführt, war der lykische Name für Phellos fast mit Sicherheit Vehinda. Die meisten späteren Geographen verzeichnen es unter dem griechischen Namen. Die Stadt prägte im Hellenismus Münzen mit Typen des Lykischen Bundes, weitere Emissionen gibt es erst wieder unter Gordian III.

Im Jahr 1842 besuchte Spratt eine antike Stadtanlage auf dem Berg Felendağı über dem Dorf Çukurbağ. Er vermutete wegen der Namensähnlichkeit und der Lage nahe bei Antiphellos, daß hier Phellos sei. Zwei Jahre früher hatte Fellows den gleichen Gedanken, sein Bericht ist aber sehr ungenau. Diese Ansicht hielt sich bis 1892; dann meinte Benndorf, Phellos sei an einem viel kleineren Platz an der Küste bei Bayındır Limanı, gegenüber der Bucht von Kaş, zu suchen. Er stützte sich dabei auf zwei Argumente: zum einen auf die Lage gegenüber von Antiphellos, zum andern auf eine Grabinschrift am Ort, in der es heißt, daß die Geldbuße für die Beschädigung des

Grabes an Phellos zu zahlen sei. Der Autor glaubt, daß hier ein Mißverständnis vorliegt und hält die Gleichsetzung mit Felendağı für korrekt. Keines von Benndorfs Argumenten ist überzeugend. Das Praefix anti- sollte man nicht ohne einen politischen Zusammenhang einfach als ›geographisch gegenüberliegend‹ deuten. Viele der Gräber mit Inschriften, nach denen eine Geldbuße an Phellos zu zahlen war, gehörten Phelliten; sie wurden an mindestens acht weiteren Plätzen im Norden und Osten gefunden. Die beiden einzigen lesbaren griechischen Grabinschriften in Felendağı stammen von Phelliten. Außerdem wäre die Lage von Phellos an der Küste unbefriedigend. Strabon und Ptolemaios lokalisieren Phellos ausdrücklich im Inland, und bezeichnenderweise führt auch der Stadiasmos unter den Orten an der Küste Antiphellos, nicht aber Phellos auf. Der Vermerk des Plinius »Antiphellos, früher Habesos, und in einem Einschnitt Phellos« hilft nicht weiter. Wenn Antiphellos, wie oben dargelegt, der Hafen von Phellos gewesen ist, dann konnten nicht beide Städte am Meer gelegen haben. Da Bayındır Limanı ein besserer Hafen als Kaş ist, kann der einzige Grund für die Existenz von Antiphellos nur seine Funktion als Hafen für eine hoch im Norden gelegene Stadt gewesen sein. Das schlüssigste Argument ist aber vielleicht die jeweilige Größe und Lage der beiden Orte. Das Gebiet von Felendağı ist mindestens dreimal so groß wie das von Bayındır Limanı. Dazu kommt seine dominierende Lage über die weite Ebene von Çukurbağ und seine ausgezeichnete Wasserversorgung. Bei Bayındır Limanı gibt es außer einigen Feldern kein Anbaugebiet und überhaupt kein Trinkwasser, Felendağı ist in Mittellykien östlich von Seyret der einzige Ort mit Wasserzufluß.

Man erreicht Çukurbağ auf einer holprigen Nebenstraße von der Avullu Ebene aus. Zu den Ruinen muß man dann etwa 300 m aufsteigen, wofür man eine knappe Stunde benötigt. Kürzer ist der Weg über den Berghang hinauf, was aber nicht einmal jungen und trainierten Leuten empfohlen werden kann. Die Stadt umfaßt eine lange schmale Fläche auf dem Hügel mit etwa 600 m Länge und weniger als 200 m Breite. Eine Gruppe von vier Sarkophagen in einer Reihe und einem fünften, jetzt umgestürzten Sarkophag sind die ersten Vorboten. Etwas weiter oben stehen noch einige Teilstücke der Nordmauer in frühem, massivem Polygonalwerk an. Auf

. Pinara. Felswand mit Grablöchern
? Pinara. Das ›Königsgrab‹

33 Pinara. Gräber neben dem ›Königsgrab‹

34 Pinara. Grab mit Ochsenhörnern

35 Sidyma. Lykisches Pfeilergrab
36 Sidyma. Lykisches Gr

7 Sidyma. Frühe Mauer
8 Sidyma. Lykisches Grab

39 Sidyma. Zwei Sarko-
phage nebeneinander
40 Sidyma. Gebäude au
Grabfundament

41 Patara. Blick nach Norden vom Theaterhügel
42 Patara. Imposanter Torbau

43 Patara. Das mit Sand angefüllte Theater
44 Patara. Theater

Patara. Zisterne auf dem Theaterhügel
Patara. Grabbau

47 Antiphellos. Theater
48 Antiphellos. Grab ar
Abhang

9 Antiphellos. Tempel
0 Antiphellos. Lykischer Sarkophag

51 Phellos. Grab mit Reliefschmuck
52 Aperlai. Stadtmauer

3 Apollonia. Grab mit Ornamentschmuck
4 Isinda. Lykisches Grab

55 Kyaneai. Sarkophag

5 Kyaneai. Sarkophag
und Pfeiler
7 Kyaneai. Lykische
Gräber

58 Kyaneai. Lykische Gräber
59 Kyaneai. Ionisches Grab

der Südseite ist die Mauer fast bis auf den Grund zerstört, man kann ihren Verlauf aber noch an manchen Stellen erkennen. Die höchste Stelle nimmt eine Einfriedung mit einer Mauer um eine jetzt mit Gestrüpp angefüllte Mulde ein. Hier stand sicher eine mittelalterliche Befestigungsanlage. An antiken Monumenten findet man vor allem teils sehr schöne Grabbauten vor. Ein freistehendes, ganz aus dem Fels gearbeitetes Hausgrab an der Westseite enthält eine einzige Kammer mit Bänken an drei Seiten. Die Bank an der Rückseite ist ausgehöhlt. Dicht dabei wurden zwei Fragmente einer lykischen Grabinschrift gefunden. Östlich dieses Grabes befindet sich ein eigenartiger, interessanter Komplex. Er setzt sich zusammen aus einem Hausgrab mit äußerer und innerer Kammer in gutem Erhaltungszustand, aus kleinen, fast völlig zerfallenen Gräbern unterschiedlicher Art, einer halbrunden Mauer aus spätem Mauerwerk, sowie einer Felsmauer mit einem stark beschädigten Relief, auf dem ein riesiger Stier dargestellt ist.
Unterhalb der Stadtmauer steht ein sehr stattlicher, weitgehend unbeschädigter Sarkophag mit Reliefs an drei Seiten auf einem massiven Unterbau (Taf. 51). Auf dem Relief an der südlichen Längsseite sieht man einen Mann auf einem Ruhebett mit einer Schale in der Hand liegen, den zwei Gestalten rahmen. Vor ihm steht ein Tisch, und unter dem Ruhebett sind zwei wie Fasane aussehende Vögel wiedergegeben. Auf der westlichen Schmalseite ist ein Krieger dargestellt, der aber durch ein großes Loch am Grab teilweise zerstört ist. Auf dem Deckel darüber sitzen in den beiden Feldern zwei einander zugewandte Greifen. Auf der anderen Schmalseite steht ein Mann mit ausgestreckten Armen, dem eine kleinere Gestalt auf der linken Seite einen Helm reicht. Am Südabhang des Hügels befinden sich noch einige aus dem Fels gehauene lykische Gräber, die zum Teil verschüttet sind. An einem der Gräber ist eine griechische Inschrift aus römischer Zeit angebracht.
Felendağı ist in diesem Gebiet die einzige Stadt mit sehr guter Wasserversorgung. Am Ostabhang des Hügels gibt es eine reichhaltige Quelle und im Dorf Çukurbağ einen Brunnen. Eine starke Quelle im nahegelegenen Pınarbaşı versorgt jetzt Kaş. Oben auf dem Hügel wurden in letzter Zeit zwei Brunnen gebohrt, deren Wasser gut und sehr kalt ist.

Ein ganz anderes Bild bietet sich um Bayındır Limanı. Dem »Mediterranean Pilot« zufolge ist der kleine, aber gute Hafen »leicht zugänglich und bietet ausreichend Schutz. Schiffe gehen hier vor Anker oder werden mit Trossen am Ufer vertäut«. Gelegentlich wird der Hafen noch benutzt. In die Felswand über dem Hafen sind einige Gräber gehauen; an einem davon befindet sich eine lykische Inschrift.

Ein halsbrecherischer Pfad führt zu dem darübergelegenen Ruinengebiet. Der Autor fand ihn ausgesprochen gefährlich, denn ein Ausgleiten kann tödlich sein. Ein anderer Weg an der Rückseite führt aber auch hinauf. Die Ruinen stammen zweifellos von einer antiken Stadt, die mit einer Länge von wenig über 200 m sehr klein war. Die mittelmäßig erhaltene Mauer ist aus vermischtem Mauerwerk errichtet. An einer Stelle steht sie über Mannshöhe hinaus in sehr sorgfältigem Polygonalwerk an. Ein kleines Fort am oberen Ende ist ebenfalls in polygonaler Technik gebaut. Innerhalb der Mauer hat sich außer einem auseinandergebrochenen Sarkophag praktisch nichts erhalten. Einer der Sarkophage außerhalb der Mauer trägt die oben erwähnte Inschrift, nach der die Geldbuße für Verletzung des Grabes an Phellos zu zahlen war. Diese Geldbuße ist ungewöhnlich hoch, sie beträgt 10 000 Drachmen. Datiert wird die Inschrift etwa in das 2. Jahrhundert v. Chr. Ackerland ist kaum vorhanden, und mit dem Landesinnern gibt es nur wenig Verbindung.

Der Name der Stadt läßt sich anscheinend bestimmen. Ein griechischer Schriftsteller aus dem ersten Jahrhundert v. Chr. berichtet von einem lykischen Hafen namens Sebeda. Bis in jüngere Zeit hieß Bayındır Limanı Hafen von Sevedo. Darin hat sich sicherlich der antike Name erhalten. Die über dem Hafen gelegene Stadt trug natürlich den gleichen Namen. Sebeda wird nirgendwo sonst erwähnt, und so stimmt seine im Dunkeln liegende Geschichte gut mit den sehr bescheidenen Ausmaßen des Ortes überein.

Auf der Anhöhe westlich von Kaş liegen etliche kleinere antike Orte. Am meisten Beachtung verdient ein Ort über der *yayla* von Seyret mit Blick über ein langes Tal, durch das sich ein Bach hinabzieht, der dann in den Felen mündet. Der Ort liegt mehr als 700 m über dem Meer und nimmt drei kleine Hügelkuppen ein. Es gibt hier noch eine frühe Mauer aus ungeboßtem Polygonalwerk. Von der

Ausdehnung her kann man das Ganze mit dem Siedlungsgebiet bei Bayındır Limanı vergleichen. An einer Stelle befindet sich ein 2,50 m hoher Torbau, der isoliert steht und nicht in den Verlauf der Stadtmauer einbezogen ist. Im Innern sieht man zahlreiche Überreste von Gebäuden und Häusern, deren Türpfosten noch aufrecht stehen, sowie mindestens ein halbes Dutzend Sarkophage mit jetzt am Boden liegenden spitzbogenförmigen Deckeln. Am Fuß des Hügels steht nördlich ein Pfeilergrab auf einem gewölbten Unterbau, der mit großen Platten gedeckt ist und anscheinend als Grabkammer gedient hat. Unweit davon gelangt man zu mehreren Felsgräbern, von denen eines eine lykische Inschrift trägt. Nach einer einleuchtenden Vermutung befand sich hier das »Dorf der Seroiateis«, das in der Vita des Heiligen Nikolaus von Sion erwähnt wird. Die Gleichsetzung beruht aber lediglich auf der Namensähnlichkeit mit Seyret.

In der Nähe des Dorfes Sidek liegt eine felsige Anhöhe mit einer Polygonalmauer, einem gewaltigen ›gotischen‹ Sarkophag und einem Felsgrab mit lykischer Inschrift.

Eine etwa 50 m lange ummauerte Fläche weiter nördlich war wohl keine Stadt sondern eine Festung. Sie liegt oberhalb des Streudorfs Hacıoğlan auf einem Hügel in etwa 600 m Höhe über dem Meer auf der Nordseite des Flusses. Am Hang auf dem Weg zum Fluß hinab trifft man auf drei lykische Pfeilergräber.

In diesem hochgelegenen Gebiet ist es sogar im Hochsommer herrlich kühl und grün.

10. Mittellykien II

Aperlai

Viel Vergnügen bereitet ein Ausflug mit dem Motorboot entlang der Küste von Kaş nach Üçağız und auf Wunsch weiter nach Demre und Finike. So kommt man am bequemsten nach Aperlai. Die Rückfahrt nach Üçağız mit einem Abstecher nach Simena bei Kale kann man an einem langen Sommertag schaffen. In Üçağız ist nicht mit Sicherheit auf Unterkunft zu rechnen, da die Dorfbewohner den Ort im Hochsommer gern verlassen. Daher sollten sich Reisende, die dort über Nacht bleiben wollen, vorher in Kaş nach den Möglichkeiten erkundigen.

Aperlai war ohne Zweifel eine alte lykische Stadt. Man hat dort allerdings keine lykischen Inschriften gefunden, und es gibt auch keine frühen Felsgräber zu sehen. Einige Silbermünzen aus dem 5. Jahrhundert v. Chr. mit der lykischen Legende APR oder PRL gehören aber nach Aperlai. In der Literatur wird die Stadt zum ersten Mal von Plinius, später dann im Stadiasmos, von Ptolemaios und Hierokles erwähnt. In den byzantinischen Bistumslisten kommt sie in der Form Aprillai vor. Auf die lykische Münzprägung folgten im Hellenismus Prägungen mit Bundestypen, und im 3. Jahrhundert n. Chr. wurden unter Gordian III. noch einmal Münzen geschlagen. In der römischen Kaiserzeit stand Aperlai an der Spitze einer Sympolitie, zu der Simena, Apollonia und Isinda gehörten. Diese vier Städte besaßen vermutlich zusammen eine Stimme in der Bundesversammlung. Auf welche Zeit diese Einrichtung zurückgeht, wissen wir nicht. Die Mitgliedschaft von Apollonia ist zumindest für die vorrömische Zeit zweifelhaft (s. unten S. 103). In den Inschriften werden Bürger der drei miteinander verbundenen Städte offiziell als »Aperliten aus Simena« usw. bezeichnet, ihre eigenen Ethnika werden nicht verwendet.

Das Siedlungsgebiet von Aperlai liegt an der Spitze einer langen schmalen Bucht abseits der Schiffahrtsroute und ist jetzt unbewohnt. Wie der Name Sıçak Iskelesi impliziert, dient es als – allerdings wenig benutzter – Landeplatz für das Städtchen Sıçak, das

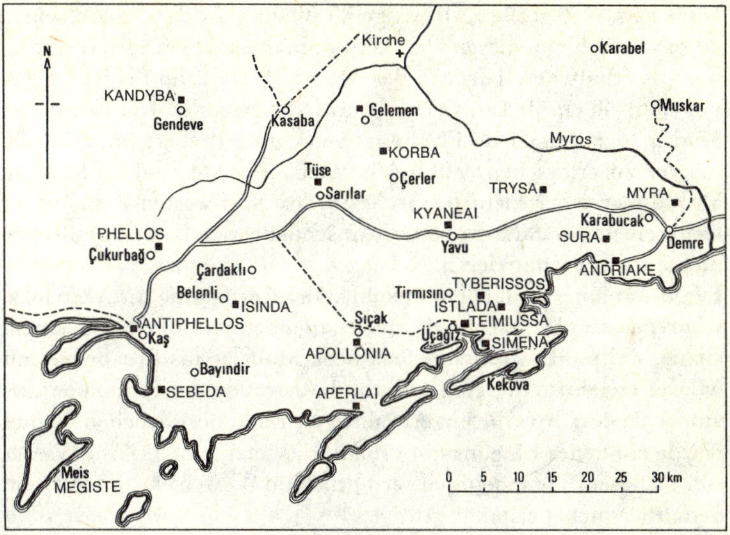

Abb. 13 Karte von Mittellykien

nördlich davon liegt und zu Fuß in etwa einer Stunde zu erreichen ist. Die Ruinen befinden sich auf der Meerseite am Abhang eines niedrigen Hügels unmittelbar über der Nordseite der Bucht.

Die ursprüngliche Stadtmauer umgibt eine etwa rechteckige Fläche, die sich von der Hügelkuppe bis auf etwa 100 m Entfernung vom Wasser hinzieht. Sie ist aus ziemlich regelmäßigen Quadern errichtet, die oben stellenweise bei später erfolgten Ausbesserungen durch kleine, mit Mörtel versetzte Steine bedeckt wurden. Die Westmauer ist am besten erhalten; sie steht noch ziemlich hoch an und enthält zwei ganz schlichte Tore, sowie ein Tor, das mit einem Blindbogen bekrönt ist (Taf. 52). In der Nordmauer gibt es drei viereckige Türme. Die Südmauer in teils polygonalem Mauerwerk verläuft über den Abhang. Jetzt ist sie zum großen Teil zerstört. Ungefähr in der Mitte befindet sich ein Tor, das offensichtlich den Hauptzugang zur Stadt bildete. Zu beiden Seiten war es von einem Turm flankiert. Über halbrunde Stufen gelangt man zum Tordurchgang, der 1,50 m breit ist und von einem 3 m langen massiven Block mit Aushöhlungen für Scharniere an der Unterseite bekrönt wird. Im Torpfosten kann man eine große rechteckige Vertiefung für das Schloß sehen. 50 m westlich von diesem Tor kommt man zu einem verhältnismäßig gut erhaltenen Turm in der Mauer. Etwa zehn Schichten des ungefähr 90 cm dicken Quaderwerks stehen noch. Die von dieser Stadtmauer umgebene Fläche ist stark überwuchert und deshalb schwer zu erforschen. Zahlreiche Gebäudereste sind vorhanden, aber außer einer kleinen Kirche in der Nordwestecke und einer weiteren in der Südostecke mit anschließender Kapelle läßt sich nichts mehr identifizieren.

Diese ummauerte Fläche war wohl in der Antike eine Art Akropolis, während das Hafengelände unten ungeschützt blieb. Zu einem späten Zeitpunkt wurden jedoch neue Mauern aus Bruchstein mit Mörtel errichtet, die vom Ost- und Westende der Südmauer aus zum Ufer hinab verliefen. Am unteren Ende der östlichen Mauer wurde ein neues Eingangstor erbaut, das jetzt zum Teil im Wasser steht. Diesem Tor entsprach vermutlich im Westen ein anderes, von dem aber nichts erhalten ist.

Zahlreiche Grabbauten liegen größtenteils auf der Ostseite außerhalb der frühen Mauer. Bei fast allen handelt es sich um Sarkophage mit abgerundetem Deckel und Firstbalken darauf. Einige stehen zwischen der frühen Mauer und dem Ufer und bestätigen damit, daß diese Fläche erst zu der später befestigten Stadt gehört.

Die interessanteste Entdeckung der letzten Zeit machten Robert Carter und seine Frau. Von ihrer Privatyacht aus beobachteten sie und untersuchten später sehr beachtliche, jetzt unter Wasser liegende Überreste eines Kais mit daran anschließenden Gebäuden. Von der Küstenlinie fällt der Grund ganz allmählich etwa 50 m ab bis zu einer Tiefe von 2 m an der Kaiseite, von wo er weitere 2 m senkrecht abfällt. Diesen Schelf bedeckt ein Komplex von Grundmauern, die von engen Straßen bzw. Gassen unterteilt sind. Einige der Gebäude waren ziemlich groß, aber man kann nichts mehr über ihre Bestimmung sagen. Am westlichen Ende ragt ein Landungssteg heraus. Östlich davon liegt ein langer Stein, der an einem Ende durchbohrt ist und wahrscheinlich zum Vertäuen diente. Der Kai ist in regelmäßigen Abständen von etwa 15 m eingeschnitten, was zur Unterbringung je eines einzelnen, am Kai vertäuten Schiffes ausreichte.

Abgesehen von seiner Führungsposition in der Sympolitie spielte

Aperlai als Stadt niemals eine bedeutende Rolle. Ein sehr wichtiges Anzeichen dafür ist, daß es weder ein Theater noch einen als Tempel erkennbaren Bau gibt. Wissenschaftler oder Touristen besuchen die antike Stätte sehr selten, aber Carter berichtet, daß in den letzten Jahren einige Einheimische dafür Interesse zeigen.

Apollonia

Wie andere, weniger bedeutende Orte im lykischen Binnenland wird auch Apollonia von keinem antiken Schriftsteller erwähnt. Es bleibt nur die Möglichkeit, daß Stephanos irrtümlicherweise eine sonst unbekannte Insel vor der lykischen Küste anstelle der Stadt unter diesem Namen vermerkt hat. Am Ort gefundene Inschriften sichern die Lage der Stadt. »Aperliten aus Apollonia« werden darin erwähnt, und es gibt auch Weihungen an Augustus und Tiberius vom Volk von Apollonia. Diese unabhängig von Aperlai dargebrachten Weihungen lassen vermuten, daß Apollonia zu dieser Zeit kein untergeordnetes Mitglied in der Sympolitie, sondern eine unabhängige Stadt war. Auch können Bundesmünzen (sehr selten) mit der Legende APO, die mit Sicherheit zu Apollonia gehören, nur von einer unabhängigen Stadt geprägt worden sein. Entweder bestand die Sympolitie erst von der Kaiserzeit an, oder Apollonia war zunächst kein Mitglied.
Die Ruinen liegen auf einem etwa 90 m hohen Hügel oberhalb des Dorfes Sıçak, dessen offizieller Name Kılınçlı ist. Man kommt jetzt ohne Schwierigkeiten dorthin, da ein neugebauter Fahrweg, der aber nur für einen Jeep geeignet ist, durch Sıçak auf dem Weg nach Üçağız führt. An der Westseite sind die Stadtmauern gut erhalten. Ferner sind eine kleine ummauerte Fläche auf der Hügelkuppe, ein weitgehend zerstörtes Theater, ein großes, überwölbtes Reservoir, sowie zahlreiche Zisternen in der gebräuchlichen Glockenform zu sehen. Gräber sind wie üblich reichlich vorhanden, besonders am Nordabhang zum Dorf zu, die meisten von ihnen sind Sarkophage. Sechs lykische Pfeilergräber, alle ohne Inschrift, bezeugen allein durch ihre Vorhandensein das hohe Alter des Ortes. An einem lykischen Felsgrab ist eine griechische Inschrift angebracht. Der schöne, freistehende Grabbau ist auf Taf. 53 abgebildet. Der Name

Apollonia ist natürlich griechisch; wie der lykische Name gelautet hat, ist unbekannt.

Isinda

Auch die Geschichte von Isinda liegt im Dunkeln, die Stadt wurde in der Antike nicht erwähnt. Wie in Apollonia ermöglichen am Ort gefundene Inschriften, in denen von »Aperliten aus Isinda« die Rede ist, die Benennung der Stadt. Die Ruinen liegen auf einem kleineren Hügel unmittelbar über dem Dorf Belenli. Die stellenweise recht gut erhaltene Ringmauer aus schlechtem Mauerwerk wurde häufig ausgebessert. Ganz oben liegen die Grundmauern eines Gebäudes mit Stufen an der Längsseite und vorspringenden Flügeln an beiden Enden, das einer Stoa ähnelt. Zwei Hausgräber mit lykischen Inschriften befinden sich nahe der Hügelkuppe. Ferner kann man zwei Zisternen sehen, und am Abhang zum Dorf stehen eine Anzahl ›gotischer‹ Sarkophage mit griechischen Inschriften.
Daß Isinda bei Belenli in die Sympolitie mit Aperlai einbezogen wurde, erscheint merkwürdig. Das liegt nicht an der Entfernung, die kaum größer ist als die zwischen Aperlai und Simena. Der Ort gehört vielmehr zu einem ganz anderen Gebiet, dazwischen liegt das Massiv des 700 m hohen Kıran Dağ. Eine Verbindung mit Phellos wäre naturgemäßer.
Unweit von Belenli steht das auf Taf. 54 abgebildete ungewöhnliche lykische Grab, das zur einen Hälfte ein Hausgrab und zur anderen ein Sarkophag ist. Der Platz ist unter dem Namen Çindam, »das chinesische Haus« bekannt, der sicher ursprünglich für das Grab galt.
Nordöstlich von Isinda befindet sich eine große Anzahl von kleinen Siedlungsgebieten, deren Überreste über das vom Fluß Felen-Demre begrenzte Plateau verstreut liegen. Da keine Straße dorthin führt, besuchte der Autor diese Orte zu Fuß; ob man mit einem Jeep bis dahin fahren könnte, weiß er nicht. Ein kurzer Bericht wird wohl ausreichen.
In der Nähe des Dorfes Çardaklı befindet sich das Siedlungsgebiet einer kleinen Stadt, die man bisher noch nicht identifiziert hat. Vier

Gräber dort tragen griechische Inschriften, die den Toten als Phelliten bezeichnen oder bestimmen, daß die Geldbuße an Phellos zu zahlen sei. Auf diese Inschriften stützte sich ein Vorschlag, Çardaklı mit Phellos gleichzusetzen.

Von Bağlıca aus gelangt man nach etwa einer halben Stunde in Richtung Süden zu einem Fort auf einer Hügelkuppe, dessen Trümmer oben verstreut liegen. Ein Abhang ist mit herabgefallenen Steinblöcken bedeckt. Auf einem kleinen Hügel ganz in der Nähe befinden sich einige Hausruinen und ein Sarkophag. Etwa 500 m weiter östlich liegt eine Gruppe von etwa einem halben Dutzend Sarkophagen. Auf einem davon begegnet uns der Name Tyinda, in dem wir wahrscheinlich den Ortsnamen haben.

Weiter nördlich, jenseits der Hauptstraße Kaş-Demre, liegt bei dem Dörfchen Tüse ein kleines Stadtgebiet auf einem niedrigen Hügel. Die Ringmauer aus ziemlich regelmäßigem Quaderwerk umschließt eine Fläche von etwa 80 m Länge, in der sich zahlreiche Gebäudeüberreste befinden. Unterhalb davon liegt auf der Südwestseite ein aus Steinen gefügtes lykisches Hausgrab. Die oberen Schichten sind pyramidenartig abgestuft, und ganz oben liegt ein großer Verschlußstein. Dieses Grab hat den Namen Alâdam. Auf einen Sarkophag mit lykischer Inschrift folgt nach etwa 800 m in Richtung Çerler ein aus dem Fels herausgearbeitetes Hausgrab in der üblichen Ausführung, allerdings ohne die normalerweise daran angebrachten Balkenenden.

Etwas nordöstlich des Dorfes Gelemen liegt auf einem niedrigen Hügel eine guterhaltene Festungsanlage. Die etwa 15 m im Quadrat messende Festung ist durch eine Quermauer mit Tor und Fenster in zwei Teile gegliedert. Ein weiteres Tor befindet sich in der Ostmauer aus geboßten Quadern mit abgearbeiteten Kanten. Die Festung umgibt eine ziemlich große ummauerte Fläche, an deren Außenseite sich eine tiefe Zisterne und zwei aus dem Fels gehauene Wasserbehälter befinden. Unmittelbar südlich davon folgt eine weitere Zisterne und einige sehr eigenartige, aus dem Fels gearbeitete Gebilde, die äußerst schwierig zu bestimmen sind.

Ein weiteres kleines Stadtgebiet liegt bei Gâvuristan, in der Nähe des Dorfes Uzuncaev, das mit Hilfe einer Inschrift als Korba identifiziert wurde. Die zum Teil erhaltene Mauer ist aus geboßten und an den Kanten abgearbeiteten Quadern, ähnlich wie die Mauer

in Gelemen, gebaut. Zu sehen gibt es ein Tor und ein lykisches Hausgrab mit einer bilinguen Inschrift, das jetzt fast völlig verschüttet ist.
Von Sıçak aus kommt man nach einem einstündigen Fußmarsch zu dem Dörfchen Avşar. Ganz in der Nähe davon steht auf dem Gipfel eines niedrigen Hügels im Süden ein Turm, der etwa 15 auf 10 m mißt und aus stark geboßten Quadern mit abgearbeiteten Kanten errichtet ist. Daran schließt sich im Westen eine von einer Mauer in weniger regelmäßiger Ausführung umgebene Fläche an. Ein Innentor der Mauer ist gut erhalten. In der nächsten Umgebung trifft man auf mehrere Sarkophage mit griechischen Inschriften.
Diese kleinen, abseits gelegenen Orte sind schwer zu erreichen und im allgemeinen nicht zu benennen. Sie sind nur wenig bekannt und werden kaum besucht. Ihre Existenz beweist jedoch die allumfassende Besiedlung in dieser mittleren Region. Kyaneai beherrscht als einzige Stadt die Hochebene. Alle anderen Städte liegen entlang der Küste. Im Inland hat es seit Jahrhunderten nur die eine Verkehrsverbindung gegeben, und die Lebensbedingungen unterscheiden sich im allgemeinen nicht besonders von denen vor tausend Jahren.

11. Mittellykien III

Die Straße von Kaş nach Norden gabelt sich nach einem Anstieg von der Küste aus ganz oben in zwei Teile. Nach rechts verläuft sie in Richtung Kyaneai und Myra, nach links in Richtung Kasaba und darauf nach Elmalı. Die Straße nach links ist bis Kasaba recht gut, danach wird sie aber schlechter. Sie führt über einen Bergrücken des Susuz Dağ in einer Höhe von etwa 1500 m. Der Autor kam mit einem Lastwagen im Jahr 1957 ohne große Probleme hinüber, kennt aber die jetzige Situation nicht.

Kandyba

Nach zweistündigem Aufstieg auf einem guten Pfad erreicht man das Dorf Gendeve auf einer Bergkuppe westlich von Kasaba. Hier befindet sich das Siedlungsgebiet des antiken Kandyba, dessen Name nur wenig verändert im Dorfnamen weiterbesteht. Plinius rechnet Kandyba zwar zu den wichtigeren lykischen Städten, doch in Wirklichkeit hatte es niemals große Bedeutung. Die Gründung wurde einem ›eponymen‹ Heroen Kandybos, dem Sohn des Deukalion, zugeschrieben. Deukalion war der griechische Noah, der mit seiner Frau Pyrrha in einem Schiff vor der neun Tage dauernden Flut, die das übrige Menschengeschlecht auslöschte, bewahrt wurde. Bei seinem Besuch im Jahr 1842 in Gendeve vermerkte Spratt: »Fossilien aus dem Tertiär beweisen, daß dieses Tal von Kassabar in einer jüngeren geologischen Periode ein Meeresarm gewesen ist«. Man ist also versucht, Kandyba in eine legendäre Beziehung mit dem Bericht über die Sintflut zu bringen. In der griechischen Mythologie kommen jedoch mehrere Heroen mit dem Namen Deukalion vor. Einer davon war ein Sohn des Minos, und eine Verbindung mit Kreta ist zweifellos naheliegender (s. S. 15). Eine späte Münze aus Kandyba zeigt einen Mann, der durch die Legende als Deukalion bezeichnet wird, aber keine Attribute hat, anhand derer man ihn identifizieren könnte.
Am Obelisk von Xanthos kommt in der Inschriftpartie, die in der

eigentümlichen Form des Lykischen abgefaßt ist (s. S. 55), mit Varianten das Wort Kñtaba vor, was anscheinend der lykische Name für Kandyba ist. Das hohe Alter der Stadt beweisen ganz klar die beiden Felsgräber mit Grabinschriften in lykischer Sprache, die am Ort gefunden wurden. Die Geographen erwähnen zwar Kandyba, doch außer dem Vermerk, in der Umgebung gebe es einen vielbewunderten »Hain des Eunias«, erfahren wir nichts weiter. Die sehr seltenen Münzen von Kandyba stammen alle aus der Zeit Gordians III.

Das Gebiet bei Gendeve ist jetzt ganz kahl, die Baudenkmäler sind stark beschädigt oder zerstört. Die Akropolis auf einer langgestreckten, schmalen Hügelkuppe in Nord-Süd Richtung hat eine Länge von etwa 200 m. Sie wird von einer zerfallenen Mauer aus dem Mittelalter umgeben, die stellenweise auf antiken Fundamenten ruht. Im Innern gibt es kaum etwas zu sehen. Spratt allerdings glaubte, eine christliche Kirche zu erkennen. Ein antiker Weg führt zum Eingang an der Ostseite hinauf. Am Fuß des Akropolishügels trifft man auf mehrere schlecht erhaltene Felsgräber und einige Sarkophage. Eine Mulde im Abhang könnte die Stelle des Theaters bezeichnen, von dem jetzt aber nichts mehr vorhanden ist. Aus dem Fels gehauene Fundamente am Südrand der Akropolis hat man als Palast aus dem 5. oder frühen 4. Jahrhundert gedeutet. Überreste von anderen öffentlichen Gebäuden sind nicht vorhanden.

Kyaneai

Auch Kyaneai ist eine lykische Stadt mit griechischem Namen. Das griechische Wort bedeutet »dunkelblau«, genauer gesagt, die Farbe von Lapislazuli, doch Dichter bezeichnen damit alle dunklen Farben, z. B. Wolken, oder sogar die Haut von Afrikanern. Wie die Stadt zu diesem Namen kam, ist unklar. Man weiß nicht, ob er aus dem Lykischen kommt, da der lykische Name unbekannt ist. Kyaneai heißen auch die Symplegaden, die »Zusammenschlagenden Felsen« an der Nordeinfahrt in den Bosporos.

Von der Größe und Lage her ist Kyaneai die dominierende Stadt der Region. Mit Plinius angefangen verzeichnen sie alle späteren

Geographen, aber es existieren keinerlei Berichte über die Stadt, und auch aus den Inschriften erfährt man kaum etwas über ihre Geschichte. Die längste Inschrift befaßt sich mit den Ehren, die für einen Bürger namens Jason, Sohn des Nikostratos, angeordnet wurden. Er war ein Zeitgenosse des Opramoas von Rhodiapolis, und wie dieser machte er mehreren Städten großzügige Geldgeschenke. 16 lykische Städte gaben zu unterschiedlichen Zeitpunkten Ehrendekrete für ihn heraus. Jason war Lykiarch. Als am Ende seines Amtsjahres die Bundesversammlung dafür stimmte, ihm die üblichen Ehren zu verleihen, erhob ein Mann namens Moles Einwände dagegen, über deren Begründung wir nichts erfahren. Die Angelegenheit mußte Kaiser Antoninus Pius unterbreitet werden, der in seiner Antwort der Überzeugung Ausdruck gab, daß der Angriff des Moles reine Verleumdung sei, wie die Vertreter der Bundesversammlung bezeugt hatten, und er bestätigte ihre Ehrungen für Jason.

Die Lage von Kyaneai wird mehr als ausreichend durch Inschriften bezeugt. Viele Bürger der Stadt werden auch in zahlreichen anderen Orten genannt, was den umfassenden Einfluß von Kyaneai über das Plateau beweist. Die noch vorhandenen Überreste stammen hauptsächlich aus römischer Zeit, aber die lykischen Felsgräber und Inschriften in lykischer Sprache sind ein Beweis für das hohe Alter der Stadt. In etwa 250 m Entfernung von der kleinen Ebene Yavu (oder Yavı, die anscheinend offizielle Namensform) liegt sie auf einem steil ansteigenden Hügel. Der Aufstieg zum Gipfel dauert etwa 45 Minuten auf einem Pfad, der streckenweise dem Verlauf des antiken Weges folgt. Ganz oben umgibt eine Mauer auf drei Seiten den Hügel. Sie schließt eine etwa 450 m lange und breite Fläche ein. Am steil abfallenden Hügelabhang war keine Mauer notwendig. Die noch anstehende Mauer aus dürftigem, unregelmäßigem Mauerwerk mit vielen wiederverwendeten Blöcken darin stammt aus einer späten Periode. In den unteren Partien an der Nord- und Westseite kann man noch Teile der ursprünglichen Mauer aus ziemlich regelmäßigen Quadern erkennen. Ebenfalls im Norden und Westen befinden sich drei Tordurchgänge, ein vierter war vermutlich am südlichen Ende der Westmauer an der Stelle, wo die antike Straße in die Stadt hineinführte. Innerhalb der Mauer ist alles stark überwuchert und deshalb schwierig zu durchdringen. Zu den vielen zerfallenen und unter dem Bewuchs verborgenen Gebäuden gehören eine Bibliothek, Thermen, ein großes, mit Gips verputztes Reservoir, sowie ganz in der Nähe ein weiterer Behälter, der möglicherweise für Getreide bestimmt war. Über das ganze Gelände verteilt sind zahlreiche Brunnen und meist glockenförmige Zisternen.

Auf eine Bodensenke westlich der Akropolis folgt ein niedriger Hügel mit einem Theater darauf. Es ist ziemlich klein, hat eine Diazoma, und es sind noch 25 Sitzreihen zu sehen. Sie gliedern sich in fünf Cunei unterhalb und neun Cunei über der Diazoma. Im Abstand von etwa 3 m sind in der fünften und neunten Reihe des unteren Blocks und der fünften und zehnten Reihe des oberen Löcher in den Boden und die Sitze unmittelbar darüber getrieben. Darin dürften Holzpfosten verankert gewesen sein, die vermutlich das über die Zuschauer gespannte Sonnensegel trugen. Die Stützmauer der Cavea ist aus kleinen polygonalen Blöcken errichtet und war sicher einmal sehr eindrucksvoll. Jetzt ist sie aber an beiden Enden stark zerstört. Vom Bühnengebäude hat sich praktisch nichts erhalten.

Zahlreiche Sarkophage säumen zwischen dem Theater und der Akropolis einen Weg, der hier in die Stadt hineinführte. Sarkophage sind in Kyaneai besonders häufig anzutreffen, vor allem in dem eben genannten Bereich und auf dem Weg von Yavu aufwärts. In derartig großer Zahl kommen sie wohl in keiner anderen lykischen Stadt vor. Im westlichen Teil sind sie zumeist schlicht mit Firstbalken auf dem gerundeten Deckel gehalten. Am Ostabhang dagegen begegnen sie in unterschiedlicher Ausführung und sind bisweilen mit Reliefs geschmückt (Taf. 55). Fast alle stammen aus römischer Zeit.

Eine interessante Gruppe früher Gräber findet man am Südabhang unterhalb der Stadt auf der linken Seite des Pfades vom Dorf aufwärts. Ohne Führer gelangt man nur mit Schwierigkeiten zu der Stelle. Die Gräber liegen zu beiden Seiten eines Durchganges, der vielleicht Teil einer antiken Straße war. Der Fels ist stellenweise geebnet und mit eingehauenen Stufen versehen. Südlich davon wurde ein über den Steilhang ragender Fels in die Form eines Sarkophags gehauen (Taf. 56). Am spitzbogenförmigen Deckel ragen an beiden Langseiten Löwenköpfe paarweise hervor, die

Schmalseiten sind mit figürlichen Reliefs geschmückt. Deckel und Sarkophagkörper sind in einem Stück gearbeitet; deshalb wurde eine rechteckige Öffnung in die westliche Schmalseite eingelassen, um den Zugang zum Grab zu ermöglichen. Im unteren Teil des auskragenden Felsens befinden sich noch andere Gräber und Felseinschnitte. Ein vierseitiger Pfeiler, bzw. eine Stele steht hinter dieser Gruppe (Taf. 56). Von der Inschrift darauf sind nur einige sorgfältig ausgeführte Buchstaben in lykischer oder vielleicht griechischer Schrift erkennbar. In zwei rechteckige Bodeneintiefungen auf einer Linie mit dem Pfeiler waren wohl ähnliche Pfeiler eingelassen.

Auf der Nordseite des Durchgangs sind eine Reihe von Gräbern zum Teil mit lykischen Inschriften in den Fels gehauen. Taf. 57 zeigt eine malerische Gräbergruppe am unteren Ende des Durchgangs. Mehr Beachtung verdient jedoch das große Grab in Form eines Sarkophages auf Taf. 58, das dem Grab auf der anderen Wegseite ähnelt. Es ist nur an einer der Schmalseiten ausgearbeitet, die wie eine Fassade vom Fels dahinter wegsteht, vergleichbar dem Grab mit den Ochsenhörnern in Pinara (s. S. 75). Das Grab hier ist am Scheitelpunkt des Deckels mit einem ähnlichen Emblem geschmückt. Es wurde allerdings nicht wie Hörner, sondern als aufwärts gerichteter Halbbogen gestaltet, von dem die eine Hälfte jetzt abgebrochen ist.

Ziemlich weit oben in der steil abfallenden Südwand befindet sich unterhalb der Stadt ein weiteres interessantes Grab, das man vom Tal aus sehen, aber nur unter Schwierigkeiten erreichen kann. Es ist ein Tempelgrab in ionischer Ordnung. In Abweichung zu anderen Gräbern hat die Vorhalle nur eine einzige Säule zwischen Pilastern, darüber schließt sich ein Zahnschnittfries an, auf den der Giebel folgt (Taf. 59). Die griechische Inschrift über dem Eingang zur Hauptkammer bezieht sich auf das obere und untere Grab, sowie den Sarkophag. Das untere Grab ist die eigentliche Grabkammer. Mit dem oberen Grab ist offensichtlich der tiefe Einschnitt in den Fels über dem Giebel gemeint. Hier war ein auf dem Giebel aufliegender Sarkophag eingelassen, eine ebenfalls ungewöhnliche Anordnung. Ein großer rechteckiger Einschnitt findet sich auch im Felsen rechts vom Giebel. Der Sarkophag war dem Besitzer namens Perpenenis und seiner Frau vorbehalten, das obere wie das untere Grab für Verwandte bestimmt. In der Inschrift heißt es ferner, daß das Grab nicht ohne Zustimmung der *mindis* geöffnet werden darf. Wer es öffnen wolle, müsse die Mitglieder der *mindis* mitbringen, andernfalls sollten diese ihn vom Grab fernhalten und bestrafen. Die Erlaubnis allein sei nicht ausreichend. Mitglieder der *mindis* müßten anwesend sein, um Sorge zu tragen, daß alles ordnungsgemäß vor sich gehe. Nach dem Stil der Inschrift wird das Grab in das 3. Jahrhundert v. Chr. datiert. Interessierte Besucher können den Text über Jason, den Sohn des Nikostratos, ziemlich tief unten in einer Rinne auf der Nordseite des Bergrückens etwas vom Pfad aus dem Dorf nach oben entfernt finden. Der Fels ist zu drei mit *Ansae* verzierten Feldern behauen, die mit dem Text ausgefüllt sind.

Trysa

Eines der großartigsten Ereignisse in der Geschichte der lykischen Archäologie war die Entdeckung von Trysa mit seinem prachtvollen Heroon. Für den Besucher unserer Tage hat der Ort viel an Interesse eingebüßt, da die Hauptskulpturen nach Wien gebracht wurden. Immerhin gibt es dort noch viel Sehenswertes.

In der antiken Literatur wird Trysa nirgendwo erwähnt. Nur aus den Inschriften ist der Name bekannt. Münzen mit Typen des Bundes und der Legende TR könnten von Trysa geprägt sein, möglicherweise aber auch von Trebenna im äußersten Nordosten von Lykien. (Trebenda war nur ein Schutzgebiet von Myra und kann deshalb nicht in Frage kommen).

Das abseits gelegene Ruinengebiet ist etwas schwierig zu erreichen. Es befindet sich auf einem Bergrücken im östlichen Teil des Plateaus nahe dem Dorf Gölbaşı, etwa 6 km nordöstlich von Kyaneai. Einige der Bauten gehören zu den frühesten in Lykien. Die Ruinen erstrekken sich über eine mehr als 450 m lange Fläche, die zum Teil terrassiert ist. Auf der Nord- und Ostseite umgibt sie eine Mauer aus unregelmäßigem Mauerwerk, die stellenweise noch vor dem 4. Jahrhundert v. Chr. ausgebessert wurde. An den anderen Seiten ist von der Mauer nichts mehr vorhanden. Ein jetzt eingestürztes Pfeilergrab stand auf der Anhöhe am Westrand. Ursprünglich hatte es eine Höhe von etwa 4 m und eine Fläche von 1,20 m im Quadrat. Wie üblich befindet sich die Grabkammer ganz oben. Unterhalb davon

Abb. 14 Trysa. Sarkophag

verlief ein Fries mit Kriegern und Pferden, von dem das meiste verloren ist. Um das Pfeilergrab herum stehen Sarkophage aus späterer Zeit.
Als öffentliches Gebäude ist nur ein kleiner Tempel am westlichen Ende kenntlich, der sehr zerstört ist. Aus den Architekturbruchstükken geht hervor, daß der Tempel zwei Säulen zwischen Anten an der Front hatte, von denen aber nichts erhalten ist. Beim Tempel wurden zahlreiche Stücke einer Ehreninschrift an einen Bürger gefunden, der Priester des Zeus und des Helios gewesen war. Folglich könnte der Tempel einer der Gottheiten oder beiden geweiht gewesen sein.
Außer einer Anzahl von Zisternen gibt es sonst nur Grabbauten. Die

meisten Sarkophage sind ganz schlicht, oder höchstens mit Bossen in Form von Büsten oder Tierköpfen versehen. Einer weist allerdings einen sehr schönen Dekor auf (Abb. 14). An der einen Langseite des Deckels ist ein Löwe zwischen zwei Gorgonenköpfen wiedergegeben, darüber ist ein Mann in einer Quadriga zwischen Kronen und Masken dargestellt. Er ist wahrscheinlich der Besitzer des Grabes, und die Kronen weisen auf seine Tätigkeit als Magistrat der Stadt hin. An der anderen Deckellangseite sind zwei Ochsen- oder Kuhköpfe angebracht, Delphine und andere Fische schmücken die Schmalseite. Weitere Reliefs befinden sich auf dem Firstbalken: links eine riesige Gans mit einem Mann auf dem Rücken, rechts ein galoppierender Reiter, dazwischen eine Anzahl Männer und Frauen. Leider sind die Gestalten sehr verwittert, und deshalb kann man die Szene nur schwer deuten.

An anderer Stelle sieht man einen großen Hund auf einer Felsstele dargestellt. Offensichtlich hütet er das Grab, wie er einst das Haus beschützte (vergleiche Türkische Südküste, S. 91). Ein anderes Relief, das ebenfalls von einem Grab stammen könnte, zeigt einen Ochsen, einen Knaben und einen Mann in langem Gewand, der seine rechte Hand erhebt. Man hat in dem Ochsen ein Opfertier und in dem Mann einen Priester vermutet.

Seinen großen Ruhm verdankt Trysa jedoch zweifellos dem Heroon, das am Nordostrand der Ruinenstätte liegt. Inmitten der 18 m im Quadrat messenden ummauerten Anlage steht ein aus dem gewachsenen Fels gehauener Sarkophag. Ein in zwei horizontale Streifen gegliederter Fries mit mythologischen Szenen bedeckte die etwa 3 m hohe Mauer innen auf allen vier Seiten und außen auf der Südseite. Auf dem Fries sind Episoden aus der Ilias und der Odyssee dargestellt, von den Taten des Theseus und den Sieben gegen Theben wird erzählt, ferner von Schlachten zwischen Griechen und Amazonen, sowie zwischen Kentauren und Lapithen. Dazu sind viele andere Gestalten, die nicht sicher zu deuten sind, abgebildet. Diese Reliefs befinden sich jetzt in Wien. Auf der Terasse unterhalb des Heroons stehen ein großer Sarkophag und weitere Gräber. Das Heroon datiert man in das zweite Viertel des 4. Jahrhunderts v. Chr.

12. Mittellykien IV

Kekova

Die Reede von Kekova ist einer der landschaftlich schönsten Plätze an der türkischen Küste. Hier sah der Autor auch das einzige Mal fliegende Fische. An der Spitze der Reede liegt das Dorf Üçağız, dessen Name aus dem früheren griechischen Tristomo, »drei Mündungen«, übersetzt wurde. Vom inneren Teil der Bucht bei Üçağız führt ein Kanal zum breiteren Außenteil, der Ölüdeniz, »das tote Meer«, heißt. Die gesamte Bucht wird fast völlig von der langen, schmalen Insel Kekova Adası abgeschlossen. Der Kanal und die beiden Einfahrten östlich und westlich der Insel bilden die drei Mündungen. Auf der Insel selbst gibt es keine antiken Überreste. Mit Blick auf die östliche Einfahrt liegt an der Küste beim Dorf Kale, dem früheren Kekova, das antike Siedlungsgebiet von Simena. Bei Üçağız befinden sich die Ruinen von Teimiussa. In der Bucht gibt es zwischen den beiden Orten eine Anzahl kleiner Inseln, die zum Teil fast bis zum Meeresspiegel abgetragen wurden, um Material für die antiken Bauten zu bekommen.
Üçağız kann man, wie oben erwähnt, mit dem Motorboot von Kaş (oder von Demre) aus erreichen. Jetzt kommt man aber auch auf dem Landweg dorthin. Ein 1972 eröffneter Forstweg zweigt von der Straße Kaş-Demre 16 km hinter Kaş ab und führt an Sıçak vorbei nach dem 22 km entfernten Üçağız. Zum gegenwärtigen Zeitpunkt ist dieser Weg nur für einen Jeep geeignet.

Teimiussa

Teimiussa liegt unmittelbar östlich von Üçağız. Der Name ist nur von einer einzigen Inschrift her bekannt, in der es als Dorf bezeichnet wird. Folglich findet man dort weder eine Befestigungsmauer noch öffentliche Gebäude. Am Rand des heutigen Dorfes steht noch ein Tor mit intakten Pfosten und Türsturz. Auf einer niedrigen, felsigen Bergkuppe erhebt sich etwa in Hausgröße ein Turm oder eine kleine Festung. Ansonsten gibt es hauptsächlich Überreste von Gräbern.

Ein Stück ostwärts vom Landungssteg entfernt erblickt der Besucher zwei Felsgräber, die etwas vom Ufer abgelegen sind. Sie gehören dem Haustypus an und haben weit aufgebrochene Türen. Neben der Tür am rechten Grab ist ein stehender Jüngling oder Knabe dargestellt, eine lykische Inschrift über der Tür gibt den Namen des Besitzers mit Kluwañimi an (Taf. 60). Weiter östlich ist auf der anderen Seite eines kleinen Bachs der Boden oberhalb des Ufers mit zahllosen Sarkophagen übersät (Taf. 61). Einige der größeren sind an der Front mit einer Exedra ausgestattet. An den meisten finden sich griechische Inschriften aus hellenistischer oder römischer Zeit, in denen die Personen als Bürger von Kyaneai oder Myra bezeichnet werden; die Buße für Verletzung der Gräber soll an eine dieser Städte bezahlt werden. Teimiussa gehörte vermutlich zu Kyaneai oder Myra. Lykische Namen sind in den Inschriften in der Minderheit, die meisten sind griechisch.

Am Ostrand des Geländes befindet sich ein hübscher kleiner, aus dem Fels gehauener Kai oder Landungssteg, wie es der Autor sonst nirgendwo gesehen hat (Taf. 62). Er ist etwa 30 m lang und hat eine durchschnittliche Breite von 9 m. Die Felswände sind senkrecht ausgehauen und weisen noch Meißelspuren auf. Der Boden ist eingeebnet, die Kante zum Meer aber nur flüchtig bearbeitet. Am Ostrand bilden Einschnitte im Boden jetzt flache Pfützen, ihre ursprüngliche Bestimmung ist unklar. In der Rückwand führt ein Tor zu einer Art vertieften Straße, die eigentlich nur eine natürliche Spalte ist. Darüber liegt auf der Landseite ein Grab mit einer Türschwelle in etwa 2 m Höhe über dem Boden. Wie man auf die jetzt weggebrochene Schwelle gelangte, bleibt ungewiß. Die Löcher für die Türangeln und Fassungen für die Schlösser sind noch zu sehen. Ebenfalls in der Rückwand der Mauer ist eine kleinere fensterähnliche Öffnung. Weitere Grabstätten findet man oberhalb des Tores und, über Stufen erreichbar, am Ostrand des Kais. An beiden Stellen liegen die herabgefallenen Deckel.

Simena

Nach einer kurzen Motorbootfahrt gelangt man zum Dorf Kale auf der gegenüberliegenden Seite der Bucht. Dort liegt das Ruinengebiet von Simena, dem vierten Mitglied der aperlitischen Sympolitie. Am Ort gefundene Inschriften bezeugen diese Identifizierung. Die antike Stadt und das heutige Dorf sind in malerischer Weise miteinander verquickt und werden von einer gut erhaltenen Burg beherrscht (Taf. 63), deren mit Türmen und Zinnen bewehrte Schutzmauern zum Teil auf antiken Fundamenten ruhen. Die aus regelmäßigen Quadern und stellenweise aus polygonalem Mauerwerk gebaute Stadtmauer steht in langen Zügen auf der südlichen Hügelkuppe an.

Am Meerufer liegen nahe dem Landungssteg die recht gut erhaltenen Ruinen einer Thermenanlage von bescheidenen Ausmaßen aus polygonalem Mauerwerk. Die Thermen waren Kaiser Titus (79–81 n. Chr.) vom Rat und Volk von Aperlai sowie den anderen Mitgliedern der Sympolitie geweiht. Auf dem Weg vom Ufer nach oben befindet sich ein Sarkophag, der Mentor, dem Sohn des Idagros, gehörte; ein weiterer Sarkophag ist mit einer Exedra an der Front versehen. Weiter oben stand unmittelbar unterhalb der Burgmauer eine Stoa, die zu einem Tempel gehörte. Früher konnte man noch Überreste beider Gebäude erkennen, aber jetzt sieht man nur noch ein paar Blöcke, die in eine späte Mauer verbaut sind sowie ein Inschriftenfragment mit dem Namen Kallipos.

Innerhalb der Burg liegt ein reizendes kleines Theater, das völlig aus dem Fels gehauen ist (Taf. 64). Es hat nur sieben Sitzreihen und mißt lediglich 15 m im Durchmesser. Mehr als dreihundert Personen können dort kaum Platz gefunden haben – ein guter Hinweis auf die geringe Größe der Stadt.

An vielen Stellen der Ruinenstätte trifft man auf die Überreste von Privathäusern, die meist aus polygonalem Mauerwerk bestehen. Gräber sind nicht sehr zahlreich vertreten, es sind insgesamt vielleicht zwei Dutzend. Zwei davon sind aus dem Fels gearbeitete Hausgräber; an dem einen davon nördlich der Burg ist eine lykische Inschrift angebracht. Bei den anderen Gräbern handelt es sich um Sarkophage, die hauptsächlich an der nördlichen Hügelkuppe auftreten.

Die herrliche Landschaft sowie die Mischung aus Antikem, Mittelalterlichem und Neuzeitlichem machen Simena zu einem der reizvollsten Orte in Lykien. Badende sollten aber auf Seeigel achtgeben.

Tyberissos

Tyberissos ist wenig bekannt und wird nur selten besucht. Das Städtchen liegt auf einem Hügel 400 m über dem Meeresspiegel einige Kilometer nordöstlich von Üçağız mit Blick über die Ebene von Tirmısın (Taf. 65). Wer mit dem Auto unterwegs ist, fährt am besten nach Tirmısın und dann möglichst nahe an den Ostrand der Ebene heran. Das Ruinengebiet befindet sich direkt darüber.
Am Fuß des Berges und etwas oberhalb der Ebene ist eine reizvolle Schlucht mit etwa einem Dutzend lykischer Sarkophage und einer Anzahl von Grablöchern. Nach den Inschriften gehören die Gräber in hellenistische und römische Zeit. Es heißt darin, daß die Geldbuße für Verletzung der Gräber an Tyberissos selbst oder an Myra zu zahlen sei. Obwohl Kyaneai viel näher liegt und vom Hügel aus sichtbar ist, wird der Ort nicht erwähnt. Im untersten Teil der Schlucht, nahe der Ebene, steht ein ziemlich ungewöhnlicher Grabbau. Zwei Seiten davon waren einschließlich der Tür aus dem Fels gehauen, die beiden anderen gemauert.
Das Hauptgebiet bedeckt die beiden Hügelkuppen. Die höhere nördliche Kuppe war offensichtlich die Akropolis. Darauf steht jetzt eine Festung aus massiven, unregelmäßigen Quadern mit späten Hinzufügungen aus wenig qualitätvollem Mauerwerk. Auf dem Sattel zwischen den beiden Kuppen liegen die Überreste eines Baus, der zum Teil aus dem Fels gearbeitet ist und dessen Türeingang aus großen Quaderblöcken noch mit dem Türsturz in situ erhalten ist.
An der Südspitze des niedrigeren Südhügels steht noch bis zu 1,50 m hoch eine kleine Kirche oder Kapelle. Sie ist etwa 6 m lang und nimmt die Stelle eines dorischen Tempels ein. Viele Blöcke, die zum Teil Inschriften tragen, wurden für den Bau der Kirche wiederverwendet. Auf einem Block an der Südostecke ist das Bruchstück eines Ehrendekrets des Volkes von Tyberissos erhalten; aus

einem anderen Inschriftenfragment geht hervor, daß der Tempel dem Apollon, der Hauptgottheit von Tyberissos, geweiht war.
Wie üblich handelt es sich bei den Gräbern hauptsächlich um Sarkophage. Außerdem gibt es aber auch zwei Felsgräber im Haustypus mit lykischen Inschriften. Das eine befindet sich in der Nähe der Hügelspitze am oberen Ende einer von Südosten aus verlaufenden Wasserrinne. Das andere liegt weit unten, unmittelbar über der Ebene von Tirmısın, und ist mit einem Relief, das einen Mann und eine Frau wiedergibt, geschmückt. Dem Stil nach dürfte es um 400 v. Chr. entstanden sein.
Besucher, die zu Fuß gekommen sind, können auf einem Pfad direkt nach Üçağız hinabsteigen.
Von Tirmısın aus geht es landeinwärts steil nach oben auf die Anhöhe um Yavu. Hier liegt einige Kilometer östlich in der Nähe des Dorfes Hoyran ein antiker Ort mit noch unbekanntem Namen. Er wird kaum den Rang einer Stadt gehabt haben, aber die noch sichtbaren Überreste sind interessant und recht beeindruckend. Auf dem höchsten Punkt im Westen liegt die befestigte Akropolis, an deren Osthang sich zwei aus dem Fels gehauene Hausgräber befinden. Das eine davon ist höchst ungewöhnlich. Es ist derart aus dem Fels gehauen, daß es die Front und eine Seite des ›Hauses‹ zeigt. Die Seitenwand ist mit Reliefs geschmückt. Am Nordausgang des Dorfes trifft man auf ein weiteres sehenswertes Hausgrab, das aus einem anstehenden Fels herausgearbeitet ist. Über einer Reihe aus runden Balkenenden zieht sich ein breiter mit Reliefs geschmückter Fries hin, auf dem in der Mitte ein Mann auf einem Ruhebett liegend dargestellt ist. Vor ihm stehen ein Tisch sowie vier bewaffnete Männer, hinter ihm sind zwei männliche und sechs weibliche Gestalten zu sehen. Auf dem abgerundetem Giebel darüber sind drei weitere Gestalten, die außer der ersten stehend gezeigt werden. Über der Tür ist eine jetzt verwitterte und auseinandergebrochene lykische Inschrift angebracht. Im Gelände trifft man auf zahlreiche Sarkophage mit Spitzbogendeckeln, außerdem kann man einen massiven Grabpfeiler mit dem Relief eines stehenden Mannes mit Waffen sehen.
Da keine Straße nach Hoyran führt, wird die Ruinenstätte gewöhnlich von Yavu aus zu Fuß besucht.
Noch weiter von irgendeiner Straße entfernt liegt ein weiteres

kleines antikes Siedlungsgebiet am Fuß des großen, von Hoyran ausgehenden Abhangs, mehr als 300 m tiefer. Der Ort heißt jetzt Hayıtlı (von *hayit*, dem blaublühenden *agnus castus*); seinen antiken Namen gibt eine Inschrift mit Istlada an. Die Ruinen findet man in einem höchst reizvollen kleinen Tal, wo es allerdings im Sommer heiß ist. Abgesehen von einigen Überresten einer Befestigungsmauer konzentriert sich das Interesse hauptsächlich auf die Häuser und Gräber. Die Häuser aus Stein haben kein sehr hohes Alter, sind dafür aber ungewöhnlich gut erhalten. Häufig stehen die Türöffnungen noch; einige Häuser hatten ein Obergeschoß. Viele der Sarkophaggräber sitzen auf den Felsen auf, sie stimmen in Größe und Form derart überein, daß man glauben könnte, sie seien alle aus einer Form gegossen. In der Inschrift an einem der Gräber, die den Namen des Ortes nennt, heißt es, daß die Geldbuße von 3000 Drachmen an »das Volk von Istlada für die xomendys« zu zahlen sei. Dieses eigenartige Wort, das in einer ähnlichen Bedeutung auch in Kilikien vorkommt, bezeichnet wohl eine der *mindis* entsprechende Gruppe, die mit dem Schutz des Grabes betraut war. Die Strafe ist abnorm hoch für eine derartig kleine Stadt. In einem anderen Fall soll die bescheidenere Buße von 500 Denaren an Myra bezahlt werden.

13. Myra, Sura

Myra

»Dreifach gesegnete, myrrhenduftende Stadt der Lykier, wo der mächtige Nikolaus, Diener Gottes, dem Stadtnamen gemäß Myrrhe ausströmt«. Mit diesen Worten beschreibt Kaiser Konstantin Porphyrogennetos die Stadt Myra. Das ganze Mittelalter hindurch behielt Myra seinen Ruhm als Bischofssitz des Heiligen Nikolaus, der im 4. Jahrhundert lebte. Lange Zeit vor ihm war Myra als eine der führenden Städte Lykiens hoch angesehen und hatte im Bund als eines der sechs Mitglieder drei Stimmen. Überraschenderweise wird Myra erst im 1. Jahrhundert v. Chr. literarisch erwähnt. Die erhaltenen Bauwerke und Inschriften lassen jedoch keinen Zweifel an der Bedeutung der Stadt seit mindestens dem 5. Jahrhundert aufkommen. Der Name Myra wurde gern mit dem griechischen Wort für Myrrhe in Verbindung gebracht, aber sein tatsächlicher Ursprung ist ungewiß. Vielleicht war der Name sogar wie im Fall von Tlos und Patara eine modifizierte Form des lykischen Namens, für den es keine gesicherte Überlieferung gibt. Trotz des Zeugnisses durch Konstantin war die Stadt in Wirklichkeit nicht für die Herstellung von Salben bekannt. Das einzige belegte Produkt war die Gartenraute.

In der Geschichte spielte Myra eine unbedeutende Rolle. Nach der Einnahme von Xanthos im Jahr 42 v. Chr. sandte Brutus seinen Leutnant Lentulus Spinther aus, um Geld einzutreiben. Da sich die Myrer sträubten, mußte sich Spinther mit Gewalt Einfahrt in den Hafen bei Andriake verschaffen, indem er die Kette, die ihn abriegelte, durchbrach. Die Myrer ergaben sich daraufhin und erfüllten seine Forderungen. Von den Kaisern wurde die Stadt gut behandelt. Im Jahr 18 n. Chr. stattete Germanicus, der Adoptivsohn des Tiberius, zusammen mit seiner Frau Agrippina der Stadt einen Besuch ab, und sie wurden mit in Andriake aufgestellten Statuen geehrt. 60 n. Chr. wechselte der Apostel Paulus auf seinem Weg nach Rom in Myra, d. h. in Andriake, das Schiff. Die Stadt wurde mit dem Titel Metropolis ausgezeichnet, mit reichlichen Geldgeschenken von Opramoas von Rhodiapolis und von Jason aus Kyaneai bedacht und schließlich von Theodosius II. zur Hauptstadt Lykiens erhoben.

Die Münzen weisen die in Lykien gängigen Typen auf. Von 168 v. Chr. an gibt es zahlreiche Bundesprägungen, dagegen wurden in der Kaiserzeit nur unter Gordian III. Münzen emittiert. Wie Xanthos hat auch Myra unter den Dynasten möglicherweise schon im 5. Jahrhundert geprägt.

Myras Nachbar im Osten war Limyra, und aus den Inschriften erfahren wir, daß es in der Kaiserzeit zwischen beiden Orten einen Fährbootbetrieb gegeben hat. Dieser Betrieb wurde jährlich an Privatpersonen verpachtet, die berechtigt waren, ihn zum eigenen Gewinn zu führen. Da aber andere Personen unerlaubt einen Fährdienst betrieben, blieben die Angebote bei der Vergabe der Erlaubnis zum Fährbetrieb unter der Sollhöhe, so daß die Stadtkasse Einbußen erlitt. Daher wurde bestimmt, daß jeder, der eine derartige illegale Überfahrt von Myra oder Andriake aus unternahm, eine hohe Geldbuße an die Stadt zu zahlen habe. Weiter sollte der offizielle Pächter das Recht haben, das Boot des illegalen Fährmanns samt dem Takelwerk zu konfiszieren. Das Meer war der naturgemäße Verbindungsweg zwischen Myra und Limyra, da der Landweg über den 600 m hohen Bergpaß zwischen den beiden Orten steil und beschwerlich ist. Fellows bezeichnet ihn als »völlig ungeeignet für Pferde«, und Spratts Mitreisende mußten, um die Pferde vor dem Stürzen zu bewahren, »sie oft von hinten stoßen oder sie dadurch unterstützen, daß wir das Gepäck auf unsere Schultern nahmen, während sie einzeln über die steilsten und schwierigsten Stellen geführt wurden«. Freya Stark gelang die Überquerung zu Pferd, da sie kein Gepäck mit sich führte. Der Autor kam zu Fuß ohne Schwierigkeiten hinüber. Auf die Benutzung des Übergangs in der Antike weisen ein Fort und mehrere Sarkophage an der höchsten Stelle hin sowie einige Türme, die den Übergang schützen sollten. Heutzutage fährt der Reisende bequem auf der neuen Küstenstraße um den Paß herum.

Das Stadtgebiet von Myra liegt 1,5 km nördlich des Dorfes Demre (jetzt offiziell *nahiye* Kale; zu unterscheiden von Kale, der Stätte von Simena), in dem sich der antike Name erhalten hat. Die antike Stätte heißt jetzt Kocademre. Diese Gegend ist in letzter Zeit ein

Zentrum für den Tomatenanbau geworden. Von den Hügeln aus sieht die ganze Ebene im Mai und Juni wie ein riesiger See aus Plastiktreibhäusern aus (Taf. 68, Hintergrund). Im Osten fließt der Demre Çayı, der antike Myros, durch ein enges, 30 km langes Tal ins Meer. Sein breites steiniges Flußbett dient als Weg nach Norden, dessen Benutzung aber mühselig und nicht zu empfehlen ist. Im Westen liegt 6 km von der Stadt entfernt an einer völlig ebenen Straße der Hafen von Andriake. 1952 landete der Autor an einer Stelle der Küste südlich von Demre und erreichte das Dorf nach einem halbstündigen ermüdenden Fußmarsch durch den weichen Sand. In den letzten Jahren hat man damit begonnen, den Hafen wieder in Betrieb zu nehmen.

Nach Strabons Beschreibung liegt Myra auf einem hohen Bergrükken 20 Stadien vom Meer entfernt. Gegenwärtig beträgt die Entfernung eher 30 Stadien. Mit dem hohen Bergrücken muß der steil abfallende Hügel gemeint sein, der sich hinter dem Theater erhebt. Von einem nach oben führenden antiken abgetreppten Pfad sind noch einige Spuren zu sehen. Oben fand Spratt aber nur späte Mauern aus kleinen, mit Mörtel gefügten Steinen. Zu Strabons Zeiten lag die bewohnte Stadt sicher am Fuß des Hügels. Sie ist jetzt verschüttet und wurde bisher nicht ausgegraben. Die noch sichtbaren Denkmäler bestehen fast ausschließlich aus dem Theater und Gräbern.

Das große römische Theater hat einen Durchmesser von etwa 110 m (Taf. 66). Da die senkrechte Felswand nicht für die schräg abfallende Cavea genutzt werden konnte, ist diese gänzlich hochgebaut. Der Bau wurde vor einiger Zeit von Überwucherungen befreit, sein Erhaltungszustand ist im allgemeinen gut. In der Cavea befinden sich 29 Sitzreihen unter und 6 Reihen über der Diazoma, sowie 14 Treppen. Die äußere der beiden konzentrisch überwölbten Galerien, die die Cavea umgeben, bestand aus zwei Stockwerken. In der Westgalerie heißt es in einer Inschrift an der Wand zwischen den beiden Korridoren oder Vomitoria »Platz des Krämers Gelasios«. Man kann sich direkt vorstellen, wie er an seinem Stand das antike Equivalent zu Erdnüssen und Eislutschern an die hereinströmenden Zuschauer verkaufte. Die breite Diazoma wird von einer 2 m hohen Mauer gestützt, auf die zur Sitzreservierung Namen gemalt sind. In der Mitte befindet sich ein Vorsprung mit Treppen an

beiden Seiten als Zugang zu den oberen Sitzreihen. An der Vorderseite des Vorsprungs ist Tyche dargestellt mit der Inschrift: »Geschick der Stadt, sei stets siegreich und glückhaft«. Taf. 68 zeigt den Zustand des Bühnengebäudes nach der Rodung von Bewuchs sowie den Westparodos und die römische Bühne, deren Boden mit Bruchstücken des Baudekors, zerbrochenen Säulen und verzierten Blöcken, bedeckt ist (Taf. 67). In der Orchestra findet man eine interessante Inschrift über Importe und Exporte von Myra. Die Stadt wird darin aufgefordert, an die Bundeskasse jährlich 7000 Denare aus den Einkünften des Importzolls zu entrichten.
Die berühmten Felsgräber von Myra gliedern sich in zwei Hauptgruppen. Die steile Felswand unmittelbar westlich des Theaters ist bienenwabenartig mit dicht beieinanderliegenden Gräbern übersät. Sie variieren zwar in Form und Größe, gehören aber überwiegend dem bekannten Haustypus an (Taf. 69). Viele Gräber sind sehr gut ausgearbeitet, und einige haben farbigen Reliefschmuck. Es gibt Tempelgräber, andere Gräber wiederum sind extrem schlicht. Sarkophage sind nicht zu sehen. Ein rührendes Graffito auf der Felswand eines Grabes erzählt: »Moschos liebt Philiste, die Tochter des Demetrios«. Das auf Taf. 70 abgebildete und auch in der Ecke unten von Taf. 69 sichtbare Grab gehört dem Haustypus an. Im Giebel sind zwei Krieger mit Schilden dargestellt, die nach links stürmen. Der Mann rechts greift nach dem Schild des anderen, als ob er ihn von ihm wegziehen wollte. Etwa in halber Höhe der Felswand befinden sich in der Mitte zwei Gräber übereinander, ein drittes liegt seitlich davon. Über dem oberen Grab zeigt ein sorgfältiger ausgearbeitetes Relief einen auf seinem Ruhebett zurückgelehnten Mann. Seine Frau sitzt neben ihm, und drei bewaffnete Männer, seine Söhne, stehen auf der linken Seite. Kleinere Gestalten mit einer Schale und, wie es scheint, einer Doppelflöte nähern sich dem Bett von der linken Seite. Dieses Relief ist bei Fellows, Lycia, S. 200 abgebildet. Anzahl und Anordnung der Bänke in den Gräbern variieren sehr, einige imitieren Bettstellen.
Die zweite Gräbergruppe an der Nordostseite des Hügels ist kaum weniger beeindruckend als die erste (Taf. 71). Man sollte vor 10 Uhr morgens dorthin kommen, um sie in der Sonne zu sehen. Der Grabbau mit dem Namen Bemaltes Grab liegt nur wenig über dem Bodenniveau und ist auf einem etwas unbequemen Pfad zu errei-

chen. Dieses Hausgrab ist eines der schönsten in ganz Lykien. Im Innern zieht sich auf der rechten und linken Seite eine Bank entlang. An der Frontseite gelangt man seitlich über eine Rampe mit Stufen hinauf. Eine Gruppe von elf lebensgroßen Figuren in Relief sticht besonders hervor. An der Vorhalle ist ein bärtiger Mann, wohl der Familienvater, mit einem Trinkbecher in der erhobenen rechten Hand auf einem Ruhebett zurückgelehnt dargestellt (Taf. 73). Das Relief auf der gegenüberliegenden Seite zeigt eine sitzende Frau, vermutlich seine Gattin, mit ihren Kindern zu beiden Seiten (Taf. 74). Auf dem Mittelpfosten zwischen den beiden Eingängen nach innen war früher ein kleiner dickbäuchiger Knabe mit einem schöpfkellenartigen Gegenstand in der Hand abgebildet. Diese Figur soll vor etwa hundert Jahren von einem Griechen abgenommen und nach Athen gebracht worden sein. An der geglätteten Felswand außerhalb der Vorhalle steht auf der linken Seite eine große, beherrschende Gestalt in Relief, die wohl ebenfalls den Familienvater darstellen soll, für draußen aber in einen Mantel gekleidet ist und einen langen Stab in der rechten Hand trägt (Taf. 72). Fünf weitere Reliefffiguren sind auf den Felsen rechts wiedergegeben: Zunächst eine große Frau, die ihren Schleier lüftet und zweifellos wieder eine Darstellung der Gattin ist. Ihre Tochter steht neben ihr und hält sie bei der Hand (Taf. 75). Um die Felsecke herum kommt als nächstes eine verschleierte Frau, wahrscheinlich eine Dienerin, die mit beiden Händen einen Kasten zu einem Jüngling trägt, der ihr einen Gegenstand, vielleicht eine Blume, entgegenhält. Er steht mit überkreuzten Beinen da, mit einem Mantel und einer spitzen Mütze bekleidet und lehnt sich auf einen Stab, den er unter die Armbeuge geklemmt hat. Eine kleinere Gestalt hinter ihm hält wohl einen Zipfel vom Mantel des Jünglings mit der rechten Hand fest (Taf. 76). Die Bedeutung der Szene kann nicht genau geklärt werden, es sieht aber so aus, als ob die Figuren in der Vorhalle das Familienleben im Haus wiedergeben, während auf den Felswänden draußen die Familie außer Haus gezeigt wird. Die drei Gestalten ganz rechts müssen dann eine gesonderte Szene verkörpern. Sicher ist jedenfalls, daß es sich nicht um einen Besuch der Familie am Grab handelt. Der Bau stellt nicht das Grab, sondern die Wohnstätte der Familie dar. Die von Fellows mit rot, blau, gelb und purpur angegebenen Farben sind jetzt bis auf den in

Abb. 15 Myra. Friesdekor an einem Grab

Rot und Blau gehaltenen Hintergrund für den zurückgelehnten Mann fast völlig verblichen.

In der Wand mit der Ostgruppe befindet sich weiter oben ein Grab mit Giebel, auf dem ein Löwe, der einen Stier anfällt, abgebildet ist. Eine acht Personen umfassende Szene an der Innenseite der Vorhalle zeigt Ähnlichkeiten mit den Reliefs am ›Bemalten Grab‹. Sie ist jedoch in viel kleinerem Maßstab ausgeführt. Außerdem gibt ein Fries zwei wunderliche Gestalten, offensichtlich Tänzer (Abb. 15), zu beiden Seiten eines Löwenkopfes wieder.

Unmittelbar nördlich dieser Gräber endet ein Aquaedukt, der als offener Kanal in den Fels in 3,50 m Höhe über dem Niveau der Ebene eingehauen ist. Das Demre Tal beginnt im Norden in der Nähe der Ruinen einer großen, unlängst ausgegrabenen Kirche. Der Ort heißt Dereağzı, die Talöffnung. Der Bach fließt in eine herrliche Schlucht zwischen hohen Felsen inmitten großer Bäume, daneben verläuft ein Pfad. Weiter südlich öffnet sich das Tal, die Bäume und der Pfad verschwinden, der Bach verliert sich im Kies und versickert zumindest im Sommer fast völlig. Im nördlichen Teil hat er nach den Berichten von Fellows und Spratt im März und April eine Tiefe von etwa 1,20 m. Wie die Wasserverhältnisse in der Antike waren, wissen wir nicht. Jedenfalls hat der Aquaedukt, der ein gutes Stück vom Landesinnern hergeführt haben soll und vermutlich vom Bach gespeist wurde, eher als Mühlbach gedient, der das Wasser zu der über einen Kilometer vom Bachbett entfernten Stadt brachte.

Am Westrand des Dorfes Demre liegt die berühmte Kirche des Heiligen Nikolaus von Myra, die in früheren Zeiten das Ziel von Pilgern war und jetzt von Touristen viel besucht wird. Nikolaus wurde um 300 n. Chr. in Patara geboren und später zum Bischof von Myra ernannt. Schon zu Lebzeiten war er wegen seiner Wunder bekannt. Später wurde er zum Schutzheiligen von Griechenland und Rußland, sowie von Kindern, Seeleuten, Kaufleuten und Gelehrten. Er wird außerdem von Menschen, die zu Unrecht im Gefängnis sitzen, von Reisenden gegen die Bedrohung von Räubern und von Leuten in Seenot angerufen. Skeptiker haben seine Existenz bezweifelt. Richtig ist, daß seine natürlichen und übernatürlichen Taten historisch nicht belegt sind, sie basieren zum größten Teil auf den viel später geschriebenen Viten des Heiligen. Daß er in Myra gelebt hat und dort gestorben ist, braucht aber nicht angezweifelt zu werden. Das übrige mag glauben, wer will. Selbst seine Anwesenheit beim Konzil von Nikaia im Jahr 325, bei dem er dem Heretiker Arius derartig heftig ins Gesicht geschlagen haben soll, daß dessen Knochen klapperten, ist in den frühesten Verzeichnissen nicht bezeugt.

In der westlichen Welt ist er natürlich am besten als der Heilige Nikolaus bekannt, der den Kindern in der Weihnachtszeit Geschenke bringt. Zum Schützer von Kindern wurde er vor allem wegen zwei Taten. Ein angesehener Bürger, der in Armut geraten war, soll ihm erzählt haben, daß er keine Ehemänner für seine drei Töchter finden könne. Nikolaus warf daraufhin heimlich in der Nacht drei Beutel mit Gold in das Haus und ermöglichte dadurch den Töchtern eine passende Heirat. Daher rührt die heimliche Beschenkung der Kinder zu Weihnachten. Die andere Geschichte über die Eingepökelten Knaben ist wahrscheinlich die populärste über den Heiligen. Sie handelt von drei Burschen, die während einer Hungersnot fortwanderten. Sie kamen zum Haus eines Metzgers, der sie im Schlaf ermordete, ihre Körper zerstückelte und sie in einem Faß einpökelte, um ihr Fleisch zu verkaufen. Als Nikolaus von einem Engel über diesen Vorfall informiert wurde, ging er zum Haus des Metzgers und erweckte die Jungen wieder zum Leben. In dieser Fassung wird die Geschichte allerdings nicht über Nikolaus selbst erzählt, sie scheint vielmehr mit einem ähnlichen, vom Heiligen Georg vollbrachten Wunder verwechselt worden zu sein.

Viele andere Geschichten erzählt man über die wundersamen Kräfte des Nikolaus. Er soll Gefangene, schiffbrüchige Seeleute und Reisende gerettet haben, das Wasser eines angeschwollenen Flusses geteilt, Tote wieder zum Leben erweckt, verlorenes Eigentum gefunden und auf andere Weise die Gebete von Verzweifelten erhört haben. Gelegentlich erscheint er auch als Retter seiner Stadt. Ebenfalls während einer Hungersnot legte eine Schiffsflotte mit Getreide von Alexandria für Byzanz in Andriake an. Nikolaus eilte zum Hafen und befahl den Kapitänen, hundert Scheffel von jedem Schiff abzuladen, was diese widerwillig befolgten. Als die Flotte schließlich in der Hauptstadt ankam, entdeckte man, daß die Ladung komplett war. Das so vom Heiligen beschaffte Getreide reichte den Myrern in wundersamer Weise für zwei Jahre aus, und sogar für die Aussaat blieb genügend übrig.

Bereits in jungen Jahren offenbarte sich sein außergewöhnliches Wesen. Eine Kirche stürzte während der Bauarbeiten ein und begrub ihn unter den Trümmern. Auf das Wehklagen seiner Mutter hin fielen die Steine auseinander und er trat unverletzt hervor. Auch seine Wahl zum Bischof von Myra ging mit göttlichem Eingreifen vonstatten. Als sich die Würdenträger in der Kirche von Myra zur Wahl versammelt hatten, wies Gott sie an, den Mann zu wählen, der am folgenden Morgen das Gebäude als erster betreten würde.

Nach seinem Tod wurde Nikolaus in der gleichen Kirche begraben. Doch blieb sein Grab nicht für alle Ewigkeit ungestört. Im Jahr 808 n. Chr. besetzten die Sarazenen Myra, und ihr Befehlshaber soll versucht haben, das Grab zu zerstören. Es sei dem Heiligen aber gelungen, ihn dazu zu bringen, stattdessen einen anderen Sarkophag zu zertrümmern, der dicht dabei stand. Im April 1087 brachen jedoch Männer aus Bari das Grab auf und brachten die Gebeine des Heiligen nach Italien fort. Sie fanden das unterirdische Grab unter einem Fußboden, den sie durchbrechen mußten. Nachdem sie ein Stück nach unten gegraben hatten, legten sie einen Sarkophag aus glänzendem weißem Marmor frei. Beim Zertrümmern des Deckels wurden sie von einem starken Myrrhenduft fast betäubt. Einer von ihnen wagte es jedoch, seine Hand in den Sarkophag hineinzutauchen und stellte fest, daß die heiligen Gebeine in Salböl schwammen. Man entfernte sie ehrfürchtig und brachte sie unter dem Wehklagen der Mönche an Bord des Schiffes. Nikolaus selbst

60 Teimiussa. Lykisches Grab

61 Teimiussa. Nekropole
62 Teimiussa. Kai

Simena. Die Burg
Simena. Theater

65 Tyberissos und die Ebene von Tirmısın

66 Myra. Theater
67 Myra. Maskenfries

68 Myra. Theater

69 Myra. Westliche Gräbergruppe

70 Myra. Grab in der Westgruppe

71 Myra. Östliche Gräbergruppe

72 Myra. ›Bemaltes Gra
73 Myra. ›Bemaltes Gra

74 Myra. ›Bemaltes Grab‹
75 Myra. ›Bemaltes Grab‹

76 Myra. ›Bemaltes Grab‹
77 Myra. Kirche des Heiligen Nikolaus

78 Myra. Mausoleum bei Karabucak

79 Arykanda. Stadion
80 Arykanda. Neuerdings
ausgegrabener Tempe

Limyra. Gräber am Abhang
Limyra. Späte lykische Gräber

83 Limyra. Spätes lykisches Grab

scheint ihr Vorgehen jedoch nicht verwerflich gefunden zu haben. Als das Schiff unterwegs nur langsam vorankam, erschien er eines Nachts einem der Seeleute und sprach: »Beunruhige dich nicht, denn ich bin bei euch. Du kannst sicher sein, daß wir in zwanzig Tagen zusammen in Bari sein werden«.

Mit der Entführung der Gebeine des Nikolaus waren die Männer aus Bari den Venezianern zuvorgekommen. Diese hatten ebenfalls den Diebstahl der Gebeine des Heiligen geplant. Daher erkannten sie deren Abtransport nach Bari nicht an mit der Behauptung, sie selber hätten die Gebeine entdeckt und den Leichnam auf ihrem Weg nach Jerusalem während des Ersten Kreuzzuges fortgebracht. Heutzutage schenkt man dieser Behauptung wie auch einer ähnlichen der Russen keinen Glauben. Eine geringe Anzahl Knochen wird jetzt in einem Kasten im Museum von Antalya aufbewahrt. Sie sollen aus der Kirche in Myra stammen, was aber unglaubhaft ist. Der Wahrheit entspricht jedoch anscheinend, daß die Venezianer heilige Reliquien, unter denen sich auch die Knochen anderer dort begrabener Personen befanden, aus Myra fortbrachten.

Ihre Bedeutung verdankt die Kirche hauptsächlich der Heiligkeit der Stätte und dem damit verbundenen historischen Interesse. In seinem jetzigen Zustand ist der Bau nicht besonders hervorstechend (Taf. 77). Die Kirche befindet sich 7,50 m unterhalb des jetzigen Niveaus und stand im letzten Jahrhundert häufig fast 1/2 m tief im Wasser. Mit Sicherheit hat an dieser Stelle seit dem 3. Jahrhundert eine Kirche gestanden, die aber im Lauf der Zeit viele Veränderungen durchgemacht hat. Aus einer Inschrift geht hervor, daß sie unter Konstantin IX. anno mundi 6551, d.h. 1043 wiederaufgebaut wurde. 1034 war Myra wiederum von den Sarazenen besetzt, die vermutlich für die Zerstörung der Kirche verantwortlich waren. Wieviel von dem früheren Gebäude erhalten blieb, ist ungewiß, da es am jetzigen Bau keine klaren Hinweise zur Unterscheidung von früherem und späterem Mauerwerk gibt. Mitte des 19. Jahrhunderts war das Dach eingestürzt und der Bau halb verschüttet. Ein abermaliger Wiederaufbau wurde mit russischem Geld unter Leitung eines Elsässers durchgeführt. Aufgrund des Einschreitens der türkischen Behörden blieb der Aufbau unvollendet. Anfang dieses Jahrhunderts soll der Grund, auf dem die Kirche steht, von einem russischen Konsul (nach anderen Berichten von einer russischen

Abb. 16 Myra. Das angebliche Grab des Heiligen Nikolaus

Prinzessin) aufgekauft worden sein mit der Absicht, die Verehrung des Heiligen neu zu beleben. Aber auch diese Pläne wurden von der Pforte durchkreuzt. Das obere Stockwerk und der Glockenturm sind modern.

Die Kirche ist eine dreischiffige Basilika, an die irgendwann ein viertes Schiff an der einen Seite hinzugefügt wurde. Am Ende des Mittelschiffs befindet sich in der Apsis ein Synthronon, um das ein überdeckter Umgang verläuft. Ein Stein dient als Altar. An der Westseite gibt es einen Narthex und einen Exonarthex. Schöne Kreuzgänge ziehen sich an der Nordseite entlang. In die Wände ist viel wiederverwendetes Material, darunter Inschriftenfragmente, verbaut.

Das Monument, das viele Jahrhunderte lang als Grab des Heiligen Nikolaus gezeigt und verehrt wurde, ist auf Abb. 16 zu sehen. Es ist ein schlichter Marmorsarkophag in einer Nische, der von einem Marmorgitter zwischen Säulen abgeschirmt wird. Die Männer aus Bari fanden das Grab unter einem Steinfußboden. Wenn dieser Bericht stimmt, dann ist der Sarkophag entweder von seinem ursprünglichen Platz entfernt worden, oder sie haben nicht dieses

Grab geöffnet. Außer Nikolaus waren noch andere Personen in der Kirche beigesetzt. Es gibt auch eine Überlieferung, nach der ein Geistlicher aus Mytilene sich im 9. Jahrhundert auf den Weg nach Myra machte, um »dem kostbaren Sarg« des Heiligen Nikolaus seine Verehrung zu erweisen und davon Myrrhe zum Schutz seiner Familie mitzunehmen. Dieser Bericht läßt vermuten, daß das Grab über dem Boden war. Andererseits ist das Grab, das den Besuchern jetzt gezeigt wird, ganz sicher nicht das echte Grab. Es handelt sich dabei um einen ornamentierten, in viele Stücke gebrochenen und wieder ungeschickt zusammengeflickten Sarkophag, auf dessen Deckel ein ruhendes Ehepaar dargestellt ist. Ein derartiger Deckel paßt überhaupt nicht dazu, er wurde möglicherweise von einem anderen Sarkophag genommen und einfach der Vollständigkeit halber aufgelegt.

Im Hafen von Andriake herrscht im Sommer ein reges Treiben, man veranstaltet dort gerne Picknicks oder nimmt ein Bad. Unmittelbar nördlich davon fließt ein Bach mit sehr kaltem Wasser ins Meer. Zahlreiche Sarkophage säumen von Myra aus die Straße, viele davon sind jetzt fast völlig im sandigen Boden begraben. Am Hügelabhang im Norden stehen die Überreste mehrerer großer römischer Gebäude. Ein Turm befindet sich auf der Hochebene südlich des Hafens. Besonders hervorzuheben ist das Granarium des Hadrian, das in einiger Entfernung vom Meer auf der Südseite liegt. In Größe und Form weist es starke Ähnlichkeit mit dem Granarium in Patara auf (s. S. 89). Von der Nordfront aus gelangt man durch einzelne Türen in acht Räume, die miteinander wiederum durch kleinere Türen nahe der Vorderseite verbunden sind. Der Giebel zog sich über die gesamte Länge des Gebäudes hin, aber nur das westliche Endstück und ein Teil der lateinischen Weihinschrift haben sich erhalten. Über dem Mitteleingang stehen Büsten des Hadrian und der älteren Faustina, mehrere ornamentierte Blöcke sind in die Mauer an der Frontseite verbaut. Auf einem dieser Blöcke links von der zweiten Tür sind zwischen einem Greif Sarapis stehend und Pluto zurückgelehnt dargestellt. Die Inschrift berichtet, daß das Relief aufgrund eines Traumes von einem Beamten des Granariums geweiht wurde. In der gleichen Wand befindet sich eine Inschrift aus der frühen byzantinischen Zeit, in der es heißt, daß in Übereinstimmung mit den Mustern, die von Byzanz gesandt waren, die Gewichte und Maße der Städte Myra und Arneai angefertigt wurden. Auf einer Mauer aus gutbearbeiteten Quadern kurz vor dem Granarium standen ursprünglich Statuen der Kaiser.

Sura

Sura liegt westlich von Myra, und man braucht dorthin eineinhalb Stunden zu Fuß. Man kann aber auch auf der Straße bis zu der Sura am nächsten gelegenen Stelle fahren und muß dann nur noch ein kurzes Stück laufen. Das Siedlungsgebiet folgt unmittelbar auf den *mahalle* gleichen Namens. Sura war niemals eine unabhängige Stadt, sondern lediglich ein Schutzgebiet von Myra. Erwähnung findet es fast nur im Zusammenhang mit seinem sehr bekannten Fischorakel, das in der antiken Literatur genau beschrieben wird. Am äußersten Rand einer etwa 800 m langen Ebene erhebt sich die nur etwa 10 m hohe kleine ›Akropolis‹. Etwa ein Dutzend ›gotischer‹ Sarkophage sind um sie verstreut. Auf dem Hügel befindet sich ein aus dem Fels gehauenes Hausgrab mit lykischer Inschrift, an der Südwestecke steht eine Statuenbasis mit einer sehr langen lykischen Inschrift, von der jedoch nur einige Buchstaben in jeder Zeile erhalten sind. An der Südseite trifft man auf eine Reihe aus dem Fels gearbeiteter Stelen, auf denen die mit dem Kult des Apollon Surios verbundene Priesterschaft verzeichnet ist.
Das Hauptinteresse gilt dem Tempel und dem Orakel des Apollon. Unmittelbar westlich der Akropolis fällt der Boden an die hundert Meter steil herab bis zur Landspitze eines sumpfigen Meeresarms. Der Tempel steht dicht am Rand des Sumpfes. Er ist ziemlich klein und recht gut erhalten. In die Innenwand sind einige Inschriften geritzt, in denen die Opfergaben von Bittstellern festgehalten werden. Eigenartigerweise sind sie nicht dem Apollon Surios, sondern dem Reitergott Sozon dargebracht worden, sowie einmal der rhodischen Gottheit Zeus Atabyrios. Dicht beim Tempel findet man die umfangreichen Ruinen einer byzantinischen Kirche, die, wie so oft, Nachfolgerin des heidnischen Tempels war und so die Heiligkeit des Ortes bis ins Mittelalter bewahrt hat.
Über das Fischorakel haben wir detaillierte Auskunft. Plinius schreibt: »In Myra in Lykien kommen an der Quelle des Apollon,

den sie Surius nennen, die Fische auf dreimaliges Herbeirufen mit der Pfeife, um ihr Orakel zu geben. Wenn sie die ihnen vorgeworfenen Fleischstücke zerreißen, bedeutet dies Gutes für den Orakelsuchenden. Schlagen sie die Fleischstücke mit ihren Schwänzen weg, hat dies eine schlechte Vorbedeutung«.

Nach Plutarch sitzen die Wahrsager da und beobachten die Fische genauso wie die Orakelvögel und entscheiden über das Orakel nach festen Regeln oder aufgrund eines gemeinsamen Spruchs. Sie beobachten, wie sich die Fische drehen und wenden, ob sie einander verfolgen oder voreinander fliehen. Den vollständigsten Bericht gibt aber Polycharmos. Er spricht von einem Brunnen mit Meerwasser an einem Ort namens Surios und führt weiter aus: »Wenn sie an das Meer gehen, dort, wo nahe der Küste der Hain des Apollon ist, in dem sich am Sandstrand der Wasserwirbel befindet, so kommen die, die das Orakel befragen, mit zwei Holzspießchen, an denen je zehn gebratene Fleischstücke befestigt sind. Und der Priester läßt sich schweigend beim Hain nieder, während der Orakelsuchende die Stäbchen in den Strudel wirft und beobachtet, was geschieht. Nach dem Einwurf der Stäbchen füllt sich der Strudel mit Meerwasser, und es stellen sich Fische von solcher Menge und Vielfalt ein, daß der nie geschaute Vorgang Schrecken hervorruft, und dabei sind Fische von solcher Größe, daß man sich in acht nehmen muß. Wenn der Prophet die Fischarten vermeldet hat, bekommt der Orakelsuchende vom Priester die entsprechende Auskunft in seinem Anliegen. Zwischen kleineren Fischen treten dabei manchmal Wale und Sägefische auf, sowie viele nie geschaute und fremdartig aussehende Fische«.

Diese Ausführungen bestätigt der Bericht des Artemidoros. Er schreibt, daß nach Aussage der Einheimischen eine Quelle mit Meerwasser hervorquillt und einen Wasserwirbel verursacht, in dem große Fische erscheinen. Die Orakelsuchenden werfen ihnen ihre Opfergaben aus gekochtem oder gebratenem Fleisch, Kuchen oder Brot vor. Der Hafen und der Ort des Orakels heißen Wasserstrudel.

Diese Berichte weichen nur in einem Punkt voneinander ab, nämlich ob die Gattung der Fische oder etwa ihr Verhalten die Gunst des Orakels bestimmten. Daß Wale und Sägefische auftauchten, braucht man wohl nicht zu glauben, obwohl natürlich an der türkischen Küste Haie nicht unbekannt sind. Ansonsten aber kann man die wirklich faszinierende Beobachtung machen, wie genau die heutigen Verhältnisse die antiken Berichte veranschaulichen. Der ›Hafen‹ ist der sumpfige Meeresarm, der in der Antike zweifellos offenes Meer war. Die Quelle des Apollon befindet sich noch immer an Ort und Stelle. Es ist eine reichhaltige Quelle, die am Fuß des Hügels einige Schritte vom Tempel entfernt entspringt und sich schnell zu einem ansehnlichen Bach entwickelt, der durch den Sumpf zur heutigen etwa 1,5 km entfernten Meeresküste fließt. Kurz vor dem Tempel strömen einige Quellen in den Bach – d. h. in der Antike in das Meer. Dies stimmt genau mit dem Bericht der Einheimischen über den Wasserstrudel überein und erklärt den eigenartigen Ausdruck »ein Brunnen mit Meerwasser«. Selbst die geheimnisvolle Auffüllung des Beckens hätten Priester ohne weiteres mit einer Vorrichtung zur Regulierung der Apollonquelle bewerkstelligen können. Soweit der Autor feststellen konnte, sind jetzt keine baulichen Überreste mehr vorhanden, die man mit der Orakelstätte in Verbindung bringen könnte, was man aber auch kaum erwarten kann.

Besucher, die zur Orakelstelle wollen, seien vor dem Weg am Rand des Sumpfes entlang nach Andriake und Myra gewarnt. Der Autor machte 1960 die Erfahrung, daß der ›Pfad‹, von dem der Führer sprach, überhaupt nicht existiert. Daher mußte der Autor von Fels zu Fels klettern oder springen. Nach einem Kilometer hört sicher für jeden der Spaß an einer solchen Tour auf.

Zwischen Myra und Sura steht unmittelbar neben der heutigen Straße bei Karabucak das prächtige Bauwerk, das auf Taf. 78 abgebildet ist. Es handelt sich um ein Mausoleum aus römischer Zeit, das noch zum Teil in seiner vollen Höhe von etwa 12 m ansteht. Die hohe Tür an der Nordseite wird links von einem korinthischen Pilaster flankiert, der ein jetzt nicht mehr vorhandenes Gegenstück auf der rechten Seite hatte. Die östliche und südliche Innenwand sind mit großen Blindarkaden versehen. Die Westseite ist zum größten Teil zerstört. Ansonsten fehlt nur das Dach. Dem Brauch lykischer Felsgräber folgend, sind Bänke um die Innenwände angeordnet. Von der Rückseite aus gelangt man zu zwei überwölbten Hyposorien.

14. Arneai, Arykanda

Arneai

Von Demre führt eine Straße zur jenseits des Demre Çayı gelegenen Anhöhe hinauf bis nach Muskar im Norden. In der Umgebung dieses Dorfes und des Nachbarorts Gödeme liegen antike Überreste verstreut, darunter Sarkophage mit Inschriften, denen zu entnehmen ist, daß man sich hier auf zu Myra gehörigem Territorium befindet. Drei Stunden nördlich von Muskar befindet sich das Dorf Çağman. Dort gibt es ein reizvoll unter riesigen Platanen gelegenes Kaffeehaus, sowie ein stark beschädigtes lykisches Hausgrab. Eine halbe Stunde westlich vom Dorf liegt ein Hügel namens Güceymen Tepesi, auf dem man zahlreiche Scherben finden kann. Erhalten hat sich dort ein Teil der Ringmauer sowie ein Ehrendekret, das vom »Volk« ausgefertigt wurde. Am Abhang des angrenzenden Hügels trifft man auf ein Hausgrab mit einer langen lykischen Inschrift über dem Eingang. Hier ist eindeutig das Gelände eines kleinen antiken Ortes, der aber sicher nicht den Rang einer Stadt hatte. Die Grabinschrift eines Arneaten im Dorf Çağman weist darauf hin, daß wir hier auf dem Territorium von Arneai sind.

Auf dem Weg von Muskar nach Çağman befinden sich in der Nähe des Dörfchens Karabel die beachtlichen Ruinen einer christlichen Kirche. Eine noch besser erhaltene Kirche mit dazugehörigen Gebäuden steht etwa 6 km östlich, weit von einer Straße entfernt in einem Einschnitt am Südabhang des Alaca Dağ. Eine Inschrift verzeichnet ihren Wiederaufbau anno mundi 6320 (810 n. Chr.) vier Jahre nach dem Sarazenenüberfall auf das Grab des Heiligen Nikolaus in Myra. Nach 1,5 km kommt man zu einer Gruppe antiker Häuser und zu einigen lykischen Sarkophagen.

Arneai gehört zu den besonders isoliert gelegenen lykischen Städten. Auch heute erreicht man den Ort nur unter einigen Schwierigkeiten. Etwa 4 km südlich von Aykırca zweigt eine Straße nach Westen ab und führt über Yazır nach Kaş Kasaba nahe bei Ernes vorbei. Sie soll sehr schlecht sein, doch kann der Autor nichts Näheres über ihren Zustand sagen, da er sie selbst nie benutzt hat.

Arneai liegt unmittelbar südlich von Ernes, das den antiken Namen ganz offensichtlich bewahrt hat. In der antiken Literatur wird die Stadt kaum erwähnt, und über ihre Geschichte ist nichts bekannt. Wie so oft beziehen wir unsere gesamte Kenntnis aus den Inschriften und den Ruinen selbst. Alle Reisenden, die den Ort besucht haben, waren von der Schönheit der Landschaft und der abwechslungsreichen Vegetation beeindruckt. Eine Inschrift in lykischer Sprache bestätigt das hohe Alter der Stadt, aus anderen Inschriften wissen wir, daß sie an der Spitze einer Städtesympolitie stand, deren Bürger in der üblichen Weise als »Arneaten aus dem und dem Ort« bezeichnet werden. Eine dieser Städte wird mit Koroai benannt. Bei dem Ruinengebiet bei Çağman handelt es sich sicher um ein weiteres Mitglied in der Sympolitie. Für die Annahme, daß hier Koroai gelegen habe, gibt es keinen Anhaltspunkt. Die Verbindung mit Myra reichte bis in die byzantinische Zeit hinein. Damals war Arneai Sitz eines Bischofs, der an neunter Stelle unter dem Metropoliten von Myra stand. Münzen wurden nur unter Gordian III. geprägt.

Das Gelände ist in besonderem Maße von der Natur geschützt. An drei Seiten fällt der Hügel steil ab. Wirr durcheinanderliegendes Felsgestein und Geröll machen den Zugang vom Dorf im Norden außerordentlich schwierig. Beim Aufstieg kann man auf der linken Seite des Pfades ein lykisches Felsgrab sehen, ein weiteres mit einer lykischen Grabinschrift folgt etwas höher auf der rechten Seite. Die Hügelkuppe umgibt eine großenteils noch vorhandene Ringmauer mit etwa einem halben Dutzend Türmen und zwei Toren. In späterer Zeit wurde allerdings viel daran ausgebessert. Im Innern sieht man zwei recht gut erhaltene Kirchen sowie Spuren von Häusern und anderen Bauten. Aus früherer Zeit ist sehr wenig erhalten. Außer den lykischen Felsgräbern, ein oder zwei Sarkophagen und einigen Zügen der Ringmauer gibt es eine Anzahl römischer Inschriften, die zumeist in die Mauer verbaut sind. Eine Inschrift hält die Umwandlung eines ehemaligen Gymnasions in ein öffentliches Gästehaus und dessen Weihung an Kaiser Trajan fest. Dieses Haus läßt sich aber nicht ausmachen. Ferner gibt es eine *ex-voto* Weihung an eine lokale Gottheit namens Tobaloas.

Arykanda

Im Gegensatz zu Arneai erreicht man Arykanda ohne Schwierigkeiten. Von Aykırca (oder Aykırıçay, oder Aykırçay), einer Haltestelle an der Hauptstraße von Elmalı nach Finike, kommt man spielend in 15 Minuten zu Fuß zum Ruinengebiet. Aykırca ist ein reizvoller Ort mit einem herrlichen, eiskalten Wasserfall, der von hohen Felsen herabstürzt. Über der Straße befinden sich einige lykische Felsgräber. Die Schönheit des Ortes wird leider etwas durch Lastwagen und andere Fahrzeuge beeinträchtigt, die sich im allgemeinen vor dem Kaffeehaus ein Stelldichein geben. Der Fluß, der antike Arykandos, fließt in eine unterhalb gelegene Schlucht. Fellows war von der Landschaft sehr beeindruckt. Er sagte: »Alles ist gewaltig und doch lieblich«.

Der Charakter der Arykander entsprach anscheinend nicht der Schönheit ihrer Umgebung. Wir erfahren, daß sie wegen ihrer Verschwendungssucht, Trägheit und ihrer Vorliebe für Vergnügungen in Schulden gerieten, die sie nicht bezahlen konnten. Als Antiochos III. im Jahr 197 v. Chr. versuchte, Lykien den Ptolemäern zu entreißen, schlossen sie sich ihm in der Hoffnung an, er werde sie von ihren Verpflichtungen befreien.

Ferner wissen wir, daß Arykanda ein Heiligtum für Helios an einer Stelle hatte, die wegen der Bodenform zunächst »das Schiffsvorderteil« und später »das Kriegsschiff« genannt wurde. Dieses Heiligtum gehört zu den wenigen Überresten der rhodischen Herrschaft in Lykien, denn Helios war vor allem eine rhodische Gottheit. Wo das Heiligtum stand, wissen wir nicht.

Im übrigen hatten die Christen anscheinend gegen Ende des 3. Jahrhunderts einigen Einfluß in der Stadt. Man fand nämlich die Kopie eines Antrags an Kaiser Maximinus, einen Christenverfolger, in dem die Provinz Lykien und Pamphylien darum ersuchte, daß die »illegalen und widerwärtigen Praktiken der Gottlosen« verurteilt und abgestellt würden. Später war Arykanda Diözesensitz.

Obwohl die Endung des Namens in -anda das hohe Alter ausreichend bestätigt, desgleichen die oben erwähnten lykischen Felsgräber und die Einbeziehung des Wortes »lykisch« auf den Bundesmünzen der Stadt, hat man keine Inschriften in der Landessprache am Ort gefunden. Ähnlich verhielt es sich in Patara.

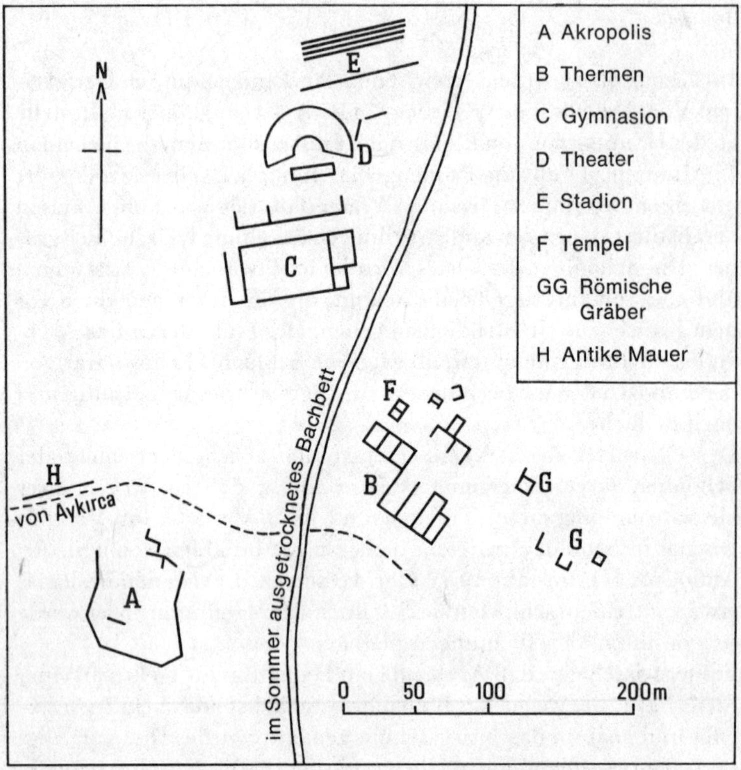

Abb. 17 Plan von Arykanda

Die Lage der Stadt an einem steil abfallenden Hügelabhang ist ungewöhnlich, in vieler Hinsicht wird man dabei an Delphi erinnert. Wegen der überhängenden Felsen ist sie militärisch nicht zu verteidigen und war anscheinend auch niemals durch eine Mauer geschützt. Die Arykander waren offensichtlich im gleichen Maße unkriegerisch wie verschwenderisch. Die Akropolis liegt direkt am Fuß des Siedlungsgebietes auf der rechten Seite des Pfades aus Aykırca. Auf dem kleinen Hügel ist nur ein zerstörter Turm zu sehen.

Die anderen Ruinen sind recht beachtlich. Über dem Flußbett erblickt man die Thermen, eine imposante Anlage mit einer gut

10 m hohen Front, die mit zwei Reihen von je drei Fenstern und einer Apsis am einen Ende mit einem weiteren Fenster ausgestattet ist. Die einzelnen Räume sind in ihrem gegenwärtigen Zustand nicht näher zu bestimmen.
Das Theater ist ganz griechisch ohne ein Anzeichen von Romanisierung. Die Cavea ist in der Mitte eingestürzt, aber die beiden Flügel stehen noch, und auch einige Sitze haben sich erhalten. Die Stützmauer besteht aus einem Gemisch von Quader- und Polygonalwerk, der Analemna aus geglätteten Quadern. Das Bühnengebäude ist in leidlich gutem Zustand. Man kann den Umriß eines langgestreckten, rechteckigen Gebäudes mit je einer Tür in der Rück- und der vorderen Wand (auf die Bühne), die noch mit Türsturz stehen, erkennen. Die Bühnenfront ist noch am östlichen Ende zu sehen, sie ist knapp 2 m vom Bühnengebäude entfernt. Selbst für eine hellenistische Bühne ist sie sehr schmal. Die Parodoi sind nach griechischer Art offen. Das Theater wurde von einem Team der Universität Ankara ausgegraben.
Unterhalb des Theaters gelangt man zu einem ziemlich großen Gebäude mit einer massiven Mauer aus großen polygonalen Blökken mit drei Arkaden. Man hat es als Gymnasion bezeichnet, aber bisher sind hier keine Ausgrabungen vorgenommen worden, daher muß diese Benennung vorerst ungesichert bleiben.
Hinter dem Theater steht eine hohe terrassierte Mauer aus stark gemischtem Mauerwerk an. Darüber liegt das unlängst von Bewuchs gerodete, äußerst reizvolle Stadion (Taf. 79). Nur an der Nordseite gibt es Sitze, von denen vier oder fünf Reihen erhalten sind. Viel mehr können es auch früher nicht gewesen sein. Die etwa 16 m breite Arena ist jetzt nur etwa 80 m lang, d. h. weniger als halb so lang wie ein Stadion üblicher Größe. Die ursprüngliche Länge ist ungewiß, da das westliche Ende unter vom Hügel abgerutschter Erde und Steinen begraben ist.
Unweit oberhalb der Thermen liegt ein kleiner Tempel (F), der von einem türkischen Team aus Ankara ausgegraben wurde. Der schlichte, aber hübsche Bau aus sorgfältig behauenen Marmorblökken ist in korinthischer Ordnung errichtet, hat einen Pronaos und eine Cella. Der Pronaos im Westen steht noch zum großen Teil; von seinen zwei Anten ist eine vollständig mit Kapitell erhalten (Taf. 80). An der Frontseite kann man weder Stufen noch irgendeine

andere Zugangsmöglichkeit erkennen. Vom Pronaos führt eine hohe Tür, deren reich verzierter Türsturzblock daneben liegt, zur Cella. Einige Trommeln von korinthischen Säulen liegen herum, aber die Cellawände stehen jetzt nur noch wenig über Bodenhöhe an. In späterer Zeit benutzte man den Tempel für andere Zwecke. Die Cella wurde durch zwei Längsmauern aufgeteilt, in die Mauer auf der rechten Seite ist eine Grabinschrift in ungelenken Schriftzügen verbaut. An der Mauer links liegt ein zerbrochener Sarkophag, und an der Südmauer des Pronaos kann man ein Kreuz mit der vertrauten Inschrift »Jesus Christus siegt« sehen. Man könnte sich vorstellen, daß das Gebäude in byzantinischer Zeit als christliches Gotteshaus gedient hat. An keiner anderen Stelle des Geländes hat man sonst eine Kirche gefunden.

Südöstlich davon liegen oberhalb der Thermen eine Anzahl römischer Grabbauten. Man hat auch vermutet, daß das gerade beschriebene Gebäude in Wirklichkeit kein Tempel sondern ein Grabbau war. Das größte und schönste dieser Gräber (s. Plan) ist mit einer fein verzierten Tür ausgestattet. Das Relief darüber zeigt einen Stierkopf zwischen zwei geflügelten Gestalten. Die Decke im Innern ist gewölbt, an drei Seiten stehen Bänke. Von der Stadt aus führt ein Pfad nach Osten, an dem man weitere Grabbauten sehen kann, die offenbar eine von dieser Seite heranführende Straße säumten. Einstmals waren sie sicher stattlich, aber jetzt liegen sie in Trümmern.

Östlich von Arykanda befinden sich die drei Städte Idebessos, Akalissos und Kormi. Sie sind klein, wenig bekannt, und da sie weit von einer Straße entfernt liegen, macht es einige Mühe, sie zu erreichen. In der römischen Kaiserzeit waren sie in einer Sympolitie zusammengeschlossen, an deren Spitze Akalissos stand. Die beiden ersten Namen mit den Endungen -ssos reichen in die vorgriechische Zeit Lykiens zurück. Aber trotz ihres hohen Alters findet man in keiner der drei Städte lykische Felsgräber oder Inschriften. Die Sympolitie war in den Lykischen Bund einbezogen, und ihre Bürger nahmen im 2. und 3. Jahrhundert n. Chr. Ämter im Bund wahr. Da Akalissos die Führungsposition in der Vereinigung innehatte, schlug die Stadt unter Gordian III. Münzen und erhielt ein Geldgeschenk von Opramoas.

Von den drei Städten lohnt sich Idebessos am meisten für einen

Besuch. Es liegt fast 1000 m über dem Meer bei Kozağacı, einem *mahalle* von Karacaören. Der Autor stieg im Jahr 1953 von Arykanda aus hinauf und muß sagen, daß dies die anstrengendste Tagestour war, an die er sich während seines Aufenthaltes in der Türkei erinnern kann. Der selten benutzte Pfad existiert stellenweise gar nicht; ein Führer war schwer zu finden. Schließlich bot ein alter Mann, der die Strecke vor 20 Jahren gegangen war und glaubte, den Weg finden zu können, seine Dienste an. Die in der Luftlinie kaum 20 km weite Tour dauerte fast den ganzen Tag. Freya Stark unternahm sie in der umgekehrten Richtung und fand sie sogar abwärts beschwerlich.

Idebessos liegt auf einem schmalen Bergrücken, der von Norden nach Süden parallel zum Bey Dağ verläuft. Überreste einer Befestigungsanlage ziehen sich am Bergrücken und am äußeren, dem Ostabhang entlang. Die meisten Bauten befinden sich jedoch am inneren Abhang. Das nach Westen zum Berg ausgerichtete Theater ist sehr klein, es mißt etwa 30 m im Durchmesser und bot wohl etwa 600 bis 700 Zuschauern Platz. Die Cavea, an der zwei Treppen hinaufführten, ist sehr zerstört. Ein festes Bühnenhaus hat es anscheinend niemals gegeben. Etwa 100 m vom Theater entfernt stehen die nicht mehr näher zu bestimmenden Überreste einer Thermenanlage, die von einem Aquaedukt gespeist wurde. Den Unterbau des Aquaedukts kann man sehen, wenn man von Norden zur Stadt kommt. In nördlicher Richtung findet man auch die sehr schlecht erhaltenen Ruinen einer mittelalterlichen Basilika.

Hauptanziehungspunkt von Idebessos sind die zahlreichen und sehr schönen Grabanlagen. Sie sind nicht in einer Nekropole zusammengefaßt, sondern liegen zwischen den Stadtgebäuden im ganzen Gelände verstreut. Eine Gräbergruppe ist nur einige Meter vom Theater entfernt. Fast alle gehören dem für die spätere Zeit charakteristischen Sarkophag-Typus mit gerundetem Deckel und aufragendem First an, aber die Deckel wurden häufig entfernt. Als Grabschmuck dient meistens ein runder Schild, aber auch Gräber mit schönen Reliefs kommen vor. Dargestellt sind darauf u.a. Girlanden haltende, mit Hunden, Hasen und anderen Tieren spielende Amoretten, wilde, einander bekämpfende Tiere, sowie ein Löwe, der einen höckrigen Stier anfällt. Einige Sarkophage stehen auf einer massiven Basis und sind vorn mit einer Exedra ausgestat-

tet. Spratt berichtet von einem einzigen Felsgrab ohne Inschrift, das der Autor aber nicht gesehen hat.
Das tiefer gelegene Akalissos befindet sich östlich von Idebessos an einem unbewohnten Ort namens Gâvuristanlık oder Asarderesi. Es gibt hier ganz besonders wenige Ruinen. Außer einer Ansammlung von Mauerresten unterschiedlichen Alters und den Überresten zweier Kirchen findet man nur etwa dreißig Sarkophage, deren Inschriften den Namen der Stadt nennen, sowie einige schmucklose Felsgräber in der nördlichen Hügelwand. Ferner ist noch eine Statuenbasis des Kaisers Commodus (180–192 n. Chr.) mit einer Inschrift, in der zum Stadtnamen der Titel Neokoros hinzugefügt ist, vorhanden.
Kormi liegt auf der anderen Seite des Flusses Alâkır nahe beim Ostufer unweit des Dorfes Karabük. Der Autor kam im Jahr 1953 von Akalissos zum Fluß hinunter, konnte ihn aber zu Fuß nicht überqueren, da er zu tief und die Strömung sehr stark war. Aus den spärlichen zur Verfügung stehenden Beschreibungen geht hervor, daß die Stadt klein war, daß es an Überresten eine Ringmauer um den Hügel und im Stadtinnern etwa ein halbes Dutzend Statuenbasen mit Inschriften und andere Steine gab. Die sonst üblichen Sarkophage kommen dort anscheinend nicht vor.
Zwei der Inschriften nennen den Namen der Stadt (die ansonsten völlig unbekannt ist), aber nur in Form eines Ethnikons. Die Endung des Namens ist daher unklar, außerdem ist man nicht sicher, ob er griechisch oder einheimisch ist. Kormos ist das griechische Wort für einen gefällten Baumstamm. Möglicherweise war die Stadt eine griechische Gründung, die nach den Blockhäusern der ursprünglichen Siedler benannt war. Diese Häuser sind von den lykischen Hausgräbern nachgeahmt worden. Genausogut kann der Name auch Korma, und damit ganz gewiß nicht griechisch, gewesen sein.
Unter den Inschriften befindet sich ein fragmentarisches Dekret des römischen Senats aus dem Jahr 80 v. Chr., das von der Besiedlung Lykiens nach dem Ersten Mithridatischen Krieg handelt. Ferner gibt es ein Ehrendekret des Volkes von Kormi für einen Bürger, der anscheinend die Stadt vor Krieg und Gefahr gerettet und die Demokratie erhalten hat. Dieser Krieg ist wohl gegen den Piratenanführer Zeniketes im Jahr 78 v. Chr. (s. Türkische Südküste, S. 26,

154) geführt worden. Damit sind diese beiden Texte die bisher einzigen aus den drei Städten der Sympolitie, die in vorchristliche Zeit zurückgehen.

15. Ostlykien

Limyra

Östlich von Finike weichen die Berge ein Stück von der Küste zurück und lassen so Platz für eine ausgedehnte Küstenebene, deren Orangen auf dem Markt von Istanbul als die besten galten, bis die »Washington«-Orangen kamen. Zwei Flüsse versorgen die Ebene mit Wasser. Am Westrand ist es der Arykandos, der in diesem Teil Yaşgöz Çayı heißt, und weiter östlich der Alâkır Çay, der oft mit dem antiken Limyros gleichgesetzt wird, was aber noch zur Debatte steht. Strabon zufolge soll man von der Mündung des Limyros aus nach 20 Stadien (etwas über 3 km) zu Fuß aufwärts zur Stadt Limyra gelangen. Plinius spricht von »Limyra mit einem Fluß, in den der Arykandos fließt«. Diese Berichte treffen überhaupt nicht auf den Alâkır Çay zu, geben aber eine gute Beschreibung von einem dritten Wasserlauf, dem Göksu, der aus einer reichhaltigen Quelle zwischen den Ruinen von Limyra entspringt und bei Finike in den Yaşgöz Çayı mündet. Limyra ist heute mehr als 5,5 km vom Meer entfernt, d.h. erheblich über 20 Stadien. Geht man von der Annahme aus, daß es sich beim Fluß des Plinius um den Limyros handelt, ist die Sache schlüssig. Er nennt ihn aber nicht beim Namen. Strabons Worte würden normalerweise bedeuten, daß Limyra 20 Stadien von der Mündung entfernt am Fluß gelegen hat. Warum aber fügt er »zu Fuß« hinzu? Meint er damit einfach, daß der Fluß nicht schiffbar ist? Oder denkt er an die Entfernung über Land von der Flußmündung aus zur Stadt? Man weiß nicht, wo die Flußmündung zu seiner Zeit lag, da die Küste in der Zwischenzeit verschlammt ist, 20 Stadien könnten daher ungefähr stimmen. Es kann also durchaus sein, daß der Alâkır der Limyros ist, der Göksu dagegen namenlos war. (Der Stadiasmos zählt 60 Stadien von Gagai zur Mündung des Limyros, d.h. zu einem Punkt auf halber Strecke zwischen dem Alâkır und dem Göksu. Damit ist nicht geholfen). Der Autor bekennt, daß er die andere Ansicht vorzieht. Der Name Limyros erscheint besonders passend für einen Fluß, der zwar kurz ist, aber in Limyra entspringt. Man muß allerdings

zugestehen, daß dann der viel größere Alâkır mit einer Länge von über 60 km ohne antiken Namen bleibt.
Nur wenig wird in der Antike über Limyra berichtet. Es ist als eine der Städte, die sich Antiochos 197 v. Chr. unterwarfen, genannt. Im Jahr 4 n. Chr. starb dort Gaius Caesar, der Enkel und Adoptivsohn des Augustus, auf seinem Rückweg von Armenien nach Rom. In Armenien war er während einer Zusammenkunft hinterrücks verwundet worden. In früheren Zeiten hatte Limyra jedoch eine bedeutende Stellung inne. Im 4. Jahrhundert war es nämlich die Hauptstadt des Dynasten Perikles, über dessen zielstrebigen und ehrgeizigen Unternehmungen wir weiter oben berichtet haben (S. 19). In mehreren Inschriften begegnet in Limyra (und anderswo) der Ausdruck *periclehe kñtawata*, was man als »General des Perikles« gedeutet hat. Mit Sicherheit war das vor einiger Zeit in Limyra entdeckte prachtvolle Heroon in Wirklichkeit sein Grab (s. S. 147). Plinius berichtet von einer Orakelquelle in Limyra, deren Antworten durch Fische gegeben wurden. Wenn sie nach der ihnen zugeworfenen Nahrung schnappten, war dies ein gutes Zeichen, schlugen sie die Nahrung mit den Schwänzen weg, hatte dies eine schlechte Vorbedeutung. Die bemerkenswerte Übereinstimmung dieser Art von Weissagung mit der in Sura veranlaßte viele Wissenschaftler zu der Vermutung, daß Plinius oder seine Quelle uns die gleiche Information zweimal gegeben hat, wobei Limyra mit Myra verwechselt wurde. Plinius fügt aber eine interessante Beobachtung hinzu, er spricht davon, daß die Quelle mitsamt den Fischen von einer Stelle zur anderen fortrückt. In Limyra mit seiner großen Zahl von Quellen wäre dies vielleicht möglich, kommt aber in Sura nicht in Frage. Ferner wurden in Limyra fast mit Sicherheit Orakel verkündet, da das Wort »Orakel« auf den kaiserzeitlichen Münzen der Stadt vorkommt. Für diese Zeit können wir also vielleicht die Mitteilung des Plinius akzeptieren.
Aus am Ort gefundenen Inschriften erfahren wir, daß die Hauptgottheit in Limyra der Olympische Zeus war. Zu seinen Ehren wurden athletische Festspiele abgehalten, und sein Blitz kommt häufig auf den Münzen vor. Sonst ist Zeus in Lykien lange nicht so berühmt wie seine Kinder Apollon und Artemis.
Nach Limyra kommt man ohne Schwierigkeiten. Die Straße von Finike nach Kumluca führt mitten durch das antike Siedlungsge-

biet. (1972 war diese Straße an einer Stelle hinter Limyra blockiert, Kumluca konnte man auf einer anderen Strecke am Strand entlang erreichen.) Die Wohnstadt lag am Fuß des langgestreckten Südabhangs des Tocak Dağ, die befestigte Akropolis befand sich auf dem Hügelkamm darüber. Der Hang steigt in einem Winkel von 30 Grad an und ist vertikal in eine endlose Anzahl geriefelter kleiner Erhebungen aufgespalten, in deren Ostwände zahllose Gräber gehauen sind (Taf. 81). Bei der Straße am Fuß des Hügels befindet sich das kleine, aber recht gut erhaltene Theater mit einer unverhältnismäßig großen Orchestra. Die Cavea ist mit sechzehn Sitzreihen unterhalb und einigen weiteren über der Diazoma ausgestattet. Die Stützmauer der Cavea ist aus gutem geboßten Mauerwerk, eine 1,50 m hohe Mauer stützt die Diazoma. Dahinter verläuft ein gedeckter Umgang um die gesamte Cavea mit Öffnungen auf die Diazoma. Auf beiden Seiten der Orchestra befindet sich ein großer überwölbter Eingang, vom Bühnengebäude sind aber nur einige Steinbrocken und bearbeitete Blöcke erhalten. Das Datum des Baus ist ziemlich genau bekannt (wie in Tlos; s. S. 65). Um 140 n. Chr. erhielt Limyra von Opramoas eine Summe von mindestens 20 000 Denaren ausdrücklich zum Bau eines Theaters.

Abgesehen vom Theater hat sich wenig von der Stadt erhalten. Auf der Akropolis finden sich Überreste einer Ringmauer, an denen man Toreingänge erkennen kann. Im Innern gibt es lediglich einige Felsstücke zu sehen. Testschnitte haben jedoch gezeigt, daß es hier im 4. Jahrhundert v. Chr. möglicherweise eine Ansiedlung gegeben hat. In der Ebene finden sich die Ruinen mehrerer Gebäude, die man nicht identifizieren kann und deren Alter ungeklärt ist, ferner ein altes türkisches Kloster, das in reizvoller Lage neben dem Fluß, der wahrscheinlich der Limyros ist, steht.

Hauptanziehungspunkt von Limyra sind die Gräber. Mehrere hundert sind in sechs Hauptgruppen zusammengefaßt und erstrecken sich bis zum Ostrand der Stadt. Am dichtesten gepackt sind sie nahe dem Hügelfuß, ziehen sich aber noch weit nach oben. Auch wenn man nur ein Viertel der Gräber sehen will, bedeutet dies ein schwieriges und zeitraubendes Unterfangen, da sie nicht alle leicht zu finden sind. Am besten sucht man sich einen Führer, der einige der sehenswertesten Gräber kennt, es sei denn, der Besucher hat vor, mehrere Tage am Ort zu verbringen. Die meisten Gräber gehören dem lykischen Haustypus an (Taf. 82), variieren jedoch stark in Form und Ausschmückung (Taf. 83). Einige sind ganz schlicht, andere haben schöne Reliefs, die im Stil mit denen in Myra verwandt sind. Ferner findet man etliche Sarkophage (Taf. 84). Im Westteil der Stadt stand ein turmähnliches Grab, das jetzt unter dem Wasserspiegel liegt. Anhand seiner reichen Ausschmückung kann man es in die Zeit des Augustus datieren. Es besteht kaum ein Zweifel daran, daß es als Kenotaph zum Gedenken an Gaius Caesar errichtet wurde. Die von den Ausgräbern gefundenen zahlreichen Bruchstücke lassen vermuten, daß der Dekor seine Taten wiedergab.

Das interessanteste Grab ist zweifellos das Heroon oder Mausoleum, das hoch oben am westlichen Hügelabhang entdeckt wurde. Vom Dorf aus führt ein Pfad hinauf. Der Aufstieg vom Theater ist beschwerlicher als er aussieht und deshalb nicht zu empfehlen. Das Monument ist bis zu den untersten Partien zerstört (Taf. 85). Man fand bei der Ausgrabung aber viele der Architekturteile, die jetzt in einem Depot am Ort aufbewahrt werden. Das Grab steht auf einer dafür errichteten Terasse mit etwa 20 m im Quadrat. Darauf liegt eine 45 cm hohe Basis aus Felsstein, an deren Kanten einige Unterteile von gekehlten Orthostaten noch in situ erhalten sind. Das Grab bestand aus zwei Teilen, einer unteren Grabkammer (in der aber niemand beigesetzt ist) und einer oberen Kammer in Form eines Amphiprostylos, d.h. eines Tempels mit einer Säulenreihe nur an der Vorder- und Rückseite. Hier waren die Säulen durch vier Karyatiden an beiden Seiten ersetzt. Zwei dieser außerordentlich großen Karyatiden kann man durch das Gitter im Depot sehen. Ferner sind mehrere Blöcke des Frieses, der die Cella schmückte, vorhanden. Darauf war der Heros beim Besteigen seines Wagens dargestellt, dem seine bewaffneten Krieger zu Fuß oder zu Pferd folgten. An den Figuren wird griechischer und persischer Einfluß deutlich. Das graeco-persische Element kommt auch beim Mittelakroter des Giebels, der Perseus und Gorgo wiedergibt, zum Ausdruck. Die Perser behaupteten, von dem argivischen Heros Perseus abzustammen. Im frühen 5. Jahrhundert schlossen die Argiver mit Xerxes einen Freundschaftsvertrag. Dem Stil nach gehört der Grabbau in das frühe 4. Jahrhundert. Er veranschaulicht Lykiens Stellung zwischen Ost und West in dieser Zeit.

Rhodiapolis

Östlich von Limyra nimmt der lykische Charakter der antiken Städte deutlich ab. Ihre Gründungslegenden sind griechisch, insbesondere rhodisch. Rhodiapolis bedeutet »rhodische Stadt«. Hekataios nannte Korydalla um 500 v. Chr. »Stadt der Rhodier«. Phaselis und angeblich auch Gagai wurden von den Rhodiern gegründet. Olympos war anscheinend eine spätere Gründung. Die meisten dieser Legenden kann man mit Recht anzweifeln. So ist die Gründungsgeschichte von Gagai sicher fiktiv. Hekataios meinte mit »Rhodiern« vielleicht einfach die Bewohner der benachbarten Stadt Rhodiapolis. Theopompos zufolge wurde Rhodiapolis nach Rhode, der Tochter des Mopsos, benannt. Wie dem auch sein mag, östlich des Alâkır Çay trifft man nicht mehr auf die charakteristischen lykischen Gräber mit Ausnahme einiger später Sarkophage in Rhodiapolis. Bisher wurden in Rhodiapolis nur zwei lykische Inschriften entdeckt, eine weitere stammt aus Korydalla. Alle Städte gehörten aber zum Lykischen Bund, und auf den Bundesmünzen von Rhodiapolis und Gagai kommt zumindest die Bezeichnung »lykisch« vor, was bedeutet, daß die Städte von der Abstammung her als lykisch galten.

Für einen Besuch dieser Städte bietet sich von der Lage her Kumluca als Ausgangspunkt an. Von dort erreicht man Korydalla in nur 15 Minuten zu Fuß. Allerdings lohnt sich der Besuch dieser Stadt kaum, da nichts mehr davon existiert. Spratt sah 1842 noch beachtliche Ruinen, darunter ein Theater, einen Aquaedukt, sowie Überreste zahlreicher Gebäude unterschiedlichen Alters, die auf zwei niedrigen, kegelförmigen Hügeln lagen. Von all dem ist nichts mehr zu sehen bis auf die Mulde für das Theater auf dem südlichen Hügel und ein paar verstreut liegende Steine. Der Autor beobachtete dort 1952 einen nicht abreißenden Strom von Lastwagen, die Steine wegbrachten (was gesetzwidrig war, aber man hatte offenbar ein Auge zugedrückt). Kumluca und die Nachbardörfer Haciveliler, Çalka und Hızırkâhya waren voll von den zerstückelten Überbleibseln aus Korydalla. Einer der vielen Inschriftenblöcke ist in ein neues Haus in Kumluca verbaut. Darauf befindet sich eine Bilingue in lykischer und griechischer Sprache.

Von Korydalla aus kann man Rhodiapolis nach einem einstündigen mühseligen Aufstieg zu Fuß erreichen. Angenehmer kommt man mit dem Jeep dorthin. Von Kumluca fährt man etwa 1,5 km auf der Straße nach Gödene, dann geht es nach links etwa 3 km auf der Straße nach Sarıcasu weiter, und daran schließt sich ein angenehmer Aufstieg von etwa 45 Minuten auf einem guten Pfad an. Man braucht dafür natürlich einen Führer. Das antike Siedlungsgebiet ist sehr hübsch auf der Hügelkuppe gelegen, Pinien spenden Schatten und verbreiten einen angenehmen Duft.

Eine große Anzahl von Gebäuden zieht sofort die Aufmerksamkeit des Besuchers auf sich. Sie sind aus kleinen, zum Teil mit Mörtel versetzten Steinen gebaut und stehen noch ein ganzes Stück hoch an. Bei einigen der unterschiedlich großen Gebäude handelt es sich offenbar um Privathäuser, über die Bestimmung der anderen läßt sich jetzt nichts mehr sagen. Wahrscheinlich stammen sie alle aus der spätrömischen Zeit (Taf. 86). Das kleine Theater befindet sich in der Stadtmitte. Es ist etwa 40 m breit und nach Süden ausgerichtet. 16 Sitzreihen ohne Diazoma haben sich erhalten (Taf. 87). Ein Teil des Bühnengebäudes steht noch, die Rückseite der Bühne markiert eine Reihe Steinblöcke in situ. Darunter führt eine Tür zur nicht mehr vorhandenen Bühne. Die Cavea beschreibt mehr als einen Halbkreis, die Parodoi waren anscheinend immer offen. Römischer Einfluß ist kaum bemerkbar.

Hinter dem Bühnengebäude befindet sich ganz in der Nähe das Monument des Opramoas, das wegen seiner Inschriften an den Wänden berühmt ist. In dieser längsten Inschrift Lykiens und wahrscheinlich ganz Kleinasiens sind die ihm verliehenen Ehren unterschiedlicher Art verzeichnet. Der Millionär Opramoas war Bürger von Rhodiapolis und lebte zur Zeit des Antoninus Pius (138–161 n. Chr.) Er bekleidete ein hohes Amt im Lykischen Bund und verteilte außerordentlich großzügige Geldgeschenke an fast alle Städte Lykiens. Das etwa 7 auf 7,50 m messende Bauwerk ist sein Grab. Es war aus gut behauenen Blöcken errichtet und mit einer schön verzierten Türöffnung versehen. Jetzt ist es aber völlig zerstört, die Steinblöcke liegen am Boden verstreut. Nur einige Mauerstücke sind noch zu sehen. Unter den Inschriften befinden sich Briefe des Kaisers und des Provinzgouverneurs, sowie Dekrete des Bundes, in denen die ihm verliehenen Ehren und seine Spenden an die eigene und andere Städte verzeichnet sind. Der Stadt Rhodiapolis stiftete er Tempel für Fortuna und Nemesis, die man aber nicht mehr identifizieren kann. Etwa 65 m südlich unterhalb des Grabes steht ein hübscher Bau aus kleinen, mit Mörtel versetzten Steinen noch über 6 m hoch an, der bei einer Raubgrabung freigelegt wurde. Im Innern liegt an der Rückwand eine 1,50 m hohe Basis, auf der die von Opramoas geweihten Statuen seines Vaters Apollonios und seiner Mutter Aristokila standen.

Ein Turm von 5 m im Quadrat ganz oben auf dem Hügel stand noch bis vor einiger Zeit fast vollständig bis 1,50 m hoch. Jetzt ist er weitgehend zerstört, nur eine Mauer ist noch aufrecht erhalten.

Westlich oberhalb des Theaters befinden sich die Ruinen einer ziemlich großen Kirche, von der nur noch die Apsis steht. Der Ort hat keine Wasserzufuhr, dafür aber viele Zisternen, die zum Teil sehr groß sind und rund, rechteckig oder wie eine Wurst geformt sind. In einiger Entfernung nach Nordwesten kann man etliche Pfeiler eines Aquaedukts sehen. In der Nähe der Grabstätte des Opramoas liegen die Überreste einer Stoa, dahinter die einer weiteren Stoa, die offenbar Opramoas selbst gestiftet hat, von der aber nicht mehr viel zu sehen ist.

An den Ost- und Westhängen stehen mehrere Sarkophage vom lykischen Typus, in die Felsen darum sind etliche Gräber gehauen, an denen zum Teil Inschriften, darunter zwei lykische, angebracht sind.

Gagai

Gagai liegt südöstlich von Kumluca etwa 1,5 km hinter dem Dorf Yenice auf einem 200 m hohen Hügel, der jetzt von der Meeresküste durch ein flaches, 500 m breites Stück Land getrennt ist. Die Stadt gliedert sich in drei Teile, eine obere und untere Akropolis und die Wohnstadt in der Ebene. Die Straße von Kumluca nach Antalya führt ziemlich nahe daran vorbei. 15 km nach Kumluca biegt ein Forstweg nach rechts ab, der nach kurzem Anstieg auf den Gipfel führt.

Wie weiter oben erwähnt wurde, kommt auf den Bundesmünzen von Gagai die Bezeichnung »lykisch« vor, womit das hohe Alter der Stadt bezeugt ist. Im 4. Jahrhundert v. Chr. wird sie zum ersten Mal durch den Pseudo-Skylax erwähnt. Die Stadt soll auch den Namen Palaion Teichos gehabt haben. In zwei anschaulichen, aber wenig glaubhaften Geschichten wird über die Gründung von Gagai berichtet. In der ersten heißt es, daß Rhodier Land zum Ansiedeln in Lykien haben wollten und deshalb den Einheimischen ihre Wünsche zu verstehen geben versuchten, indem sie ausriefen »ga, ga«, was »Land, Land« bedeutet. Nachdem ihr Wunsch erfüllt worden war, gaben sie der neuen Stadt diesen Namen. Der zweiten, ausführlicheren Erzählung zufolge soll ein rhodischer Befehlshaber namens Nemius nach seinem Sieg in einer Seeschlacht über die Piraten von Lykien und Kilikien in einen Sturm und sein Schiff dadurch in Gefahr geraten sein. Als die Besatzung Land sichtete, rief sie aus »ga, ga«. Sie hielten auf die Küste zu und waren gerettet. Am nächsten Tag gründeten sie eine Stadt, die sie Gaga nannten. Der einzige Wert dieser Geschichten liegt darin, daß sie übereinstimmend die Gründung Rhodiern zuschreiben.

Obwohl Eusebios Gagai als eine »nicht unbedeutende Stadt Lykiens« bezeichnet, ist sie hauptsächlich wegen eines Minerals, das in der Umgebung gefunden wurde und *gagates* hieß, bekannt. Darin liegt der Ursprung des Wortes Jett, doch sprechen die antiken Autoren, die sich damit befassen, öfter von einer brennbaren Substanz, die Braunkohle ähnelt. Merkwürdigerweise erwähnen diese Autoren außer der Stadt einen Fluß Gages, obwohl der Gagai am nächsten gelegene Fluß der Alâkır ist. Galen gibt einen zuverlässigeren Bericht: »Ich selbst habe diesen Fluß nicht gesehen, obwohl ich an der gesamten Küste Lykiens in einem kleinen Schiff entlanggefahren bin, um das Land kennenzulernen«. Übereinstimmung herrscht zumindest darin, daß der *lapis gagates* schwarz gewesen sei, aber heutzutage findet man ihn hier nicht mehr. Der Ort heißt jetzt »Weißer Stein«, Aktaş. Der Name rührt von einem 10 m hohen weißen Fels zwischen der Stadt und dem Meer her.

Den oberen Teil des Hügels umgibt eine Ringmauer aus kleinen, mit Mörtel gefügten Steinen. An ihrer Westseite befindet sich nahe dem nördlichen Ende ein 1,50 m breites Tor, das irgendwann einmal ausgebessert wurde. Ein tiefes Loch im Pfosten war für die Stange bestimmt, mit der das Tor verschlossen wurde. Man kommt nur auf einem steilen, schmalen Pfad dahin. Ein Turm auf der Hügelkuppe ist etwa 15 m lang und 8 m breit und aus ziemlich unregelmäßig geboßten Quadern gebaut (Taf. 88); an einer Ecke verläuft ein Mauerzug in Polygonalwerk. Etwa ein halbes Dutzend Schichten ergeben noch eine Höhe von ungefähr 3 m. In der Mitte wird der Turm von einer Mauer unterteilt. Nordöstlich von diesem Turm verläuft eine etwa 30 m lange Mauer in ähnlicher Bauausführung. Sie führt zu einem halbkreisförmigen Bau mit drei oder vier Sitzreihen, der wie das Synthronon einer Kirche aussieht, sich aber nicht bestimmen läßt.

Die vom Gipfel aus sichtbare untere Akropolis liegt auf halber Strecke hügelabwärts auf der Meerseite. Sie fällt an einer Seite steil ab, die anderen Seiten schützt der gewachsene Fels, der an Stellen, wo es nötig ist, von einer massiven Mauer ergänzt wird. Im Innern gibt es nichts von Interesse.

In der Ebene sah Spratt noch »ansehnliche« Ruinen von römischen und mittelalterlichen Bauten: von mehreren großen Gebäuden, einigen christlichen Kirchen und sogar »den Stadtmauern«; ferner berichtet er von Teilstücken, die einst zu einem Aquaedukt aus Ziegeln und kleinen Steinen gehörten und sich bis nach Yenice hin verfolgen ließen. Von all dem ist heute nichts mehr zu sehen. 1960 fand der Autor zu seiner Überraschung aber am Nordwestfuß des Hügels die Stelle, an der ein kleines Theater gelegen hat. Außer der Mulde im Abhang und einiger bearbeiteter Steinblöcke hat sich davon aber nichts mehr erhalten. Der Führer, der darauf aufmerksam gemacht hatte, behauptete jedoch, hier ausgegraben zu haben und sprach von Sitzreihen.

1972 erzählte ein anderer Dorfbewohner, der in der Nachbarschaft geboren und aufgewachsen ist, daß das Theater vor 30 Jahren noch »vollständig« war. Wie Korydalla wurde Gagai Stein um Stein für den Bedarf der Einheimischen abgetragen.

Phaselis

Olympos und Phaselis an der Ostküste wurden im Band »Die türkische Südküste« beschrieben. Seit Erscheinen dieses Buches haben jedoch deutsche Wissenschaftler Untersuchungen in Phaselis durchgeführt. Obwohl sie keine Ausgrabungen vornahmen, gelangen ihnen neue Entdeckungen. Die Ruinen können jetzt insgesamt

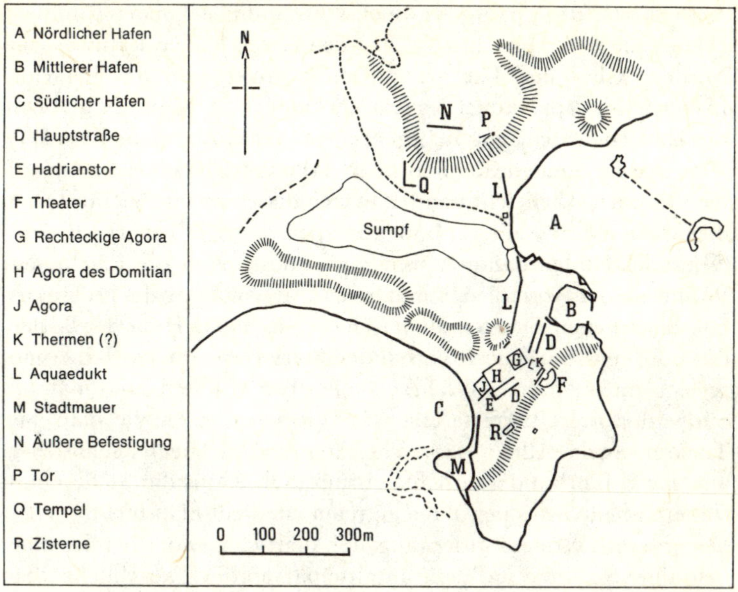

Abb. 18 Plan von Phaselis

besser bestimmt werden. Der wesentlich genauere Plan wurde mit freundlicher Erlaubnis der Forscher auf Abb. 18 übernommen. Die wichtigsten, zu meinem früheren Bericht notwendigen Ergänzungen sollen im folgenden kurz festgehalten werden.
Die Hauptstraße der Stadt, die gepflasterte Allee, verläuft nicht in einem Stück, sondern fällt in zwei Teile, die im spitzen Winkel zueinander stehen. Den Zwischenraum nahm vielleicht ein kleiner Platz ein. Eine Flucht kleiner Räume, die als Läden oder zu kommerziellen Zwecken benutzt wurden, säumen den nördlichen Teil auf der Westseite. Im Westen des südlichen Teils der Straße befinden sich drei Bauanlagen, die anscheinend alle Agorai sind. Die nördlichste wurde anhand einer Inschrift als »Rechteckige Agora« aus hadrianischer Zeit identifiziert. Daran schließt sich westlich eine Basilika an, die viel später dazugekommen ist. Die mittlere Anlage (H) ist eine große offene Fläche, die im Osten und Süden von Räumen begrenzt wird. Auf der an die Straße grenzen-

den Ostseite überspannt ein noch vollständig stehendes Rundbogentörchen den Abstand zwischen den ersten beiden Räumen von Norden. Über der Tür des dritten Raumes befindet sich eine Inschrift mit dem Namen des Kaisers Domitian (81–96 n. Chr.) Die südlichste der drei Agorai (J) gehört erst in byzantinische Zeit. Das Gebäude am Südende der nördlichen Allee besteht aus einer Anzahl von Räumen. Vielleicht handelt es sich dabei um eine kleine Thermenanlage. Ein anderes Bad aus späterer Zeit gehört zu dem Gebäudekomplex dahinter und ragt zum Teil in die Flucht der Räume an der Nordallee. Bei näherer Untersuchung des im Unterholz begrabenen Theaters stellt sich heraus, daß in Höhe der Bühne die üblichen fünf Türen vorhanden waren sowie eine Reihe von sechs kleinen Türen in Orchestrahöhe. Weiter unten kann man im Südwesten die Überreste einer Treppe sehen, über die man das Theater von der Allee aus erreichen konnte. Das Theater geht sicher auf das 2. Jahrhundert n. Chr. zurück. Ob es an die Stelle eines früheren hellenistischen Baus getreten ist, weiß man nicht.
Die interessanteste Entdeckung der deutschen Forscher ist eine befestigte Siedlung auf dem unmittelbar nördlich anschließenden Hügel. Sie erstreckte sich am Hang oberhalb des Sumpfes und über das höhergelegene Plateau und war von einer Mauer in hellenistischer Mauertechnik umgeben. Am besten ist diese Mauer an den mit M und N auf dem Plan markierten Stellen erhalten. Ein Turm sowie Schießscharten in der Mauer bestätigen ihre militärische Zweckbestimmung. Am Punkt P befindet sich der Eingang zu der Anlage, den man über einen in den Fels gehauenen Weg erreicht. Östlich davon stößt man auf die halbverschütteten Überreste eines Felsheiligtums. Weitere kaum mehr auszumachende und auf dem Plan nicht markierte Mauern verlaufen nach Norden. In der Südwestecke der Anlage (Q) liegt ein über 20 m langes Fundament, das wahrscheinlich zu einem Tempel gehörte, worüber man aber ohne Ausgrabung sonst nichts sagen kann. Eine Quelle im Nordostteil speiste den Aquaedukt. Wozu diese nördliche Befestigung bestimmt war und warum sie sich bis zum Rand des Sumpfes ausdehnte, weiß man nicht. Am ehesten läßt sich vorstellen, daß sie zur Abwehr des Feindes zwischen Sumpf und Abhang diente.
Interessant ist noch die Kaimauer im kleinen mittleren Hafen mit in Abständen herausragenden Pollern; ferner die Spuren einer antiken

Straße in westliche Richtung (auf dem Plan westlich des Sumpfes). Außer den Mauern der nördlichen Siedlung gehört im Ruinengebiet alles in römische oder byzantinische Zeit.

16. Nordlykien

Der nördliche Teil Lykiens mit Elmalı als heutigem Zentrum unterscheidet sich sehr vom übrigen Land. Hier befindet sich das größte landwirtschaftliche Anbaugebiet Lykiens. Die Ebene von Elmalı gliedert sich in einen 20 km langen und 3 bis 4 km breiten nordöstlichen und einen kleineren südwestlichen Teil, von dem der See bis zu seiner Trockenlegung im Jahr 1953 viel Raum beanspruchte. Trotz der vorteilhaften Lage für den Ackerbau hat dieses Gebiet in früheren Zeiten die Lykier anscheinend kaum angezogen. Über die beiden Städte Podalia und Choma, die während der Kaiserzeit zum Lykischen Bund gehörten, gibt es erst seit späthellenistischer Zeit Nachricht. Lykischen Einfluß in diesem Landesteil bezeugen in früher Zeit lediglich einige Felsgräber, die im Westen und Südwesten gleich auf die Ebene folgen sowie ein Schatzfund mit lykischen Stateren, der zwischen dem Avlan Gölü und der heutigen Hauptstraße entdeckt wurde. Dazu kommen nur noch zwei unlängst in der Nähe von Elmalı entdeckte bemalte Gräber. Der amerikanische Ausgräber datierte diese beiden Gräber bei Kızılbel und Karaburun in das späte 6. bzw. das frühe 5. Jahrhundert.

Podalia

Die Lage von Choma konnte durch am Ort gefundene Inschriften definitiv bestimmt werden. Für Podalia fehlt dagegen ein solcher Beleg. Daher gibt es unterschiedliche Vorschläge zur Lokalisierung dieses Ortes. Die meiste Zustimmung fand bisher die Vermutung, Podalia sei an einer antiken Stätte beim Nordufer des Avlan Gölü zu suchen. (Der oben erwähnte Münzschatz heißt seither »Podalia Schatzfund«). Hier erhebt sich ein felsiger, mit Buschwerk überwucherter mäßig hoher Hügel, der aus zwei durch einen Sattel miteinander verbundenen Teilen besteht. Auf dem nördlichen Hügelteil kann man noch die bis zu 3 m hoch anstehenden Überreste einer Ringmauer aus ziemlich regelmäßigen Quadern sehen. Bei einem aus kleinen Steinen gebauten, jetzt eingestürzten Bau handelt es sich um einen einstigen Turm oder eine Zitadelle. Etwa in halber Höhe trifft man am Nordostabhang auf zwei kleine Felsgräber, die aber nicht lykisch sind. Im Innern liegen zahlreiche unbehauene Bausteine, aber keine Vierkantblöcke oder Marmor. Hier und da sieht man Spuren von dürftigen Mauern. Die Keramik gehört in hellenistische und noch spätere Zeit. Der flache Grund am Hügelfuß weist einige Anzeichen für antike Besiedlung auf, über dem Boden ist aber nichts zu sehen. Hier fand man einige Scherben aus der frühen Bronzezeit.

Eugen Petersen identifizierte im Jahr 1882 diesen Ort mit Podalia. Er fand heraus, daß die Türken in Elmalı ihn unter dem Namen Podalia, bisweilen auch Podamia kannten. Das bestärkte seine Überzeugung außerordentlich. Da niemand vorher den Ort mit dem antiken Podalia gleichgesetzt hatte, folgerte Petersen mit Recht, daß die Einheimischen den Namen nicht von Wissenschaftlern, die das Gebiet besucht hatten, erfahren haben konnten. Es sprach alles dafür, daß sich der antike Name erhalten hatte.

Dennoch war der Autor niemals ganz mit dieser Gleichsetzung zufrieden. Die Stätte am Avlan Gölü hat nicht die Charakteristika eines Stadtgebiets, sondern eher die einer militärischen Befestigungsanlage. Es fällt besonders auf, daß verzierte Steine und Inschriften völlig fehlen. Gerade Inschriften gibt es aber gewöhnlich in lykischen Stadtgebieten im Überfluß. (Die bedeutendste Ausnahme ist Gagai, wo man nur eine einzige Inschrift fand, die aber glücklicherweise den Namen der Stadt angibt.) Außerdem liegt der Avlan Gölü nur 10 km von Choma entfernt, so daß sich die beiden einzigen Städte in diesem Landesteil dicht beieinander an seinem südlichen Ende befunden hätten. Im nördlichen Teil der Ebene von Elmalı hätte es dagegen keine Stadt gegeben. Könnte man einen passenden Ort in diesem Teil ausfindig machen, wäre das erheblich zufriedenstellender.

Einen solchen Ort gibt es beim Dorf Söğle, etwa 13 km von Elmalı entfernt. Bei einem Besuch im Jahr 1965 fand der Autor dort alle Anzeichen für Zivilisation und städtisches Leben vor, die man im Avlan Gölü Gebiet so vergeblich suchte. Direkt über dem Dorf erhebt sich ein abgerundeter Hügel, der an der Nordseite sanft abfällt, an der Ost- und Südseite aber steil ist. Er ist dicht mit Scherben übersät, die von der frühen Bronzezeit über die Eisenzeit bis in den Hellenismus, die römische und byzantinische Zeit reichen. Weitere Überreste aus der Antike gibt es nicht auf dem Hügel, aber das Dorf ist voller antiker Steine. Darunter finden sich Altäre und andere verzierte Blöcke, Grabinschriften und Weihungen an die Götter und Kaiser. Auch auf mehrere byzantinische Bruchstücke trifft man. Der Autor ist überzeugt, daß Podalia an diesem Ort gelegen hat. Man hat hier ein echtes Stadtgebiet mit einer langen Tradition in einer Lage, die nichts zu wünschen übrig läßt. Da die Lage von Choma mit Gewißheit bestimmt ist, kann es sich nur um Podalia handeln. Die Inschriften gehören in die römische Zeit, die byzantinischen Fragmente weisen zumindest auf das Vorhandensein einer Kirche hin. Daß es keine Festungsmauer wie am Avlan Gölü gibt, braucht nicht dagegenzusprechen. Auch Choma und sogar Arykanda haben keine Mauer.

Es bleibt das Problem, daß Petersen 1882 den Namen Podalia auf die Ruinen beim Avlan Gölü angewendet fand. Er erfuhr auch von einem Podamia, und auf den türkischen Landkarten kommt eine dritte Form vor, nämlich Buralye. Mit Podamia – d.h. Potamia, »Flußstadt« – hat es etwas ganz anderes auf sich. Dies ist ein sehr naheliegender Name für einen Ort, der an der Stelle liegt, wo der Akçay, der einzige bedeutende Fluß in diesem Gebiet, in den See mündet. In der Hoffnung, Licht in die Ungewißheit zu bringen, holte der Autor Auskünfte bei den Bewohnern der benachbarten Dörfer ein, besonders in Karamık, das dem Siedlungsgebiet am nächsten liegt. Nach den üblichen höflichen Fragen über die Dorfschule, die Ernte und die Wasserqualität wurde der Besucher seinerseits nach seinem Alter und seinem Gehalt befragt, und man wollte auch wissen, ob er verheiratet sei. Dann ging die Unterhaltung weiter: »Erzählen Sie mir über die Ruinen auf dem Hügel; welchen Namen haben Sie dafür?« »Asar« (damit werden alle antiken Orte bezeichnet). »Auf der Landkarte hier heißt er Buralye«. »Nein, nicht Buralye, sondern Budalye«. »Und wie ist es mit Budamye?« »Ja, einige Leute sagen Budamye, aber Budalye ist besser«. Daß die Dorfbewohner Budalye vorziehen, ist verständlich, da der Ort den Wissenschaftlern seit 90 Jahren unter dem Namen Podalia bekannt ist und deshalb auch die Einheimischen den Namen oft gehört haben. Es gibt aber noch Podamia. Wie der Autor erfuhr, hört man diesen Namen in der Umgebung von Elmalı.

Gerne würde man den Schluß ziehen, daß der ursprüngliche Name Potamia war, der in keinerlei Zusammenhang mit Podalia bei Söğle in der anderen Hälfte der Ebene stand. Aber damit ist das Rätsel um die beiden Namensformen nicht gelöst.

Choma

Für die Lage von Choma existiert kein derartiges Problem. Allerdings kennt man sie noch nicht sehr lange. R. M. Harrison fand 1963 in den etwa 15 km von Elmalı entfernten Dörfern Hacımusalar und Sarılar und auch in deren Umgebung eine Reihe von Inschriften, von denen ein halbes Dutzend den Namen vollständig oder zum Teil angaben. Unter den Inschriften befindet sich ein Dekret des Rates und Volkes von Choma, eine andere hält die Errichtung einer Exedra mit Statuen fest, und auch Grabinschriften kommen vor. Mit einer möglichen Ausnahme stammen alle erst aus der Kaiserzeit.

Choma ist ein griechischer Name und bedeutet »Erdhügel«. Der Grund für diesen Namen wird jedem, der den Ort besucht, sofort klar. Etwa 1,5 km südöstlich von Hacımusalar befindet sich ein großer prähistorischer Erdhügel, der zum Typus des *hüyük* gehört. Er ist nicht sehr hoch, fällt aber in der flachen Ebene, die sich meilenweit um ihn hinzieht, sofort ins Auge. Im günstigen Abendlicht kann man vom Hügel aus im Westen die rechteckigen Umrisse der ›Wohnblöcke‹ der Stadt zwischen den Feldern ausmachen. Auf dem Erdhügel und in seiner Umgebung liegen einige Scherben aus römischer Zeit verstreut. Von der Stadt selbst hat sich nicht das Geringste erhalten. Der Fluß Akçay fließt nahe am Siedlungsgebiet in Richtung Süden vorbei. Plinius zufolge war sein antiker Name Aidesa.

Etwa 4 km nordöstlich von Choma kann man im hügeligen Gebiet oberhalb des Dorfes Kızılca nach einem etwa vierzigminütigen Fußmarsch zwei in eine Felswand gehauene lykische Gräber sehen. Sie gehören wohl kaum zur Stadt Choma, die zur Zeit der Ausarbeitung dieser Gräber vielleicht noch gar nicht existierte. Ein Grab ist ohne Inschrift, das andere hat eine lykische Inschrift in zwei Teilen, die bisher einzige so weit nördlich im Land. Mit ihr haben wir einen der wenigen Hinweise für frühen lykischen Einfluß in diesem Landesteil. Interessant ist auch der Schluß mit den Worten *kñtawata [p]ericlehe,* wovon bereits weiter oben im Zusammenhang mit Limyra, der Hauptstadt des Dynasten Perikles im 4. Jahrhundert, die Rede war. Eigenartigerweise gibt Stephanos von Byzanz die Lage von Podalia mit »in der Nähe von Limyra« an, was keinesfalls zutrifft. Wir wissen nicht, was ihn zu dieser Aussage brachte. Vielleicht ist es nicht ganz abwegig, darin ein Zeugnis dafür zu sehen, daß Perikles seine Macht bis in diesen nördlichen Landesteil ausgedehnt hat.

Beim Dorf Güğü, das jetzt offiziell Yapraklı heißt und 15 km nordwestlich von Elmalı liegt, befindet sich ein kleines antikes Dorfgebiet. Die Straße von Elmalı ist die ehemalige Hauptstraße nach Fethiye. Der Autor fuhr hier 1953 mit einem Taxi entlang; trotz Ausbesserungen ist sie auch jetzt noch sehr schlecht, die Strecke nach Güğü hinauf fast unpassierbar. Ein Besuch lohnt sich vor allem wegen einer Reihe aus dem Fels gehauener Stelen mit Reliefschmuck, die man nach einem kurzen Aufstieg vom Dorf aus erreicht. Der Name Buzağı Kaya für die Stätte rührt von der Darstellung eines Büffels auf einer der Stelen, die man aufgrund ihrer Inschriften in die hellenistische Zeit datiert. Auf einem Sarkophagdeckel im Dorf befindet sich eine Grabinschrift, die angibt, daß der Ort in der Antike Orpeëni hieß.

Auf der Nordseite des Elmalı Dağı liegt eine halbe Stunde oberhalb des Dorfes Macun ein anderes kleines Siedlungsgebiet, das erst vor einiger Zeit entdeckt wurde. Spezielle Hinweise auf Besiedlung durch Lykier fehlen. Die sehr kleine Akropolis befindet sich auf einem im Norden sanft ansteigenden, im Süden aber steilen Hügel und ist von einer Ringmauer aus Bruchstein und an einigen Stellen aus unbehauenen Quadern umgeben. Die anderen antiken Überreste sind Grabdenkmäler. Zwei Sarkophage mit liegenden Löwen auf dem Deckel (Abb. 19) verdienen besondere Beachtung. Derartige Darstellungen sind in der Kibyratis, aber nicht in Lykien verbreitet. Auf einem Erdhügel in der Nähe der Akropolis kann man die Überreste eines Grabbaus aus schönen, sorgfältig behauenen Blökken sehen. Zwei der Blöcke sind mit Reliefs geschmückt, auf denen je ein Schild mit einer Schwertscheide darüber dargestellt ist. Weiter unten kommt man nördlich zu einem Sarkophag, der in

84 Limyra. Lykischer Sarkophag
85 Limyra. Neuerdings ausgegrabenes Mausoleum ▶

86 Rhodiapolis. Charakteristische Mauertechnik

37 Rhodiapolis. Theater
38 Gagai. Frühe Mauer am Gipfel

89 Nisa. Sarkophag

90 Nordlykien. Löwengrab

91 Kozağacı. Reliefs in der Hügelfelswand
92 Kozağacı. Relief in der Hügelfelswand

3 Kozağacı
4 Oinoanda. Stadtmauer

95 Oinoanda. Polygonalmauer

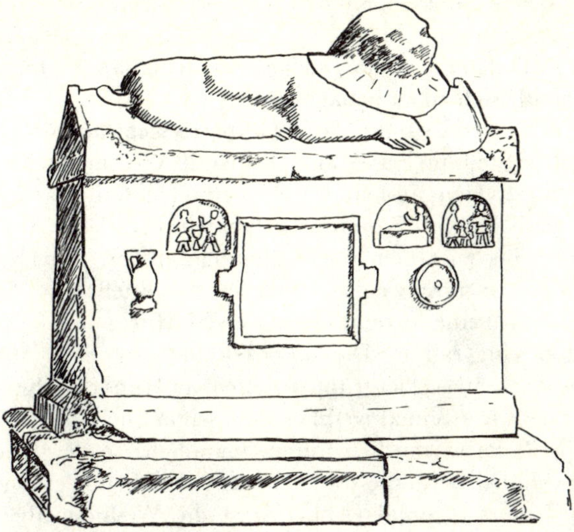

Abb. 19 Sarkophag mit Löwendeckel

einen großen Felsblock gehauen war und jetzt auseinandergebrochen ist. Noch etwas tiefer, in Richtung Osten, findet man mehrere in den Fels eingeschnittene Reliefs. Einen Hinweis auf den Namen des Ortes hat man bisher nicht entdecken können.
Südlich von Choma verengt sich die Ebene von Elmalı zu einem breiten Tal, das vom Akçay mit Wasser versorgt wird. An der Ostseite dieses Tals liegt das Dorf Armutlu; etwa 1,5 km südlich davon kommt man zu einem etwa 150 bis 200 m hohen Hügel mit einer kleinen Festung darauf, die von einer Ringmauer in sehr lockerem Mauerwerk mit Zwischenfüllungen aus kleinen Steinen umgeben wird. Für einen Teil der Mauer hat man auch Quaderblöcke benutzt. Früher wollte man diesen Ort mit Choma oder Podalia gleichsetzen, jetzt hält man ihn eher für einen militärischen Stützpunkt.
Im äußersten Südwesten des Tals liegt das Dorf Gömbe, in dessen Namen sich das antike Komba erhalten hat. In der antiken Literatur wird nichts über Komba berichtet, nur der Name wird in späterer Zeit von den Geographen erwähnt, und er begegnet auch in

den Bistumsverzeichnissen. Komba war dennoch eine Stadt mit Rat und Volksversammlung; Münzen sind allerdings keine bekannt. Im Gegensatz zu Podalia, Choma und Nisa war Komba von Opramoas nicht mit Geldgeschenken bedacht worden.

Als Zentrum für den Kult der Zwölf Götter Lykiens nimmt Komba eine besondere Stellung ein. Man hat über 20 Weihungen an diese Gottheiten in Lykien und anderswo gefunden, mindestens vier davon in der Nähe von Komba. Es handelt sich dabei um etwa 7,5 cm dicke, bis zu 60 cm lange Steinplatten mit gleichartigen Reliefs, auf denen durchweg 14 Gestalten dargestellt sind. In der oberen Reihe wird eine einzelne Gestalt in der Mitte von je sechs der Zwölf Götter eingerahmt. Die untere Reihe zeigt eine kleinere Gestalt zwischen zwei Tiergruppen, offenbar Hunden. Die obere Einzelfigur ist nur zweimal weiblich, sonst männlich, die Figur in der unteren Reihe vermutlich immer männlich. In der Inschrift heißt es gewöhnlich: »An die Zwölf Götter auf Geheiß«, es folgt der Name des Stifters. Einmal (Abb. 20) ist die Weihung aber »an Artemis, die Zwölf Götter und ihren Vater« gerichtet. Aus anderen Inschriften kennt man eine Artemis von Komba. Gerade auf diesem Stein ist die Mittelfigur weiblich und stellt sicher Artemis dar. Ist die Mittelfigur männlich, wird damit wohl der Vater gemeint sein, Artemis ist dann nicht eingeschlossen. Die kleinere Figur in der unteren Reihe hält man durchweg für den Stifter. Der Stein auf Abb. 20 weist noch eine weitere Besonderheit auf: die Zwölf Götter tragen Schilde. In den anderen Darstellungen sind sie nur mit der Tunika bekleidet. Die Anwesenheit der Hunde weist auf ihre Eigenschaft als Götter der Jagd hin. Der Stil der Reliefs ist ungelenk und eigenartig. Sie können kaum vor dem 3. Jahrhundert n. Chr. entstanden sein.

Das Stadtgebiet liegt auf einem hohen Hügel südwestlich von Gömbe. Der Aufstieg vom Dorf ist 300 m lang und dauert etwa eine Stunde. Der Lohn für die Mühe ist spärlich, da sich außer einigen späten Mauern und ein paar Steinen nichts erhalten hat. Östlich des Hügels stößt man auf die Ruinen einer Kirche. In einige Häuser direkt unterhalb des Gipfels sind etliche behauene Steinblöcke verbaut, die man sich von der Stätte geholt hat. Komba ist jetzt eine *yayla* von Kandyba.

12 km südlich von Komba liegt die wenig bekannte und kaum

Abb. 20 Die Zwölf Götter Lykiens

jemals besuchte Stadt Nisa. Eine sehr schlechte Straße führt bis Sütleğen, dann muß man noch etwa eine Stunde zu Fuß gehen. Die Stadt liegt in dem Winkel, der von der enormen Schlucht des Akörü Çayı (oft Ağörü geschrieben, auf den alten Landkarten Ahuri) und einem Bach im Süden gebildet wird. Die Aussicht ist phantastisch. Wie Komba wird auch Nisa nur von den späteren Geographen erwähnt, und das gewöhnlich in korrupter Form. Auch in den Bistumsverzeichnissen wird die Stadt aufgeführt. Bis 1895 war die Stätte unbekannt. Den Stadtnamen kennt man von Inschriften, die man am Ort gefunden hat. Man glaubte, daß die Stadt keine Münzen geprägt habe, bis der Autor in Gömbe eine kleine Münze aus hellenistischer Zeit erhielt, die keine Bundesprägung ist, sondern den Namen der Stadt trägt.

Die Ruinen sind stark überwuchert, aber man kann noch einiges sehen. Die Ringmauer aus grobem, fast ›kyklopischem‹ Mauerwerk ist am besten im Süden erhalten. Hier liegt auch das Theater mit durchschnittlicher Größe. Zwei Bürger ließen es frühestens im 2. Jahrhundert n. Chr. für ihre Stadt bauen. Die meisten Sitze sind erhalten, viele davon aber zertrümmert. Von der Bühne gibt es nur geringfügige Überreste. Ganz in der Nähe schließt sich im Osten das Stadion an, wo noch einige Sitze in situ sind. Unweit davon befindet sich die Statuenbasis eines einheimischen Siegers der Spiele, die von einem angesehenen Bürger, der es bis zum Lykiarchen gebracht hatte, eingerichtet worden waren. Die gepflasterte Terrasse direkt darüber war anscheinend eine Stoa. Ferner kann man noch die Überreste eines überwölbten Tores, eines großen, jetzt völlig eingestürzten Baus, sowie eine Anzahl von Sarkophagen und Grabbauten sehen. Auf dem Deckel eines Sarkophages sind zwei liegende Gestalten dargestellt (Taf. 89).

17. Die Kibyratis

Kibyra

Die Stadt Kibyra gehörte niemals zu Lykien. Über ihre frühe Geschichte haben wir einen Bericht von Strabon. Ihm zufolge sollen die Kibyraten Nachkommen von Lydern sein, die das Gebiet von Kabalis bewohnten. Später kamen die benachbarten Pisider und verlegten die Stadt an einen gut geschützten Ort mit einem Umkreis von hundert Stadien und einem großen Hinterland. Zu einem späteren Zeitpunkt schlossen sich die Städte Bubon, Balbura und Oinoanda mit Kibyra zu einer Tetrapolis zusammen, an deren Spitze Kibyra stand. Die Stadt hatte unter einer Reihe von Tyrannen eine Blütezeit, in der sie eine Streitmacht mit 30 000 Mann Infanterie und 2000 Mann Kavallerie aufstellen konnte. Daraus läßt sich gut auf eine sechsstellige Gesamtbevölkerung schließen. Aufgrund seiner hervorragenden Stellung besaß Kibyra zwei Stimmen in der Versammlung der Tetrapolis gegenüber je einer für die anderen Städte. Von Strabon erfahren wir auch, daß Kibyra für kunstvolle Verarbeitung von Eisen berühmt war. Vier Sprachen soll man in der Stadt gesprochen haben, pisidisch, solymisch, griechisch und lydisch.

Als die Neuordnung Kleinasiens nach der Schlacht von Magnesia erfolgt war, machte sich 189 v. Chr. der römische Konsul Manlius Vulso mit einer Armee auf den Weg, um angeblich die Galater zu unterwerfen, die Antiochos Beistand geleistet hatten. In Wirklichkeit aber überfiel er die Städte, um Geld aufzubringen. Damals herrschte in Kibyra ein Tyrann namens Moagetes, den die Historiker als grausamen und hinterhältigen Mann schildern. Manlius sandte auf dem Weg zur Stadt eine Abteilung voraus, um die Reaktion des Tyrannen zu testen. Moagetes erklärte sich bereit, den Wünschen des Konsuls nachzukommen und bot ihm eine Goldkrone im Wert von 15 Talenten an. Dafür verlangte er, Manlius solle seinen Soldaten die Plünderung des Landes verbieten. Nachdem er von der kompromißlosen Ablehnung seines optimistischen Angebots durch den Konsul erfahren hatte, kam er am nächsten

Tag persönlich in das römische Lager. Er war ganz bescheiden gekleidet und gab große Armut vor. Bis auf die Haut zog er sich aus, weil er glaubte, dadurch mit 25 Talenten davonzukommen. Manlius zeigte sich aber davon völlig unbeeindruckt: »Genug dieses Spiels; mit 25 Talenten sind deine Mittel erschöpft? Entweder du bringst 500 innerhalb von drei Tagen, oder dein Land wird geplündert und deine Stadt belagert«. Schließlich stimmte Moagetes unter Tränen und Protesten einer Summe von 100 Talenten und 10 000 Scheffeln Getreide zu.

Um zu veranschaulichen, daß er nicht reich sei, wies er auf die Armut der Städte unter seiner Herrschaft hin. Dabei handelte es sich um die Städte Syleion und Alimne, über die man nichts weiß und deren Namen auch nicht gesichert sind. Zu dieser Zeit gab es die Tetrapolis ganz gewiß noch nicht. Sie wurde im späteren 2. Jahrhundert gebildet und bestand bis zum Ende des Mithridatischen Krieges um 82 v. Chr. Dann wurde sie von Sullas Statthalter Murena aufgelöst, der Bubon und Balbura an Lykien angliederte. Kibyra blieb in der Provinz Asia. Strabon, von dem dieser Bericht stammt, erwähnt dabei nicht Oinoanda. Aber auch diese Stadt wird zusammen mit den beiden anderen an Lykien gegangen sein. In der Kaiserzeit war Oinoanda zumindest volles Mitglied im Lykischen Bund.

Innerhalb der Provinz Asia war Kibyra einer der größten *conventus* und Gerichtssitz des Provinzgouverneurs. Ein Erdbeben zerstörte im Jahr 23 n. Chr. die Stadt, sie wurde aber mit Hilfe des Kaisers Tiberius wiederaufgebaut. Ihm zu Ehren nahm die Stadt den Namen Caesarea Cibyra an und führte ab 25 n. Chr. eine neue Zeitrechnung ein.

Die Ruinen von Kibyra liegen etwa eine halbe Stunde oberhalb des Dorfes Gölhisar (Horzum). Eine schöne Gräberstraße führt zur Siedlungsstätte. Anscheinend war die Stadt immer unbefestigt, was möglicherweise an ihrem gewaltigen Umkreis von 100 Stadien, also etwa 19 km, lag. Die Befestigung einer derartig großen Fläche war unmöglich. Wie die hundert Stadien zusammenkamen, ist allerdings unklar; die Ruinen nehmen eine Fläche von kaum 1,5 km Länge und einer noch geringeren Breite ein, aber auch hier gibt es kein Anzeichen für eine Ringmauer. Die Gräberstraße führt an den Überresten eines Bogens vorbei zum noch gut erhaltenen Stadion in

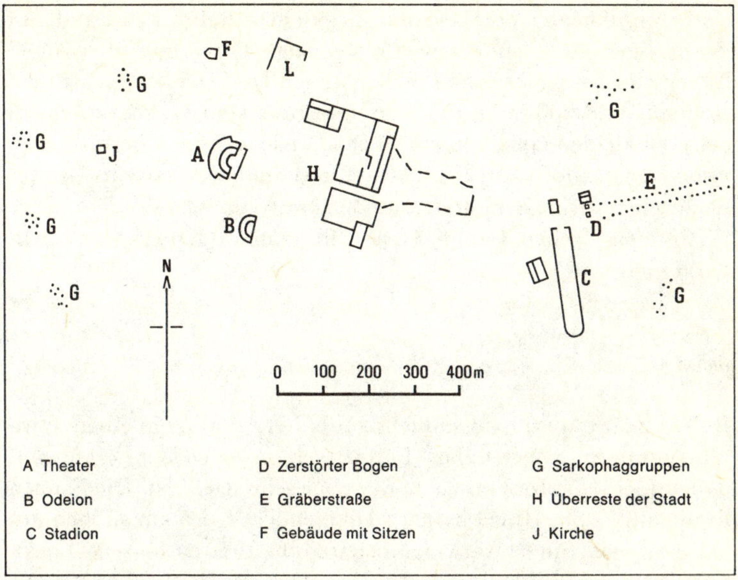

Abb. 21 Plan von Kibyra

Standardgröße. Am Nordeingang stand ein jetzt eingestürzter, dreifacher Bogen. In den Westabhang des Hügels sind etwa 20 Sitzreihen eingearbeitet. Auf der gegenüberliegenden Seite waren ein paar Reihen ausgebaut. Im Süden läuft das Stadion wie üblich in einer Kurve aus.

Am westlichen Stadtende liegt das ebenfalls recht gut erhaltene, stattliche Theater. Es hat eine einzige Diazoma und zwischen 40 und 50 Sitzreihen, die zum Teil verschüttet sind. Zwei der Türeingänge des Bühnengebäudes stehen noch vollständig, desgleichen die Pfosten einer anderen Tür. An der Rückwand der Diazoma sind eine Reihe von Inschriften angebracht, in denen die Ehren, die den beiden Brüdern Philagros und Marsyas von den fünf Tribus von Kibyra erwiesen wurden, verzeichnet sind. In einer der Inschriften wird die seltsame Mitteilung gemacht, daß die rhodische Drachme in Kibyra nur zehn Asses anstatt der üblichen zwölf wert war.

Etwa 100 Meter südlich des Theaters befindet sich ein kleineres, schlichtes Theater oder Odeion in gutem Erhaltungszustand. An der Außenmauer rahmen zwei rechteckige Türen fünf überwölbte Türen ein. Im Innern sieht man etwa ein Dutzend Sitze über dem Boden. Rund 200 m nördlich des Theaters kommt man zu einem anderen kleinen Gebäude mit Sitzen. Viele weitere Überreste sind über das Gelände zwischen Theater und Stadion verstreut. Da hier noch keine Ausgrabung stattgefunden hat, kann man sie nicht näher bestimmen. Neben Grabbauten trifft man in Kibyra vor allem Sarkophage an.

Bubon

Bubon liegt etwa 25 km südlich von Kibyra und ist in einem etwa fünfstündigen, angenehmen Fußmarsch zu erreichen. Man muß dabei über den Horzum Çayı, der aber sehr seicht ist. Die Ruinen liegen auf einem Hügel namens Dikmen Tepe, 1,5 km südlich des Dorfes Ibecik. Spratt war von ihnen im Jahr 1842 enttäuscht. Er sah nur eine mit Mauern umgebene Akropolis, ein kleines Theater aus grobem Sandstein, sowie mehrere Terrassen, die mit den herabgefallenen Überresten von Tempeln und anderen Gebäuden übersät waren. Der Autor sah 1952 weitgehend das gleiche, bei einem zweiten Besuch im Jahr 1966 hatte sich das Bild aber völlig gewandelt. Die Dorfbewohner hatten am gesamten Hügelabhang bei der Suche nach Schätzen gegraben. Zwischen den Grabungslöchern gab es höchstens einen Meter Zwischenraum. Heute existiert von den bis dahin noch vorhandenen Ruinen nichts mehr. Es hieß aber, daß während der Grabungsarbeiten im Theater ein großer, mit Schriftzügen bedeckter Stein gefunden worden sei. Man hatte ihn wieder zugeschüttet, aber einige Dorfbewohner ließen sich überreden, gegen Entgelt den Stein wieder ausfindig zu machen und herauszuholen. Die Mühe erwies sich als lohnend, denn bei der Inschrift handelte es sich um einen Brief des Kaisers Commodus (180–192 n. Chr.) an das Volk von Bubon, in dem er die Bewohner wegen ihrer Bemühungen bei der Niederschlagung der Banditen lobte. Er bestätigte ein Dekret des Lykischen Bundes, wonach Bubon statt der bisherigen zwei künftig drei Stimmen haben sollte. So wurde die bescheidene Stadt Bubon 200 Jahre nach Strabon auf eine Stufe mit Xanthos, Patara und den anderen erstrangigen Mitgliedern des Bundes gestellt. (Aus der Formulierung geht hervor, daß es nicht mehr als drei Stimmen gab.) Vom Überhandnehmen des Banditenwesens in den abgelegeneren Teilen Kleinasiens vor allem im späten 2. und frühen 3. Jahrhundert sind wir gut unterrichtet. Oft wird von den Polizeioffizieren, den *stationarii*, berichtet, die als Wachtposten von der römischen Regierung eingesetzt wurden, um die Banditen unter Kontrolle zu halten. Hauptsächlich war es aber den einzelnen Städten überlassen, ihrer Herr zu werden. Hier wurden regelmäßig Polizei, Wachen für die Berge und Männer für die Einhaltung des Friedens ernannt; auch eine Läufertruppe gehörte dazu. In Bubon war wohl auf die Initiative der Bürger hin ein regelrechter Feldzug veranstaltet worden. Der Inschriftenstein ist offenbar wieder an seinem ursprünglichen Platz im Theater, aber sicher von neuem vergraben.

Jetzt ist die Hauptsehenswürdigkeit Bubons ein aus dem Fels gehauenes Grab. Es liegt gleich außerhalb von Ibecik bei der Straße in Richtung Norden. Das ganz einfache Grab ohne typisch lykische Merkmale ist mittlerweile stark zerstört. Die Vorhalle schmücken zwei grobgearbeitete ionische Säulen, die Türpfosten und der Türgiebel sind in Relief ausgeführt, wovon aber das meiste jetzt weggebrochen ist. Eine Bank im Innern war für die Aufnahme von drei Leichnamen vorgesehen; die Decke des Raumes ist gewölbt. Das Grab wirkt sehr alt, was aber irreführend sein kann. Eine Inschrift hat man nicht gefunden.

Bubon wurde weiter oben (S. 68) in Verbindung mit Araxa erwähnt. Aus der dortgenannten Inschrift ist zu entnehmen, daß irgendwann im 2. Jahrhundert v. Chr. Krieg zwischen Araxa und »Moagetes und den Buboniern« ausbrach. Die Araxer schickten einen Gesanten nach Kibyra, um die Bubonier dort anzuprangern und brachten eine zufriedenstellende Regelung zuwege. Unabhängig davon, ob die Tetrapolis damals schon existierte oder nicht, hat Kibyra offenbar einigen Einfluß in Bubon gehabt. Danach schickte Moagetes aber erneut Plünderer in das Gebiet von Araxa und ließ eine Anzahl der Bürger fortschleppen. Dieses Mal wandte sich Araxa an den Bund. In dessen Namen wurde als Beauftragter wieder ein Mann namens Orthagoras nach Bubon und Kibyra gesandt. Obwohl beide Städte nicht lykisch waren, konnte der

Botschafter seine Mission »in einer Art, die der Stadt und dem lykischen Staat würdig war« erfüllen.
Der Historiker Diodor schreibt über einen angesehenen Bubonier, der nach seiner Ernennung zum General um 145 v.Chr. eine derartige Macht erlangte, daß er ganz unverhüllt zum Tyrannen wurde. Nach einiger Zeit tötete ihn sein Bruder, der selbst die Macht ergreifen wollte und so zu seinem Nachfolger wurde. Die Kinder des toten Tyrannen waren heimlich nach Termessos gebracht worden. Als sie erwachsen wurden, ermordeten sie den Usurpator, um damit ihren Vater zu rächen. Da sie die Tyrannis ablehnten, stellten sie die Demokratie in ihrer Stadt wieder her. Der Name des Tyrannen wird im Text unterschiedlich mit Molkestes, Mokeltes oder Molketes angegeben. Die Vermutung, daß damit Moagetes gemeint sei, wurde weitgehend akzeptiert. Ferner wurde die Auffassung vertreten (die aber weniger Zustimmung fand), es handele sich hier um denselben Mann, der in der Inschrift von Araxa vorkommt. Die Lösung der Frage hängt weitgehend von der Datierung der Inschrift ab, auf die man sich noch nicht endgültig geeinigt hat.

Balbura

Balbura liegt etwa 20 km östlich von Bubon, die Straße führt an Dirmil vorbei. Von Ibecik braucht man über eine Stunde bis zur Paßhöhe. An einem Platz namens Asar Tepe liegen hier die Ruinen eines antiken Forts oberhalb der Straße auf der linken Seite. In der Nähe der Straße kann man zwischen einem wirren Mauernkomplex aus Bruchstein ein zerstörtes Gebäude von beachtlicher Größe sehen. Im Innern gibt es zwei Altäre mit Weihungen an Ares. Das Fort beherrscht den Paß, der wohl die Grenze zwischen Bubon und Balbura bildete.
Dirmil ist kein antiker Ort, obwohl das Dorf voller verzierter und beschrifteter Steine ist. Die antike Stätte liegt etwa 3 km östlich der Straße nach Balbura. Auf einem kleinen Hügel findet man die Überreste von antiken Mauern, sowie mehrere Löwengräber der oben erwähnten Art (S. 160).
Von hier steigt die Straße allmählich zu einem anderen Paß an,

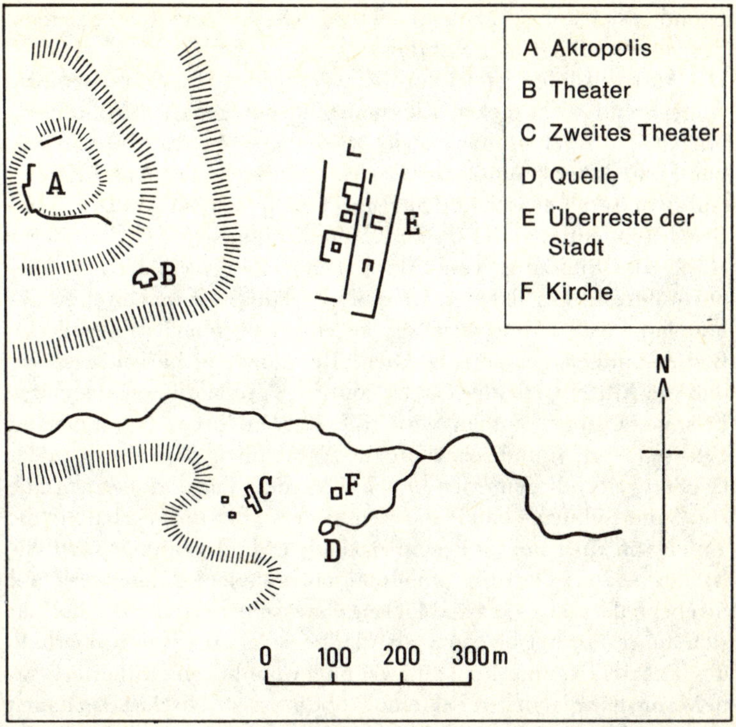

Abb. 22 Plan von Balbura

hinter dem die Ruinen von Balbura auf der rechten Straßenseite sichtbar werden. Heute hat dieser Ort den seltsamen Namen Çölkayığı, »Wüstenschiff«, aber niemand kennt den Grund dafür. Zu Spratts Zeiten wurde noch der Name Katara benutzt, der aber außer Gebrauch gekommen ist. Allerdings gibt es etwa eine halbe Stunde ostwärts einen Hügel namens Gadıra mit einer Chrommine. Reichhaltiges Inschriftenmaterial bestätigt die Lage des Stadtgebiets von Balbura. Man weiß nur von seiner Mitgliedschaft in der Tetrapolis, sonst gibt es keine Nachrichten zur Geschichte. Die Stadt liegt von allen lykischen Städten am höchsten, die Akropolis erhebt sich annähernd 1500 m über dem Meeresspiegel. Die Ruinen

befinden sich auf zwei Hügeln zu beiden Seiten eines Baches, einem der Hauptzuflüsse des Xanthos.
Der Akropolishügel ist der nördliche der beiden Hügel und wird von einer über 1,50 m dicken Ringmauer in polygonalem Mauerwerk umgeben. In der Mauer ist viel wiederverwendetes Material verbaut, und daher kann sie nicht so früh sein wie es den Anschein hat. Auf dem Sattel zwischen den Hügeln zieht sich ein Mauerzug aus Bruchstein entlang, der bis zu 2,50 m hoch ansteht. In der oberen Hälfte des Südhangs vom Akropolishügel liegt ein kleines, aber hochinteressantes Theater. Es mißt ungefähr 30 m im Durchmesser und hat nur 16 Sitzreihen, die gegenwärtig von herabgefallenen Baumstämmen versperrt werden. Besonders bemerkenswert ist, daß die Mittelpartie der Cavea von einer großen, herausragenden Felsmasse eingenommen wird. Sie war in ihrem Naturzustand belassen worden und schränkte die Aufnahmekapazität des an der Größe der Stadt gemessen ohnehin kleinen Theaters beträchtlich ein. Vom Bühnengebäude hat sich nur eine Plattform erhalten, die außen von einer höchst beeindruckenden Mauer gestützt wird. Sie ist aus spätem, kräftig geboßtem polygonalem Mauerwerk mit Strebepfeilern aus Quaderblöcken dazwischen errichtet. Alles hat sich ausgezeichnet bis zur vollen Höhe erhalten. Unweit oberhalb des Theaters kommt man zu zwei ungewöhnlichen Gräbern: Etwa in Mannshöhe ist in den Fels eine grobumrissene Nische eingehauen und in den Boden ein Sarkophag eingelassen. Diese Gräber reichen wahrscheinlich nicht sehr weit in die Antike zurück.
Am Fuß des Südhügels liegt auf der anderen Seite des Baches ein zweites ›Theater‹. Der Autor hat aber herausgefunden, daß der Bau eine ganz andere Bestimmung hatte. Keines der üblichen charakteristischen Merkmale eines Theaters ist hier vorhanden. Es gibt nur eine etwa 45 m lange, 3 m breite und ungefähr 90 cm hohe massive Plattform, die durch eine Bogenkonstruktion von unten gestützt wird. Darauf steht in der Mitte eine kleinere, in der gleichen Weise gestützte Plattform, die zur Mulde im Abhang herausragt. Die ›Cavea‹ ist ausgesprochen primitiv. Das Halbrund aus Felsgestein ist zum größten Teil so belassen, nur an einigen Stellen sind Sitze eingehauen. Weniger hätte sich kaum für die Annehmlichkeit der Zuschauer tun lassen, und man kann sich einfach nicht vorstellen, daß abendfüllende Theaterstücke aufgeführt wurden. Spratt ver-

mutete hier »einen Platz für die Vorführung von Tierkämpfen«. Außer der Plattform findet sich kein Hinweis auf ein Bühnengebäude. Allerdings hätte man darauf Holzaufbauten errichten können. Die hervorstehende kleine Plattform sieht wie ein Rednerpodium aus, was zur Vorstellung verleitet, daß hier öffentliche Versammlungen oder Treffen abgehalten wurden. Theater wurden in späterer Zeit gewöhnlich für Versammlungen benutzt, wofür aber das Theater in Balbura mit Sicherheit zu klein war.

Das Stadtzentrum befindet sich am Fuß des Nordhügels. Zahlreiche Überreste sind dort zu sehen, aber nichts steht mehr. Man erkennt die Hauptstraße und die Agora mit überwölbtem Eingang; ein Nemesistempel konnte anhand der Weihinschrift identifiziert werden. Ein öffentlicher Sklave namens Onesimos baute ihn »für seine Herren«, d.h. für die Stadt. Öffentliche Sklaven verrichteten eine Reihe mehr oder weniger niedriger und alltäglicher Arbeiten. Sie fungierten z.B. als Straßenreiniger, städtische Ausrufer, Scharfrichter, Feuerwehrleute und Polizisten. Sie mußten aber auch Aufgaben im Verwaltungsdienst wahrnehmen, also Buchhaltung und andere Büroarbeiten machen. Ihre Entlohnung war nicht üppig, doch wie Onesimos konnten einige ein annehmbares Vermögen zusammentragen.

Im Ruinengebiet sind noch mehrere Gräber mit Löwen auf den Deckeln zu sehen sowie auf dem Akropolishügel zahlreiche Bausteinhaufen – die Überreste einstiger Privathäuser. Eine reichhaltige Quelle auf der Südseite des Baches versorgte die Stadt das ganze Jahr über mit Wasser, das in Zisternen auf dem Nordhügel gesammelt wurde.

Balbura besaß ein großes Hinterland. Mit Oinoanda teilte es sich die Ebene von Sekiovası; im Nordosten reichte das Territorium bis zum See von Söğüt, dem antiken Karalitis. Dieser See war ursprünglich viel größer als heute. Nur ein schilfiger Sumpf am Westrand ist noch übriggeblieben. Dort kann man im Sommer die Einheimischen in Kanus aus ausgehöhlten Baumstämmen paddeln sehen, die Schilf als Futter sammeln. Dort, wo sich jetzt eine breite Ebene in der Nähe des einstigen Südrandes des Sees hinzieht, liegt beim Dorf Kozağacı einer der hübschesten Plätze des Landes. Hier stand ein Dorf namens Toriaion, das im 2. Jahrhundert n. Chr. an der Spitze einer Gruppe von fünf Dörfern stand, die mit *pentakomia* bezeichnet wurde und Inschriften zufolge zu Balbura gehörte. Im Dorf Kozağacı und der Umgebung gibt es viel Interessantes zu sehen. Am charakteristischsten sind für das Siedlungsgebiet aber eine große Anzahl Felsreliefs an den steil ansteigenden Klippen. Einige Reliefs sind auf Taf. 91 bis 93 wiedergegeben. Sie weisen untereinander beträchtliche Unterschiede auf, meist sind allerdings Menschengestalten dargestellt. Im allgemeinen wurden Gruppen von zwei, drei oder mehr Personen in die Klippen und mehrere anstehende Felsen eingemeißelt. Über einen steilen Grashang vom Dorf aus kommt man mühelos zu fast allen Monumenten. Sie stammen aus der hellenistischen Zeit und haben Inschriften, die so abgefaßt sind wie die auf Basen von Ehrenstatuen. Es sollten also keine Grabmäler, sondern vielmehr Denkmäler sein, die von Verwandten oder Freunden errichtet wurden. Viele sind in Form einer Stele aus dem Fels gehauen und zum Teil nur mit einem Kranz oder einer Rosette verziert; einige haben eine Inschrift. Andere tragen nur eine Inschrift, und wiederum auf anderen ist überhaupt nichts. Durch einen Einschnitt ganz oben am Hang fließt ein Bach abwärts, bis er als Wasserfall die Felswand hinabstürzt. Hier kann man einige Mauerstücke, mehrere Blöcke mit Löwenpranken und viele Scherben sehen. Am Steilhang liegt ein kleines, aus dem Fels gearbeitetes Heiligtum. Auf vier Weihreliefs ist eine Reitergottheit dreimal zu Pferd im Galopp und einmal auf einem Pferd im Schritt dargestellt. Der Reiter hält eine Keule in der rückwärts erhobenen Hand. Eine Weihinschrift unter einem der Reliefs gibt seinen Namen mit Mases an, der sonst nirgendwo vorkommt. Sicher handelt es sich um eine Lokalgottheit. Aus einer Inschrift auf einem Block in der Nähe des Bachs erfahren wir, daß das Heiligtum oder zumindest ein Teil davon von einem Bürger zur Zeit Hadrians mit Beiträgen der *pentakomia* und anderen Geldgebern gebaut wurde. Gleich hinter dem Ortsausgang im Nordwesten gibt es eine Kuriosität, die den Besuchern von den Dorfbewohnern stets äußerst bereitwillig gezeigt wird. Der Hürlektaş oder Echostein ist eine Felsspalte, aus der von Zeit zu Zeit ein lautes Murmeln dringt, das vermutlich vom Wind hervorgerufen wird. Dem Autor mochte die Spalte leider keine Vorführung geben.

Oinoanda

Oinoanda erreicht man leichter als Bubon oder Balbura, da es unweit oberhalb der Hauptstraße von Korkuteli nach Fethiye liegt. Den Hügel kann man vom Sekiovası aus sehen. Vom Dorf Incealiler hat man einen höchst angenehmen Aufstieg. Vor dem Fluß führt die Straße unterhalb des Hügels durch das Ruinengebiet von Termessos Minor, das auf zwei niedrigen Hügeln zu beiden Seiten der Straße gelegen ist und jetzt Kemerarası heißt. Der Ort ist von der Lage her extrem schwach, ohne Zustimmung Oinoandas hätte er niemals gegründet werden können. In ihren Inschriften nennt sich die Stadt Termessos bei Oinoanda. Mit nur einer bekannten Ausnahme waren diese Inschriften in Oinoanda aufgestellt. Termessos Minor wurde als Kolonie von Termessos Major wohl im 3. Jahrhundert v. Chr. angelegt (s. Türkische Südküste, S. 113), in der Kaiserzeit war der Ort mit Oinoanda vereinigt. Die beiden kleinen Hügel sind mit antiken Bruchstücken bedeckt, aber es stehen keine Gebäude mehr. Vor ein paar Jahren fand man hier die erste und bisher einzige Inschrift. Der lange Text beginnt mit einem Brief des Kaisers Hadrian an das Volk. Darin ist die Rede von der Organisation von Festen und Opfern. Obwohl Termessos Minor unter der Oberherrschaft von Oinoanda stand, besaß es eine eigene Verfassung und Beamte. In der Kaiserzeit prägte die Stadt auch eigene Münzen.

Erst seit dem 2. Jahrhundert v. Chr. gibt es Nachrichten von Oinoanda. Zu dieser Zeit war die Stadt Mitglied der Tetrapolis, an deren Spitze Kibyra stand. Was von der Geschichte der Stadt bekannt ist, wurde bereits weiter oben ausgeführt (S. 166). Merkwürdigerweise hat man bisher nur eine Münze von Oinoanda aus der Zeit vor der Auflösung der Tetrapolis. Ziemlich häufig dagegen kommen kaiserzeitliche Münzen von den anderen drei Mitgliedern vor.

Die Stadt liegt auf einem hohen, abgerundeten Hügel, der mit Ausnahme der Südseite überall steil abfällt. Auf dem Gipfel sieht man ein jetzt stark zerstörtes Gebäude, sowie eine Anzahl von Zisternen und Wasserbehältern. Die öffentlichen Gebäude standen auf nach Süden abwärts verlaufenden Terrassen. Auf der nördlichsten und höchsten Terrasse liegt das Theater mit einem Durchmes-

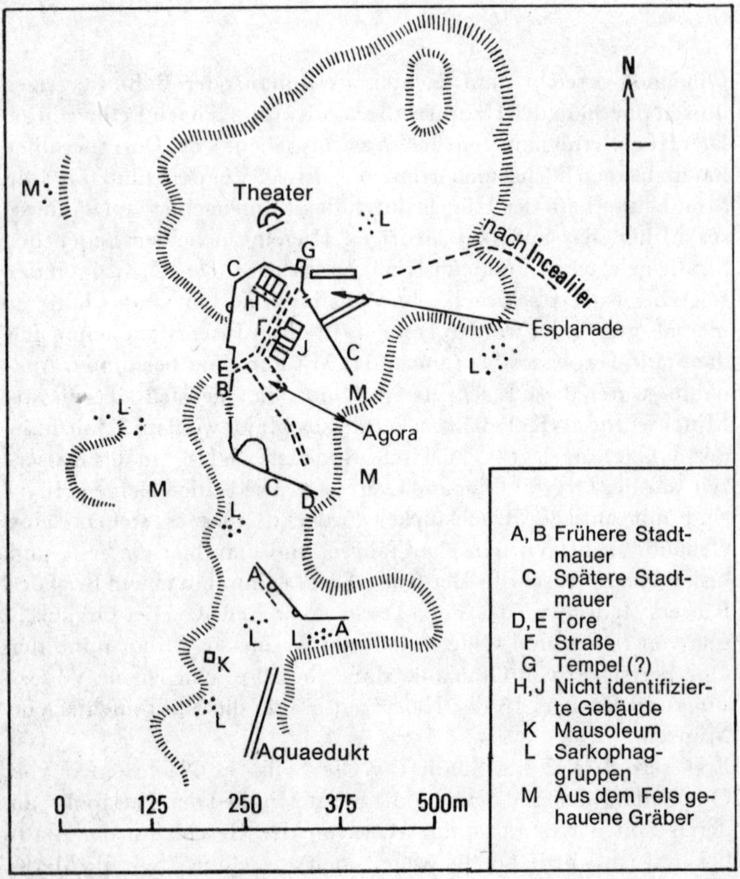

Abb. 23 Plan von Oinoanda

ser von etwa 30 m. Die Orchestra ist unverhältnismäßig groß, und man stellte bisher 15 Sitzreihen ohne Diazoma fest. Der Bau ist unter Gestrüpp versteckt und ziemlich schlecht erhalten. Vom Proszenium, das Spratt »ganz vollkommen« nannte, sieht man unter den eingestürzten Blöcken noch mehrere der kleinen Türen. Die Stadtmauer setzt sich aus zwei unterschiedlichen Teilen zusammen. Der südliche Teil (A,A auf dem Plan) aus hellenistischem, überwiegend polygonalem und stark geboßtem Mauerwerk (Taf. 94) mit zwei Seitentoren sowie einem gut erhaltenen und einem zerstörten Turm ist in einer Länge von 135 m und bis zu einer Höhe von 90 cm erhalten. Auf einem weit hervorspringenden Sims konnte man an der Mauerinnenseite entlanggehen. Möglicherweise ging diese frühere Mauer an Punkt B auf der Westseite weiter, wo ein kurzes Stück der späteren Mauer offenbar hellenistisch ist. Der längere nördliche Teil C,C umgibt die obere Partie der Stadt und steht stellenweise noch 3 bis 3,50 m hoch an. Das Mauerwerk ist nicht sehr qualitätvoll, es findet sich viel wiederverwendetes Material darin. Dieser Mauerteil ist kaum vor dem Ende des 3. Jahrhunderts entstanden. Bei C stößt eine gekrümmte Innenmauer auf die Hauptmauer, so daß eine Burgeinfriedung zustandekommt. Bei D und E führt je ein Tor zu einer Straße.

Am Ostende der kurzen Nordmauer liegt an der Außenseite ein kleines, zerstörtes Gebäude G, das noch 4,50 m hoch ansteht und mit Säulen an der Nordseite geschmückt ist. Herum liegen eine Statue und zahlreiche ornamentierte Blöcke. Offenbar handelt es sich hier um den bisher einzigen identifizierten Tempel am Ort. Am Westende dieser Mauer befindet sich eine halbkreisförmige Exedra. Innerhalb der Mauer kommt man gleich zu einem großen Gebäude an Punkt H mit einer bogengeschmückten Fassade an der Südseite, dessen Verwendungszweck aber noch nicht bestimmt werden konnte. Weiter südlich liegt ein anderer großer Bau J mit drei Räumen, von denen der mittlere mit einer Apsis am einen Ende ausgestattet ist. Die Südwestseite dieses Gebäudes besteht aus römischem geglätteten polygonalem Mauerwerk (Taf. 95). Unmittelbar daran schließt ein zerstörtes rechteckiges Gebäude mit Säulen und offenbar einem Wasserbecken in der Mitte. Die Freifläche im Süden hält man allgemein für die Agora. Die vielen darauf herumliegenden Statuenbasen bestätigen die Identifizierung. Die von Tor E kommende Straße F,F führt über die Nordseite der Agora und verläuft weiter bis zum anderen Ende der Stadt. Zahlreiche andere Ruinen in diesem Gebiet sind noch unerforscht und nicht identifiziert.

Ein weiterer Platz, mit dem Namen «Esplanade» liegt außerhalb der noch anstehenden Stadtmauer im Nordosten, war aber vermut-

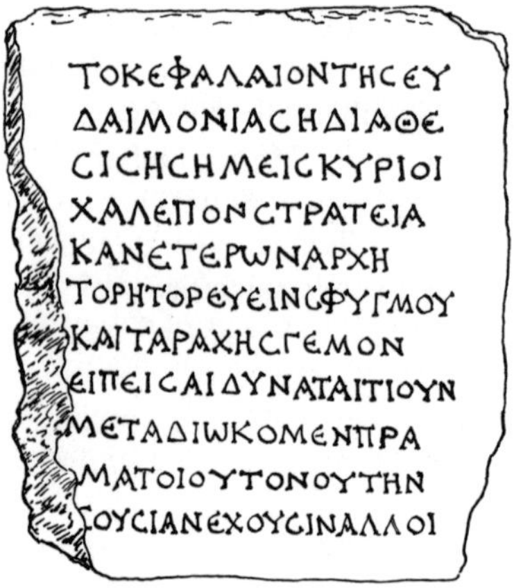

Abb. 24 Oinoanda. Ein Block der Diogenes-Inschrift

lich innerhalb der ursprünglichen Mauer. Auch hier gibt es viele Statuenbasen. Bei den zerstörten Bauten im Norden und Süden hat es sich vielleicht um je eine Stoa gehandelt.

Bekannt ist Oinoanda vor allem wegen der berühmten Inschrift mit einer Abhandlung des epikureischen Philosophen Diogenes, der hier beheimatet war. Man fand eine große Anzahl von Blöcken dieser langen Inschrift über alle Teile der oberen Stadt verstreut (Abb. 24). Es ist aber nur schätzungsweise ein Drittel des Gesamttextes wiedergefunden. Wäre er vollständig, hätte er eine Ausdehnung von mehr als 50 m und würde damit an Länge sogar die Opramoas-Inschrift in Rhodiapolis übertreffen. Der Text behandelt ganz unterschiedliche Themen: die Entstehung der Welt, die Natur von Vorstellungen und Träumen, die Theorie des Zufalls und viele andere Themen aus der Sicht des Epikureers. Dazu kommen ausgewählte Lehrsätze wie z. B.: der Schlüssel zum Glück ist die körperliche Verfassung, die in unserer eigenen Macht liegt. Militärdienst ist hart, auch wenn man dabei andere befehligt. Wenn Redekunst die Meinung beeinflußt, verschafft sie Herzklopfen und Verwirrung. Warum verfolgen wir denn etwas, dessen Verwirklichung von andern abhängt?

Bei den jüngsten Untersuchungen vermutete man, daß diese bedeutende Inschrift an einer Mauer an der Südseite der »Esplanade«

angebracht war, die den Verlauf der späteren Stadtmauer kreuzte und bei deren Erbauung zerstört wurde. Hier sind die Inschriftenblöcke innerhalb und außerhalb der Stadtmauer am dichtesten gestreut, einige waren in der Mauer verbaut.

In Oinoanda gibt es viele Gräber unterschiedlicher Art. Sarkophage kommen häufig vor, zum Teil mit einem liegenden Löwen auf dem Deckel. Am Westhang befinden sich einige einfache Felsgräber und auch Gräber vom ›karischen‹ Typus, d. h. in den Fels eingelassene Sarkophage mit separaten Deckeln. An einer Stelle sieht man eine in die Felswand eingeschnittene Menschenfigur in einer Aedikula, daneben ein geöffnetes Händepaar, das Zeichen für einen unnatürlichen oder gewaltsamen Tod.

Besonders sehenswert ist ein ehemals stattliches Marmormausoleum aus dem 2. Jahrhundert n. Chr., das jetzt leider zerstört ist. Man sieht nur noch einen Haufen Bruchstücke im Südwesten außerhalb der Mauer (K auf dem Plan), unweit des Aquaedukts. Die lange Inschrift des Mausoleums liefert die Genealogie einer angesehenen Familie von Oinoanda, die für sich die Abstammung von dem Spartaner Kleander, dem angeblichen Gründer Kibyras, in Anspruch nahm (dies stimmt nicht mit Strabons Bericht überein; s. S. 165). Nach Meinung der britischen Gruppe, die gegenwärtig hier einen Survey durchführt, kann dieses Monument möglicherweise aus seinen eigenen, fast allen noch am Ort vorhandenen Blöcken wiederaufgebaut werden.

Wer genügend Zeit hat, wird eine Wanderung von Oinoanda zum See Girdev Gölü auf dem Hochplateau im Südosten lohnend finden. Für die etwa 20 km brauchte der Autor 1952 zu Fuß mit einem langsamen Esel fünf Stunden. Mit dem Jeep käme man sicher sehr angenehm dorthin. Von Incealiler führt der Weg bzw. Pfad zur *yayla* von Ceylan, in deren Nähe sich ein merkwürdiges Gebilde namens Kalkantaş, Schildstein, befindet. Es handelt sich um eine etwa 30 cm dicke, halbkreisförmige Steinplatte mit einem Durchmesser von knapp 2 m. Sie ist in eine Fassung auf einen nach hinten zu leicht abfallenden Felshaufen gesetzt. Alter und Herkunft sind unbekannt; über den Verwendungszweck weiß man ebenfalls nichts, allerdings hat man die Platte als Schießscheibe benutzt. In der Umgebung soll es noch mehr von diesen Steinen geben, die aber jetzt zerbrochen sind.

Der Aufstieg beginnt bei Ceylan. Er ist zwar lang, aber einfach und führt ganz allmählich aufwärts bis zu über 1800 m. Daran schließt sich ein ziemlich steiler, steiniger Abstieg zum flachen See, der offenbar nur aus Schmelzwasser gebildet wird und im August austrocknen soll. Er liegt in einem ganz von Hügeln eingeschlossenen Kessel, umgeben von ausgedehntem Weideland. Im Sommer lassen sich hier etwa 200 Familien aus vielen Dörfern nieder. Der Gastgeber des Autors kam aus Düver (Tlos) im Xanthostal. Im See befindet sich ein etwas erhöhtes Stück Land, das mit einer Mauer eingefaßt war. Im Innern sieht man noch zahlreiche Mauern und Hausfundamente. Nördlich und westlich vom See liegen eine Anzahl antiker Blöcke und Sarkophage, einige davon mit Löwendeckeln. Die antiken Überreste hier sind nicht sehr interessant, aber der Ort ist grün und angenehm. Die Höhenluft ist herrlich, nachts wird es jedoch kalt. Man findet nur sehr primitive Unterkunft in schwarzen Zelten aus Ziegenfell, dafür wurde der Autor zumindest äußerst gastfreundlich aufgenommen.
Aus einer Inschrift an einem der Gräber erfährt man, daß die Geldbuße für die Verletzung des Grabes an Oinoanda zu zahlen war. Der Ort war wohl eine zur Stadt gehörige Sommerfrische. Über den antiken Namen sei eine Vermutung angestellt: In der neuen Inschrift aus Termessos Minor sind die Dörfer verzeichnet, die an den Opfern teilnehmen sollen. Eines davon ist Elbessos. In der oben erwähnten Inschrift in Güğü heißt es, ein Mann sei von Elbessos gekommen, um sich in Orpeëni (s. S. 160) anzusiedeln. Der unmittelbar nördlich vom Girdev Gölü gelegene Berg trägt den Namen Elbis Daği, worin sicher Elemente des antiken Namens enthalten sind. Ansonsten ist Elbessos völlig unbekannt und auch den Namen des Siedlungsgebiets bei Girdev weiß man nicht. Daher ist man versucht, die beiden zusammenzubringen, wobei es sich aber zugegebenerweise nur um eine Vermutung handelt.
Man kann den Girdev Gölü auch von Gömbe aus in etwa sechs Stunden zu Fuß erreichen.

Anhang

Die Stele von Xanthos (›Obelisk‹)

Dieses Monument in Form eines einfachen Pfeilergrabes trägt auf den vier Seiten des Schafts eine über 250 Zeilen umfassende Inschrift, womit der Umfang einer Grabinschrift weit übertroffen ist. Sie setzt sich aus drei Teilen zusammen: (a) einem langen Text in der üblichen lykischen Sprache auf der gesamten Süd- und Ostseite sowie dem oberen Teil der Nordseite; (b) einem zwölfzeiligen Epigramm in Griechisch; (c) einem Text in der sekundären Form des Lykischen, die fast sicher dichterisch ist, auf dem untersten Teil der Nordseite und der gesamten Westseite.

Den Inhalt der griechischen Textpartie versteht man natürlich ohne weiteres. Darin wird berichtet, daß die ›Stele‹ den Zwölf Göttern auf der Agora (wo sie noch steht) zum Gedenken an Krieg und Siege geweiht war. Der Name des Besitzers ist leider unlesbar, da er in Lykisch abgefaßt ist. Er ist Sohn des Harpagos, war in seiner Jugend ein erfolgreicher Ringer, plünderte viele Städte mit Athenas Hilfe, ließ seine Verwandten an einem Reich teilhaben, tötete sieben arkadische Hopliten an einem Tag, errichtete eine bisher nicht dagewesene Anzahl von Tropaia für Zeus und war wegen seiner hervorragenden Taten eine Zierde der Familie Karikas.

Nachdem Fellows den Text als erster kopiert hatte, fand man sehr schnell heraus, daß in den lykischen Partien eine Reihe von Namen vorkommt, die aus der griechischen Geschichte bekannt sind: ATÃNA-athenisch, SPPARTAZI-spartanisch, CIZZAPRÑNA-Tissaphernes, ÑTARIYEUS-Dareios, MILASÃÑTRA-Melesander, HUMRKKA-Amorges, und andere. Besonders anhand er beiden letzten Namen konnte man die Inschrift sofort in den späteren Teil des 5. Jahrhunderts datieren. Wie wir von Thukydides wissen, wurde Melesander von Athen mit sechs Schiffen im Winter 430-429 ausgesandt, um von den Lykiern Tribut einzutreiben. Nach seiner Landung zog er mit einer Armee aus der Schiffsbesatzung und den Verbündeten ins Landesinnere, wurde aber in einer Schlacht besiegt und getötet. Amorges war ein Perser, der vom Großkönig abtrünnig geworden war und sich in Iasos niedergelassen hatte. Im Jahr 412 griffen ihn dort die Spartaner auf Anraten des persischen Satrapen Tissaphernes zur See an und eroberten die Stadt.

Man durfte daher annehmen, daß die Stele von Xanthos viel über die Geschichte dieser Zeit zu erzählen hätte. Lange Zeit jeoch bewahrte die Sprache ihr Geheimnis. Etwa seit 40 Jahren erst kennt man dank der Arbeit von Wissenschaftlern, insbesondere von Dr. Friedrich König und Professor Hans Stoltenberg, ungefähr den Text. Er enthält eine lange Reihe von Ehrungen und Weihungen von oder an den Sohn des Harpagos und Mitglieder seiner Familie. In einigen Fällen wird ziemlich detailliert über den historischen Anlaß berichtet. Der Held wird als Bruder des Keriga (Karikas im Griechischen) und Neffe des Kuprlle bezeichnet. Der entfernteren Vergangenheit gehört ein Verwandter namens Teththiweibi an. All diese Männer sind von den Münzen als Dynasten bekannt. Auch zahlreiche Ortsnamen kommen vor, die man anhand des griechischen Equivalents ohne weiteres identifizieren kann, wie Pttara, Trusa. Andere lassen sich bestimmen, weichen aber vom Griechischen ab, z.B. Arñna-Xanthos, Zemtiya-Limyra. Andere wiederum sind völlig unbekannt, wie Tuminehi, Zagaba.

Die xanthische Version über das Unternehmen Melesanders enthält einige Überraschungen. Wir erfahren, daß die Lykier zu dieser Zeit keineswegs vereinigt waren. Melesander wurde von den Xanthiern unter ihrem Führer Trbbenimi besiegt, der auch von den Münzen her bekannt ist, dagegen erhielt er Unterstützung von Tlos. Zur gleichen Zeit befand sich Xanthos mit Beistand von Limyra im Krieg mit Patara, Zagaba und Tuminehi. Auch diese Orte untersützten anscheinend Melesander. (Diese Orte und Tlos waren also offenbar die Verbündeten, aus denen sich Melesanders Streitmacht zum Teil zusammensetzte. Mit »Verbündeten« sind zur Zeit des Delischen Bundes normalerweise die abhängigen Städte, die Mitglieder waren, gemeint. Bei Thukydides gibt es aber keinen Hinweis darauf, daß diese Städte dabei waren, es sei denn, er meint die Lykier damit.) Aus dieser schwierigen Situation wurde Xanthos durch Feldzüge unter dem Oberkommando des Sohnes von Harpagos gerettet. Tlos erhielt für seine Beteiligung von einem xanthischen Heer unter Kerẽi seine Bestrafung. Kerẽi ist ebenfalls als Dynast von Münzen her bekannt.

Bei Amorges spricht der xanthische Text von einem Sieg des Tissaphernes und der Spartaner über die Athener und Amorges bei Iassos. Hierbei spielten die Lykier offenbar eine Rolle, denn wir erfahren, daß »die Obrigkeit« mit den Vorbereitungen für den Feldzug Tissapherne betraute, der später ein Monument für den Sohn des Harpagos in Xantho errichtet. All dies weicht erheblich von dem Bericht des Thukydides ab. Es wird über einen Feldzug zu Land berichtet, den die Lykier (und andere?) unter Tissaphernes unternommen hatten, von dem Thukydides nichts erwähnt. Sollte dieser Feldzug mit dem spartanischen Angriff zur See in Verbindung stehen, ist sein Schweigen merkwürdig. Andererseits könnte er aber auch früher stattgefunden haben. Nachdem die Spartaner 412 Iasos erobert hatten, lieferten sie Amorges an Tissaphernes aus. Zweifellos tötete der Sohn des Harpagos bei dieser Gelegenheit sieben Arkadier an einem Tag. Von Thukydides wissen wir, daß sich die Truppen des Amorges weitgehend aus peloponnesischen Söldnern zusammensetzten.

Der Sieg über Amorges war mit dem Beistand des Gottes Turakssa errungen worden, der im Griechischen Apollon Thyrxeus heißt. Andererseits verweist das griechische Epigramm auf viele, mit Hilfe der Athena zustandegekommenen Erfolge hin. Auf den erten Blick überrascht dies zu einem Zeitpunkt, als Lykier und Athener Feinde waren. Die Lykier gehörten dem Delischen Bund niemals freiwillig an. Da sie ihren Tribut nicht bezahlt hatten, wurde Melesander ausgesandt, um ihn mit Gewalt einzutreiben. Noch im Jahr 412 hofften Amorges und Iasos auf Athen. Dennoch ist auf den Münzen der Dynasten – darunter Keriga und Kerẽi – aus dem späteren 5. Jahrhundert regelmäßig der Kopf der Athena auf der Vorderseite abgebildet, manchmal sogar noch mit ihrer Eule. Gegen Ende des Jahrhunderts besserten sich die Beziehungen. Die Erwähnung der Generale des Dareios und Artaxerxes im ersten Textabschnitt, für die »termilische Ehren« in Xanthos beschlossen wurden, weist daruf hin, daß der Obelisk wohl nicht viel fürher als 400 errichtet worden sein kann. Artaxerxes II. regierte von 405 bis etwa 360.

Worterklärungen

Akroter	Figürliche oder ornamentale Plastik auf Giebeln bei Tempeln und Grabreliefs.
Agora	Marktplatz.
Analemna	Mauerabschluß der Cavea eines Theaters.
Cavea	Zuschauerraum eines Theaters.
Cuneus	Keilförmiger, durch Treppenaufgänge begrenzter Abschnitt der Cavea.
Deme	Dörfliche Landgemeinde; später Teilbezirk einer Stadt.
Diazoma	Horizontaler Umgang in der Cavea eines Theaters.
Ethnikon	Aus einem Ortsnamen gebildetes Adjektiv; bezeichnet gewöhnlich einen Bürger dieses Ortes.
Exedra	Meist abgerundeter Raumteil mit Sitzbank.
Faszie	Einer von drei (manchmal zwei) treppenartig vorspringenden Streifen des Architravs oder anderer Architekturteile.
Hellenistische Periode	Die Zeit von Alexander bis Augustus (etwa die letzten drei Jahrhunderte v. Chr.).
hüyük	vorgeschichtlicher Siedlungshügel.
Hyposorion	Unterbau eines Grabes mit einer weiteren Grabkammer, gewöhnlich für Verwandte oder Untergebene.
iskele	Landungssteg.
Kassette	Vertieftes, meist quadratisches Feld in einem Gewölbe oder einer Decke.
mahalle	Stadtviertel, Vorort.
mindis	Ein aus Verwandten gebildeter Ausschuß, der mit dem Schutz des Grabes betraut war.
nahiye	Bezirk.
Orthostaten	Hochkant stehende Quader, gebräuchlich als unterste Schicht einer Mauer.
Parodoi	Seiteneingänge zu einem Theater zwischen der Cavea und dem Bühnengebäude.
Portolan	mittelalterliches Segelhandbuch.
Proszenium	Teil des Bühnengebäudes, die Frontseite dem Zuschauerraum zugekehrt; in nachklassischer Zeit als Bühne verwendet.
Stele	Aufgerichtete Steinplatte mit Inschrift und/oder Reliefschmuck.
Stoa	Gedeckte Säulenhalle zum Schutz gegen Sonne und Regen.
Stylobat	Oberste Stufe des Tempelfundaments, auf der die Säulen stehen.
Triglyphenfries	Fries aus Steinplatten mit je zwei vollen und zwei äußeren halben Rillen zwischen glatten oder reliefgeschmückten Platten (Metopen).
yayla	Alm, Hochebene.
Zahnschnittfries	Fries aus einer Reihe vorkragender ›Gebälkköpfe‹, in der ionischen Ordnung vom Architrav zum Dachgesims überleitend.

Tafelübersicht

(Tafeln 1 bis 30 zwischen den Textseiten 64 und 65)

(Tafeln 31 bis 59 zwischen den Textseiten 96 und 97)

(Tafeln 84 bis 96 zwischen den Textseiten 160 und 161)

Verzeichnis der Textabbildungen und Pläne

Literaturhinweise

Werke allgemeinen Charakters

Akurgal, E., Ancient Civilizations and Ruins of Turkey (1973).

Benndorf, O., Niemann, G., Reisen im südwestlichen Kleinasien – I. Reisen in Lykien und Karien (1884).

Boulanger, R., Türkei (Die Blauen Führer, 1968).

Fellows, C., Ein Ausflug nach Kleinasien und Entdeckungen in Lycien (1853).

Heberdey, R., Kalinka E., Bericht über zwei Reisen in SW Kleinasien (1897).

Petersen, E., v. Luschan, F., Reisen im südwestlichen Kleinasien – II. Reisen in Lykien, Milyas und Kibyratis (1889).

Spratt, T. A. B., Forbes, E., Travels in Lycia (1847).

Stark, F., The Lycian Shore (1956).

Stark, F., Auf den Spuren Alexanders. Reise durch die unbekannte Türkei (1962).

Kapitel 2

Prepia

Maiuri, A., Annuario della Scuola Archeologica di Atene 4/5, 1921/22, 419ff.

Robert, L., Études anatoliennes (1937), Kapitel 30.

Roos, P., Opuscula Atheniensia 9, 1969, 68–70.

Kalynda

Arkwright, J., Journal of Hellenic Studies 15, 1895, 97.

Bean, G. E., Journal of Hellenic Studies 73, 1953, 25–26.

Roos, P., Opuscula Atheniensia 9, 1969, 72–74.

Daidala

Roos, P., Opuscula Atheniensia 9, 1969, 91–92.

Krya

Fraser, P. M., Bean, G. E., The Rhodian Peraea (1954), 55–56.

Kapitel 4

Lydai

Bent, J., Journal of Hellenic Studies 9, 1888, 83ff.

Roos, P., Opuscula Atheniensia 9, 1969, 75–82.

Lissa

Bent, J., Journal of Hellenic Studies 10, 1889, 50ff.
Heberdey, R., Kalinka, E., Bericht über zwei Reisen in SW Kleinasien, (1897), 19.
Roos, P., Opuscula Atheniensia 9, 1969, 74.

Kapitel 5

Xanthos

Fouilles de Xanthos (Fortlaufende Publikationen der Grabungsergebnisse).
Metzger, H., Guide de Xanthos (1966) in Französisch und Türkisch

Letoon

Benndorf, O., Niemann, G., Reisen im südwestlichen Kleinasien – I. Reisen in Lykien und Karien (1884), 118f.
Metzger, H., Revue Archéologique 1966, 101ff.
Kurze Grabungsberichte in Anatolian Studies und American Journal of Archaeology ab 1963.

Kapitel 6

Arsada

Bean, G. E., Journal of Hellenic Studies 68, 1948, 40–46.

Araxa

Bean, G. E., Journal of Hellenic Studies 68, 1948, 46–56.

Kapitel 8

Patara

Bean, G. E., Journal of Hellenic Studies 68, 1948, 57–58.

Kapitel 9

Phellos

Bean, G. E., Anzeiger Akad. Wien 1958, 49–58.
Benndorf, O., Anzeiger Akad. Wien 1892, 65.

Kapitel 11

Trysa

Benndorf, O., Niemann, G., Das Heroon von Gjölbaschi-Trysa (1888).

Kapitel 13

Myra

Bean, G. E., Anzeiger Akad. Wien 1962, 4–6.
Borchhardt, J., (Hrsg.) Myra, eine lykische Metropole (1974).

Sura

Bean, G. E., Anzeiger Akad. Wien 1962, 6–8.

Kapitel 14

Çağman

Bean, G. E., Anzeiger Akad. Wien 1962, 8–9.
Christliche Überreste:
Harrison, R. M., Anatolian Studies 13, 1963, 117–151.

Kapitel 15

Limyra

Borchhardt, J., Archäologischer Anzeiger 1970, 353–390.

Phaselis

Schläger, H., Schäfer, J., Archäologischer Anzeiger 1971, 542–561.

Kapitel 16

Podalia

Bean, G. E., Anzeiger Akad. Wien 1968, 157–163, und: Journeys in Northern Lycia (Denkschr. Österr. Akad. 104, 1971), 28–32.

Petersen, E., v. Luschan, F., Reisen im südwestlichen Kleinasien – II. Reisen in Lykien, Milyas und Kibyratis (1889), 161.

Choma

Bean, G. E., Harrison, R. M., Journal of Roman Studies 57, 1967, 40–44.

Nisa, Komba

Heberdey, R., Festschrift für H. Kiepert (1898), 153–158.

Kapitel 17

Kibyratis

Bean, G. E., Journeys in Northern Lycia (1971).

Toriaion

Bean, G. E., Journeys in Northern Lycia (1971), 18 und: Annual of the British School at Athens 51, 1956, 152–156.

Oinoanda

Hall, A. S., Anatolian Studies 26, 1976, 191–197.

Quellennachweis

Kapitel 1

S. 14: Hdt. I, 173, cf. Strabon 634, 667. S. 15: Ephoros ap. Strabon 634. S. 15: Apollonios ap. Steph. Byz. s. v. Chrysaoris. S. 16: e. g. Steph. Byz. s. v. Tremile, Strabon 573, 667, 678. S. 17: Etrusker, Hdt. I, 94. S. 17 f.: Lykische Gebräuche, Hdt. I, 173. S. 18: Lyder, Hdt. I, 28; Harpagos, Hdt. I, 176. S. 19: Lykische Bewaffnung, Hdt. VII, 92. S. 19 f.: Phaselis, Polyain. 5,42. S. 20: Antiochos in Lykien, Hieronymus Comm. in Daniel XI, 15. S. 20 f.: Krieg mit Rhodos, Polyb. XXII, 4, 5, 8, XXIV, 15, XXV, 4, 5, XXX, 5, 31. S. 21–23: Lykischer Bund, Strabon 664–5. S. 22: Plinius NH 5, 97.

Kapitel 2

S. 29: Plinius NH 5, 103, S. 30: Pisilis, Strabon 651; Artemisia, Hdt. VIII, 87. S. 31: Abfall von Kaunos, Polyb. XXXI, 5. S. 33: Daidala, Strabon 651, Livius 37, 22.

Kapitel 3

S. 35: Perikles, Theopompos fr. 111 Müller. S. 35: Alexander, Arrian I, 24. S. 36: Nearchos, Polyain. 5, 35. S. 36: Ptolemaios, Livius 37, 56. S. 36: Rhodier, Appian Mithr. 24; Strabon 665, sagt andererseits, die Lykier hätten Telmessos zurückbekommen, als das pergamenische Königreich nicht mehr bestand. S. 36 f.: Schwalbenomen, Arrian I, 25.

Kapitel 4

S. 39: Plinius NH 5, 101. S. 39: Kadyanda und Kaunos, TAM I, 45.

Kapitel 5

S. 46: Strabon 666; Hdt. I, 176. S. 46: Arñna und Xanthos, Steph. Byz. s. v. Xanthos und Arna; Eustathios ad Dionys. Perieget. 5, 129. S. 47: Harpagos, Hdt. I, 176. S. 47: Alexander, Appian BC 4, 80; Arrian I, 24; Plut. Alex. 17. S. 48: Ptolemaios I., Diod. Sic. 20, 27. S. 48: Antiochos III., TAM II, 1, 266. S. 48–50: Brutus, Appian BC 4, 76; Plut. Brutus 30–1. S. 54: Harpies, Homer, Od. 20, 66 ff. S. 59: Leto in Lykien, Servius ad Virg. Georg. I, 378; Antoninus Liberalis 35; Ovid Metam. 6, 317–81. Syessa, Steph. Byz. s.v. S. 61: Strabon 665.

Kapitel 6

S. 63: Leto, Quint. Smyrn. 11, 21 ff.; Inschrift, TAM II, 1, 174.

Kapitel 7

S. 71: Panyasis 18 ed. Kinkel. S. 71: Pinara – rund, Steph. Byz. s.v. Artymnesos. S. 71: Pandaros, Strabon 665. S. 71: Alexander, Arrian I, 24. S. 77: Marcian, Cedrenus, Comp. Hist. I, 603, 11 ff.

Kapitel 8

S. 81: patara, Pataros, Steph. Byz. s.v. Patara; Eustathios ad Dionys. Perieget. 5, 129; Servius ad Virg. Aen. III 332; Strabon 666. S. 81: Telephos, Lindische Tempelchronik B 48; Menaichmos ap. Steph. Byz. s.v. Telephios. S. 82: Orakel, Hdt. I, 182, Mela I, 82. S. 82: Apollon auf Delos, Servius ad Virg. Aen. IV, 143. S. 82: Danaos, Servius ad. Virg. Aen. IV, 377. S. 83: Opramoas, TAM II, 905, XIII C, XIV E, XVII E. S. 83: Phokion, Aelian VH I, 25. S. 83: Antigonos und Demetrios, Diod. Sic. 19, 64 und 20, 93. S. 84: Mithridates, Appian Mithr. 27. S. 84: Brutus, Appian BC 4, 52; Plut. Brutus 32; Dio Cassius 47, 34. S. 85: Hafen, Appian BC 4, 81.

Kapitel 9

S. 91: Zweisprachige Grabinschrift, TAM I, 56; Habesos, Plinius NH 5, 100. S. 92: Schwämme, Plinius NH 31, 131. S. 95: Hekataios ap. Steph. Byz. s.v. Phellos. S. 96: Phellos im Landesinnern, Strabon 666, Ptolemaios V, 3, 3. S. 98: Sebeda, Alex. Polyh. ap. Steph. Byz. s.v.

Kapitel 11

S. 107: Kandyba, Plinius NH 5, 101; Kandybos, Steph. Byz. s.v. S. 109: Jason, IGR III, 704.

Kapitel 12

S. 120: xomendys, Reisen II, 47, Nr. 85, vgl. Bean-Mitford, Journeys in Rough Cilicia 1964–1968 (Denkschrift Akad. Wien, 102 (1970), 175, Nr. 41.

Kapitel 13

S. 121: Konst. Porph. de them. 14, 37. S. 121: Gartenraute, Athen. 2, 59. S. 121: Spinther, Appian BC 4, 82. S. 122: Fährdienst, OGI 572. S. 132f.: Fischorakel, Plinius NH 32, 17; Plut. de Soll. Anim. 23; Athen. 8, 333–4; Steph. Byz. s.v. Sura.

Kapitel 14

S. 137: Antiochos III., Athen. 22, 527 F. Schiffsvorderteil, Sch. ad Pind. Ol. 7, 35. S. 137: Petition an Maximinus, TAM II, 3, 785.

Kapitel 15

S. 144: Strabon 666; Plinius NH 5, 100. S. 145: Orakel, Plinius NH 31, 22. S. 147: Argivischer Vertrag mit Xerxes, Hdt. VII, 150–1. S. 151: Palaion Teichos, Alex. Polyh. ap. Steph. Byz. s. v. Gagai. S. 151: Sagen, Etym. Magn. S. 219; Eusebios de Mart. Palaest. 4. S. 151: lapis gagates, Plinius NH 36, 141; Galen XIII, 257.

Kapitel 17

S. 165: Strabon 631. Moagetes, Livius 38, 14. S. 166: Erdbeben, Tac. Ann. 4, 13, 1.

Anhang

S. 181: Thukydides II, 69 und VIII, 28.

Register